Il a été tiré de cet ouvrage :

100 exemplaires sur papier vergé de Hollande

Et 5 exemplaires sur papier de Chine.

RECHERCHES

Historiques

SUR LES FOUS

DES ROIS DE FRANCE

PUBLICATIONS DU MÊME AUTEUR.

Dont il reste encore quelques exemplaires.

ARMORIAL DES VILLES ET CORPORATIONS DE LA NORMANDIE..., orné de blasons. 1863, 1 vol. in-8 de 447 pages. . . . . 10 fr.

RECHERCHES SUR LES JEUX D'ESPRIT, LES SINGULARITÉS ET LES BIZARRERIES LITTÉRAIRES, PRINCIPALEMENT EN FRANCE. 1867, 2 vol. in-8. . . . . 20 fr.

Ces deux ouvrages n'ont été tirés qu'à 250 et 300 exemplaires.

Imprimerie EUGÈNE HEUTTE et Cⁱᵉ, à Saint-Germain.

Mathurine la Folle.

RECHERCHES
Historiques
SUR LES FOUS
DES ROIS DE FRANCE
ET ACCESSOIREMENT
Sur l'emploi du Fou en général
Par A. CANEL

« Il faut parler aussi bien des fous comme des sages. »

(BRANTOME; *Hommes illustres*)

PARIS
ALPHONSE LEMERRE, ÉDITEUR
27, PASSAGE CHOISEUL, 29.

—

1873

Tous droits réservés.

RECHERCHES HISTORIQUES

SUR

LES FOUS DES ROIS DE FRANCE

INTRODUCTION

I.

Ce livre n'est autre chose qu'une compilation...

« Au peu d'esprit que le bonhomme avait,
L'esprit d'autrui par complément servait :
Il compilait, compilait, compilait. »

(Voltaire.)

Mais si l'auteur y a apporté peu de découvertes nouvelles, il a formé du moins, de celles de ses devanciers, quelquefois difficiles à rassembler, un faisceau qui réunit à peu près tout ce que l'on connaît, jusqu'à présent, sur les fous en titre des rois de France.

C'est à Dreux du Radier que l'on doit les premières recherches sur ce sujet. Il les a placées en tête du premier volume de ses *Récréations historiques, critiques, morales et d'érudition* (Paris, 1767, 2 vol. in-12). Elles en occupent les cinquante premières pages. Dreux du Radier ne remonte pas plus haut que le règne de Charles V, et, jusqu'à l'Angely, fou de Louis XIV, il est loin d'avoir recueilli tout ce qui pouvait l'être.

Le bibliophile Jacob (M. Paul Lacroix) a donné, à son tour, une *Dissertation sur les fous des rois de France*, qui sert d'introduction à son roman : « *Les deux Fous, histoire du temps de François Ier.* » On retrouve, dans cet écrit, le talent distingué de l'auteur ; mais il n'entrait pas dans son plan d'écrire une monographie complète à tous égards, et sa dissertation, à part quelques considérations générales d'une grande justesse, ne mentionne avec détail qu'une dizaine de fous royaux : « On connaît seulement, dit-il, les noms de Thévenin, sous Charles V ; de Caillette et de Triboulet, sous Louis XII et François Ier ; de Brusquet et de Thoni, sous Henri II, François II et Charles IX ; de Sibilot, sous Henri III ; de Maître Guillaume et de Chicot, sous Henri IV ; d'Angoulevent et de l'Angely, sous Louis XIII et Louis XIV. » L'auteur, toutefois, parle encore accessoirement de quelques fous anonymes, sans oublier divers autres fous, soit libres, soit salariés, qui méritaient bien aussi un mot de rappel.

Viennent ensuite les recherches de M. Ch. Leber. Elles se trouvent dans le livre intitulé : *Monnaies inconnues des évêques des innocens, des fous....., recueillies et décrites par M. M. J. R.* (Rigollot), *d'Amiens ; avec des notes et une introduction sur les espèces de plomb, le per-*

sonnage de fou et les rébus dans le moyen âge, par M. C.-L. (Leber). Paris, 1837, 1 vol. in-8. Le collaborateur de M. Rigollot ne s'est pas mis en peine de reproduire ce que, désormais, tout le monde pouvait aisément savoir touchant l'histoire des fous : il s'est spécialement appliqué à enregistrer ses découvertes personnelles, qui ont plus que doublé le nombre des noms déjà connus. Je n'ai que peu de mots à dire, ici, de ses recherches; car, plus loin, je ne manquerai pas d'occasions d'en faire connaître le résultat.

Enfin, plus récemment, M. A. Jal, dans son *Dictionnaire critique de biographie et d'histoire*, a repris la question des fous, pour l'éclaircir et l'illustrer par une foule de documents nouveaux puisés aux sources originales. Là encore je ne pourrais être suspect de flatterie, en formulant des éloges à l'adresse de l'infatigable redresseur d'hérésies historiques et biographiques; je me borne, toutefois, à répéter au sujet de ses recherches, ce que je disais tout à l'heure de celles de M. Leber.

Outre ces quatre notices, composées en France, et que j'ai prises pour point de départ, je puis encore citer ici deux écrits sur le même sujet, rédigés à l'étranger.

Le plus ancien est l'*Histoire des Fous de cour*, par Ch.-Fréd. Flœgel (*Geschichte der Hofnarren;* Leipsic, 1789).

Le second : *Histoire des Fous en titre d'office*, par M. de Reiffenberg; dans le livre intitulé : *Le Lundi, nouveaux récits de Marsilius Brunck* (Paris, 1837, in-12).

Voilà les principaux écrits consacrés à l'histoire des fous gagés. Il serait aussi fastidieux qu'inutile de chercher à rappeler les autres livres, où il s'est glissé quelques détails plus ou moins étendus sur le même sujet, et d'essayer d'indiquer les divers ouvrages où peuvent se rencontrer les facéties authentiques ou supposées, mises sur le compte de ces grotesques personnages. Toutefois, il est quelques-uns de ces ouvrages qui se recommandent par l'abondance des citations. N'était-il pas à propos de les signaler aussi à ceux de nos lecteurs qui se plaisent à recourir aux sources? J'emprunte cette indication à la *Lettre aux auteurs du Journal encyclopédique, au sujet d'une lettre de Charles V à la ville de Troyes, rappelée par l'auteur des* RÉCRÉATIONS HISTORIQUES.....

« A propos de M. D. D. R., dit Grosley, permettez-moi, Messieurs, de lui recommander, s'il donne une seconde édition de son ouvrage, de consulter 1º les recueils fort nombreux de *Facetie, Motti, Burle*, etc., que fournit la littérature italienne; 2º la *Floresta española*, donnée en 1603, par Melchior de Santa-Cruz; 3º le *Recueil* publié en latin par Othon et Denis Melander en deux volumes d'environ 800 pages chacun, sous le titre de *Jocorum atque seriorum centuriæ* [2]. Les dits et gestes mémorables des fous des divers souverains et seigneurs, tant séculiers qu'ecclésiastiques, ont fourni les matériaux les plus intéressants de ces collections, dans lesquelles on voit que plusieurs de ces fous appartenoient à des évêques, *qui n'avoient alors de représen-*

1. Peut-être cela tient-il à ce que j'ai consulté une édition inférieure, mais je dois dire que l'ouvrage des Melander ne m'a rien fourni d'intéressant.

tans, que dans le cas d'absence, mais qui étoient dans *l'usage d'avoir toujours des fous*, comme il est remarqué par Othon et Denis Melander. »

II.

« On pourra, dit Brantôme, dans ses *Hommes illustres*, me reprendre d'avoir fait cette digression....; mais quoi? il faut parler aussi bien des fols comme des sages. »

J'ajouterai qu'il paraît d'autant plus à propos de parler des fous, que leur emploi n'est pas une des particularités les moins remarquables de l'histoire des mœurs et des usages de nos pères, et que cette histoire intime vaut bien l'*histoire-bataille*, qu'on nous a, longtemps, exclusivement servie dans tous les formats et sous toutes les formes. Au reste, c'est maintenant un fait acquis qu'il y a, dans l'histoire d'un peuple, autre chose à mettre en lumière que ses vicissitudes militaires et la biographie de ses rois.

Tout s'enchaîne dans ce monde. Malgré les barrières élevées par la vanité et l'orgueil entre les différentes classes de la société, les grands et les petits vivant sur le même territoire subissent la même influence *nationale*, participent aux mêmes idées, aux mêmes habitudes, aux mêmes usages. En groupant les éléments épars d'une histoire des fous des rois de France, était-il rationnel de les présenter complétement isolés? Je ne l'ai pas cru. Il m'a semblé que la partie ne devait pas être séparée de l'ensemble. Au texte principal j'ai donc joint quelques autres détails ayant pour but de montrer comment toutes les classes de la société eurent leur part du rire provoqué par la folie.

Il convenait, toutefois, de restreindre dans d'étroites limites cette portion de mes *Recherches*. Aussi les fous des seigneurs ont-ils été à peine désignés, dans le chapitre consacré spécialement aux fous royaux, et accessoirement à l'emploi du fou en général. Pour combler cette lacune, il n'a pas paru inutile de grouper quelques échantillons de facéties attribuées à divers bouffons appartenant au clergé ou à l'aristocratie.

Ces joyeusetés, souvent grivoises, souvent grossières, achèveront de faire apprécier la liberté des fous domestiques, la nature de leurs relations avec leurs maîtres, et combien nos pères étaient quelquefois peu difficiles à divertir. Elles compléteront ainsi ce qu'a pu nous apprendre, à ce sujet, l'histoire des fous de la couronne.

Cette mixture à doses inégales ne trouvera probablement pas grâce devant la critique. Je reconnais d'avance que son arrêt pourra avoir une foule d'excellents *motifs* en sa faveur.

PRÉLIMINAIRES

APERÇU GÉNÉRAL.

Le peuple français a été le peuple rieur par excellence, et quoique ce trait saillant du caractère national n'ait pas conservé toute sa netteté à la suite de nos révolutions, le rire s'est encore perpétué chez nous mieux peut-être que partout ailleurs, principalement au sein des masses populaires.

Il y eut en France, pendant tout le moyen âge, un tel entrain pour la grosse joyeuseté, que, pour en exprimer le résultat, il ne fallut rien moins que le mot vernaculaire : *rire à ventre déboutonné.*

L'établissement du christianisme n'avait pas été sans influence pour donner l'essor à ces tendances joviales.

A la voix d'une religion qui affichait la prétention de modifier pour ainsi dire l'humanité, nos pères, engagés avec ardeur dans la voie nouvelle, s'étaient laissé entraîner au rêve d'une *perfection* impossible. De là, — sous l'empire d'un mysticisme poussé jusqu'au plus extrême développement, — des renoncements absolus en opposition avec notre nature expansive, des aspirations incessantes vers l'infini en dehors de nos instincts limités, l'idéal substitué sans réserve aux réalités de la vie....; situation antinormale qui ne pouvait manquer d'engendrer des réactions non moins tranchées.

Partout où s'implantait la religion nouvelle, devaient bientôt, par une sorte de compensation, se manifester des tendances contraires. La folle gaieté, la farce envers et contre tous, fut un de ces contre-poids nécessaires; surtout en France, où elle trouvait des zélateurs prédestinés.

Le renouvellement continuel des plus menaçantes perturbations semblerait, au premier aspect, avoir dû être un obstacle à la propagation du gros rire. Il n'en advint pas ainsi.

Une catastrophe isolée, qui bouleverse inopinément toutes les existences, laisse après elle de longues tristesses. Dans un milieu de crises funestes presque sans interruption, les conséquences ne sont plus les mêmes. A toute heure menacé de ruine ou de mort, l'homme n'a pas à se préoccuper de l'avenir; il vit au jour le jour, s'indemnisant, la veille, par avance, du malheur possible pour le lendemain, et prenant sa revanche d'une catastrophe par l'abandon le plus complet aux folies les plus excentriques. En restant toujours hors du fourreau, l'épée de Damoclès perd bientôt son prestige de terreur. Cela est si vrai, que les détenus de 1793 avaient retrouvé le rire dans leurs prisons et qu'ils y jouaient gaiement à la guillotine, en attendant le dénoûment sanglant qui devait s'accomplir sur la place publique.

Aussi voyez comme nos pères, *bons Gallois, bons com-*

pagnons, bons vivants, savaient *s'en donner à cœur joie* (autre expression proverbiale, créée par eux et pour eux)!

Qui ne connaît, au moins dans leurs principaux détails, ces fêtes des fous, nées au sein de l'Église elle-même et dont les derniers vestiges ne s'effacèrent complétement que longtemps après la Renaissance? — Ces associations bouffonnes de la Mère Sotte, des Conards..., greffées par les laïques sur le tronc déjà vigoureux des fêtes des fous de l'Église? — Ce grotesque usage du charivari, du chevauchement de l'âne à rebours, qui s'est perpétué en partie jusqu'à nos jours? — Ces *gausseries*, ces *baliverneries*, se mêlant aux principales cérémonies de la vie privée, aux mariages surtout; ou choyées de préférence à certaines époques de l'année, le jour des Innocents, le jour des Rois, le Mardi-Gras, à la mi-carême, le premier jour d'avril, le premier jour de mai...?

Il serait inutile de rien ajouter à ces indications sommaires, si les soties de la Basoche et les farces de l'ancien théâtre ne réclamaient pas encore une mention spéciale.

Le recours aux fous ou aux bouffons pour rire et pour faire rire, rentre dans la même catégorie, a sa même raison d'être.

L'intervention des excentricités de la folie vraie ou simulée pour suppléer à ce qui manquait de distractions telles que nous les comprenons de nos jours, était en rapport avec l'état des mœurs au moyen âge. Il faut bien le reconnaître d'ailleurs : moins la civilisation est développée, plus il y a rareté de moyens de donner satisfaction à ce besoin naturel à l'homme de s'étourdir sur ses misères, de s'isoler momentanément des embarras, des exigences ordinaires de la vie; — plus aussi ces moyens sont rares, moins il est facile de se soustraire aux exagérations. L'excès compense la rareté; la balance ne pouvant être maintenue dans un juste équilibre, chacun des plateaux s'élève alternativement au-dessus de l'autre.

Quand les peuples avaient leurs fous dans l'Église et sur la place publique, à des époques déterminées où pour certaines circonstances accidentelles, leurs maîtres pouvaient-ils faire moins que d'avoir leur fou domestique? Quelque élevée que soit la position d'un homme, il est toujours peuple par quelque côté. Cette position privilégiée ne leur disait-elle pas d'ailleurs qu'ils pouvaient user toujours de ce qui n'était pour la masse que d'un usage plus ou moins fréquent?

Les rois eurent donc des fous, comme ils avaient des conseillers et des ministres, et ils trouvaient quelquefois que l'avis du fou en valait bien un autre. A l'exemple des rois, les princes, les grands de la féodalité, les dignitaires de l'Église attachèrent aussi à leur maison ce personnel indispensable, qui, en France, brilla de son plus vif éclat, précisément après la Renaissance.

Dreux du Radier fait remonter, chez nous, l'emploi des fous en titre aux premiers temps de la monarchie; quoique l'histoire n'en parle pas, et il fonde son opinion sur ce que le jeu d'échecs, où deux fous accompagnent le roi, était connu au temps de Charlemagne. « Une preuve, dit-il, que l'usage de fous est très-ancien à la cour, se tire du *jeu des échecs*, très-connu sous Charlemagne : tout le monde sait que *les fous* sont deux pièces de ce jeu qu'on place ordinairement auprès du roi ; ce qui a fait dire à Reynier, dans ses satires :

Les fous sont aux échecs les plus proches des rois... »

Si l'antiquité des échecs pouvait être invoquée en faveur de l'antiquité des fous domestiques, celle-ci devrait être reportée bien au delà du fils de Pépin le Bref. Ce jeu n'était pas étranger aux Grecs, aux Romains et aux Perses, et il y a quelque apparence qu'il était venu d'Orient en Europe. Mais les deux pièces appelées *fous* figuraient-elles dans le jeu primitif ? Ne sont-elles pas postérieures à son origine ? Voilà ce qu'il importerait de savoir, ce qui pourrait donner quelque élément de solution pour la question qui nous occupe, et c'est précisément ce que personne n'a pu dire encore.

En somme, toutefois, les fous domestiques paraissent être, avec ou sans interrègne, un legs de l'antiquité. Chez les Romains, on voyait, dans les pompes funèbres, après les pleureuses et les tibicènes, figurer des danseuses, des bouffons et des comédiens. Pour amuser les convives, les Grecs, selon Athénée (liv. XIV), faisaient venir des bouffons (γελωτοποιοί), des faiseurs de tours, des gens qui dansaient sur les mains, des singes savants, et quelques riches se plaisaient à entretenir des fous dans leurs maisons. C'était une mode empruntée à l'Orient. Le roi de Perse, dès le temps de Démarate, avait un fou à sa table (Voyez Plutarch. *Lacon. apopht.*). — Dans le Ramayana, Sita a près d'elle un bouffon, qui lui décrit les qualités de ses amants. — Ajoutons que Philippe Cradelius a cru pouvoir soutenir que, dès le temps de David, le roi Achis avait des fous à sa cour (Voy. *Rois*, liv. I, c. XXI, v. 15).

Mais, — pour en revenir à l'induction tirée du jeu des échecs, — « quoiqu'on ne puisse pas, dit M. Leber, exactement conclure de l'antiquité de l'échiquier à l'antiquité des fous en titre d'office, on doit pourtant convenir que l'usage bizarre des bouffons, gagés par les rois et les princes souverains, a une origine très-ancienne, et que les races bouffonnes participent au moins de cette illustration qui naît du temps. »

Et M. Leber s'exprime ainsi, parce qu'il croit avoir retrouvé la trace évidente des fous domestiques dans la seconde moitié du VIIIe siècle.

Une ordonnance de 789 interdit en effet aux ecclésiastiques d'avoir des farceurs pour leur amusement particulier non plus que des chiens de chasse et des oiseaux de proie. — « Ut episcopi, abbates et abbatissæ cupplas canum non habeant, nec falcones, nec accipitres, nec joculatores (*Apud Heineccium*, p. 576). »

A Cahors, il fallut défendre aux gens d'église de remplir eux-mêmes les rôles de farceurs et de bouffons. — — « Item præcipimus quod clerici non sint joculatores, goliardi, seu buffones; declarantes quod si per annum ratem illam diffamatoriam exercuerint, omni privilegio ecclesiastico sint nudati, et etiam temporaliter graviori si moniti non destiterint [1]. »

Lorsque, en 943, Hugues le Grand, duc de Neustrie, père de Hugues Capet, prit part à l'expédition du roi Louis d'Outremer contre les Normands, il était accompagné d'un personnage à qui Orderic Vital donne tour à tour la qualification de *mimus* et de *joculator*. Un jour à la table de son maître, ce bouffon se prit à parler, en termes peu révérencieux, des dépouilles mortelles de quelques personnages qui passaient pour être morts *en odeur de sainteté*. La nuit même, en punition de son impiété, il aurait été foudroyé avec ses complices [2]...

Les mots *mimus, joculator, goliardus, buffo*, employés dans les trois extraits ci-dessus et invoqués pour établir l'antiquité des fous à gages, conduisent-ils, en effet, au résultat annoncé? Ne désigneraient-ils pas plutôt des jongleurs, ces successeurs des anciens bardes gaulois, que l'on rencontre partout pendant le moyen âge? C'est fort possible. Au reste, nous verrons plus loin que s'il ne faut pas se hâter de confondre les *joculatores* avec les fous, il y a lieu, selon toute apparence, de les rattacher très-directement les uns aux autres.

Les derniers, quoi qu'il en soit, se montrent dans l'histoire, environ un siècle après l'expédition de Louis d'Outremer en Normandie, et c'est cette même province qui nous fournit la première indication à leur sujet.

En 1047, les seigneurs normands avaient formé une

---

1. Martenne, *Anecdotor*. t. IV, col. 727.
2. Orderic Vital, édit. Leprevost, t. III, p. 99.

ligue formidable contre leur jeune duc Guillaume le Bâtard. Celui-ci était alors à Valognes. Une nuit pendant qu'il dormait, *un fol,* nommé Golet[1], ou Gallet, que l'on semble généralement regarder comme appartenant au prince, vint, armé d'un bâton, frapper et crier à l'*hus de la chambre :*

« Ovrez, ovrez ;
Jà morrez tuit, levez, levez.
Où gies, Willame? Por kei dors?
S'ateinz i es, jà seras mors ;
Tes anemis se vunt armer ;
Se cil te poent jà truver,
Jà n'iestras mez de Costentin[2]... »

Et grâce au dévouement *du fol,* le duc put s'enfuir, pour aller gagner la bataille du Val des Dunes. Voilà un fou qui ouvre honorablement la liste[3].

Celui que nous avons à citer ensuite est encore un Normand et il avait pour maître le duc-roi Henri II. Il

---

1. Ne serait-ce pas un sobriquet, traduit du mot *goliardus,* que nous indiquions, il n'y a qu'un instant? Il était assez ordinaire d'en appliquer aux fous.

2. Wace, *Roman de Rou,* t. II, p. 20. — Le 2e no de la *Revue des prov.* (1834) contient un article intitulé : *Le fou de Guillaume,* par A. Delalande.

3. On pourrait croire que Guillaume ne s'en tenait pas aux bouffons et aux fous. Dans la tapisserie de Bayeux, nous voyons un nain, nommé Turold, accompagner les envoyés qu'il expédie vers Gui de Ponthieu. Ce Turold devait appartenir à la cour ducale et figurer en la compagnie des envoyés du prince normand, au même titre que nous verrons plus loin des fous royaux figurer dans diverses députations.

se nommait Roger. En 1180, il avait fait, pour rejoindre son maître, un voyage en compagnie de deux chevaux et de sept chiens, et c'est ce qui nous l'a fait connaître ; car, pour les frais de son excursion, il a été porté au rôle de l'échiquier des comptes de cette année, avec la mention suivante : « In conredio Rogeri folli cum duobus equis et septem canibus XL sol. per breve regis. »

Jean sans Terre, autre duc de Normandie et en même temps roi d'Angleterre, nous fournit, à son tour, un nouveau fou à inscrire dans nos annales. Celui-ci se présente avec cette particularité remarquable : il ne figurait pas avec les chiens et les faucons du souverain sur l'état des dépenses de la couronne ; mais il exerçait ses fonctions à titre féodal, et il était, en sa qualité de fou royal, possesseur d'une terre, grevée, pour toute redevance, de quolibets et de bons mots.

En ce temps-là, dans la Normandie, beaucoup de dignités, de hautes fonctions, étaient attachées au sol. Ainsi la terre de Varenguebec donnait à ses possesseurs le titre de connétable de la province ; celle du Bec-Crespin, le titre de maréchal héréditaire ; celle de Tancarville, le titre de chambellan ; celle de Crétot, le titre de grand bouteiller... ; celle de Lardinières, le titre de conservateur des poids et mesures, etc. C'est à la terre de *Fontaine-Osanne*, peut-être *Fontaine-aux-Anes*, et que l'on croit être le *Mesnil-Ozenne* actuel du pays de Mortain, que fut momentanément attachée la fonction de fou royal. Vers l'an 1200, Jean sans Terre donna ce domaine à Guillaume Picolfe, Piculfe ou Picou, à la charge, sa vie durant, de jouer son rôle, auprès du trône, le plus gaiement possible. Après la mort de Picolfe, le même domaine devait passer à ses héritiers, moyennant la redevance annuelle d'une paire d'éperons d'or. En voici la preuve :

« Johannes Dei gratia, etc. Sciatis nos dedisse, concessisse et presenti carta nostra confirmasse Villelmo Picol follo nostro, Fontem-Osanne cum omnibus pertinenciis suis faciendo inde nobis annuatim servicium unius folli quoad vixerit et post ejus decessum heredes sui eam de nobis tenebunt per servicium unius paris calcarium deauratorum nobis annuatim reddendo, quare volumus et firmiter precipimus quod predictus Piculfus et heredes sui habeant et teneant in perpetuum bene et in pace, libere et quiete predictam terram cum omnibus pertinenciis suis per predicta servicia. »

Guillaume Picolfe obtint plus d'un gage de l'affection de son maître. Immédiatement avant la concession de Fontaine-Osanne, il en avait reçu deux autres domaines : la terre de Champeaux (*terram de Campellis juxta forestam de Passeis*) et le manoir de l'Oisellerie (*mesnillum de Oiselaria in parrochia de Lengrevilla*), moyennant le service annuel d'une paire d'éperons dorés et d'un présent d'oiseaux de rivière (*unum presentum de avibus de riveria*), ainsi que s'exprime la charte en très-bon latin de cuisine [1].

Notez que Picolfe devait jouir de Fontaine-Osanne *bene et in pace, libere et quiete*, bien et en paix, libre-

---

1. *Rotuli Normanniæ in turri londinensi asservati*, au t. XV des Mém. de la Soc. des antiq. de Normandie, p. 96, col. I et II.

ment et sans trouble. A cette formule, la charte concernant Champeaux et l'Oisellerie ajoute : *integre, plenarie et* HONORIFICE, entièrement, pleinement et *honorablement*. Voilà sans doute une singulière distinction ! La noble terre de Fontaine-Osanne *déroge* en imposant service de folie à son possesseur : elle ne sera pas tenue *honorablement* comme Champeaux et l'Oisellerie, qui n'exigent rien de pareil. Quant au possesseur, reconnu et proclamé fou aussi authentiquement que par-devant notaire, il aura sa *tenure* honorable et celle qui ne l'est pas ; tour à tour et à la fois, il sera noble et il ne le sera pas. Singulière distinction ! répéterons-nous. Elle laisse entrevoir déjà, dans tous les cas, que le métier de fou était destiné, en définitive, à produire plus de profits que d'honneur.

Quoique je n'aie constaté, dans notre histoire, l'apparition des fous que vers le milieu du xie siècle, il ne faudrait pas en conclure qu'on ne les employa pas auparavant. Ce n'était pas une institution tellement importante, que les annalistes dussent se croire obligés d'en conserver le souvenir pour elle-même. Pour y faire la plus légère allusion, ils étaient bien en droit d'attendre une occasion opportune, et cette occasion pouvait être longtemps à se produire.

Il serait difficile d'apprécier exactement ce que furent ces fous dans la première période de leur existence. Peut-être, se trouvèrent-ils choisis parmi les aliénés, dont quelques variétés peuvent être, sans inconvénient, admises au sein de la société plus ou moins raisonnable.

On sait que, dans l'antiquité, la folie était l'objet d'un respect superstitieux. Hippocrate l'attribuait à une inspiration divine, et l'on croyait en général que les fous pouvaient rendre d'infaillibles oracles. Cette croyance ne fut pas limitée aux temps antiques : elle se retrouve dans le moyen âge, et continue encore avec la renaissance. Rabelais fait dire à Pantagruel : « J'ay souvent ouy en proverbe vulgaire, qu'ung fol enseigne bien ung saige..... Par l'advis, conseils, prédiction des fols vous sçavez quants princes, roys et républicques ont esté conservés, quantes batailles gaignées, quantes perplexités dissolues. Ja besoing n'est vous ramentevoir les exemples. Vous acquiescerez en ceste raison. Car comme celuy qui de prez regarde à ses affaires privées et domesticques, qui est vigilent et attentif ou gouvernement de sa maison, duquel l'esprit n'est point esguaré, qui ne perd occasion quelconque de acquerir et amasser biens et richesses, qui cautement sçait obvier ès inconvéniens de paovreté, vous l'appelez saige mondain, quoy que fat soyt il, en estimation des intelligences célestes : ainsi faut-il pour devant icelles saige estre, je dis saige et présaige par inspiration divine, et apte à recepvoir bénéfice de divination, se oublier soy-mesme, issir hors de soy-mesme, vuider ses sens de toute terrienne affection, purger son esprit de toute humaine sollicitude, et mettre tout en nonchalloir. Ce que vulgairement est imputé à folie [1]. »

N'y a-t-il pas quelque apparence que, sous l'empire

---

1. Pantagruel, liv. III, ch. xxxvii.

de cette croyance, on ait songé, dans l'origine, à tenir près de soi un véritable fou, qui offrait le double avantage de donner souvent à rire et de pouvoir quelquefois prêter à son maître le secours de la seconde vue dont il était censé avoir le privilége.

Mais si, pour un temps, il en advint ainsi, par la suite les fous domestiques furent d'ordinaire des idiots de naissance ou des bouffons de profession. Aussi, a-t-on voulu voir dans le mot *follus*, employé au moyen âge pour les désigner, un dérivé soit du grec φαῦλος, tête aiguë, parce que la conformation étroite et conique de la tête est le signe de l'absence de cervelle, soit du latin *follis*, soufflet, parce que la tête d'un fou est pleine de vent et de billevesées. L'expression convenait aux uns et aux autres. Toutefois on appela aussi les seconds morosophes ou fous-sages.

Encore aujourd'hui la foule s'amuse volontiers des idiots qui courent les rues. Les grands d'autrefois n'étaient pas plus difficiles que la foule de notre temps; quant aux bouffons, ils sont de toutes les époques, et on les recherche d'autant plus qu'il existe en moins grand nombre de moyens de se distraire.

La bouffonnerie était d'ailleurs passée de fort bonne heure à l'état de profession. Elle était une branche importante de la *jonglerie*.

Dans la meilleure acception, les jongleurs étaient des poëtes musiciens, qui chantaient sur divers instruments des vers de leur composition et quelquefois aussi de celle des autres. Souvent ils accompagnaient leurs chants de gesticulations et de tours d'adresse, qui pouvaient amuser les spectateurs : de là leurs noms de *Jongleors, jugleours, juglers* et *jongleurs*, du latin *joculator*, qui vient lui-même de *jocus*. Mais leur rôle ne se bornait pas à cet exercice, qui n'était pas sans distinction ; et il semblerait, aux différentes qualifications qui leur ont été appliquées, qu'on rangeait dans la même classe tous les hommes faisant profession d'amuser le public ; ou bien, si l'on veut, que leur corporation comprenait des divertisseurs de tous les genres. Par exemple, lorsqu'ils sont qualifiés bouffons ou goliards[1], n'en peut-on pas induire qu'à leurs jeux littéraires, outre les tours d'adresse et les gesticulations, ils joignaient encore la farce et la bouffonnerie ?

Les jongleurs, comme nous l'avons dit, descendaient des bardes, autres poëtes-musiciens, dont la mission était de célébrer, chez les Gaulois, les héros de la nation ou de censurer les actes privés contraires aux prin-

---

[1]. Au XIIIe siècle, on retrouve de fréquentes mentions des Goliards ; mais alors ils appartiennent plus spécialement à l'ordre clérical, ils sont la personnification des mauvais prêtres, rivaux des jongleurs bouffons. Un des statuts du concile de Trèves, en 1227, enjoint aux curés de ne point permettre que les truands et autres écoliers vagabonds, ni les goliards, chantent des vers après le *Sanctus* et l'*Agnus Dei*, ou dans les divins offices. — Au concile de Château-Gontier, 1231, le 9e canon ordonne que les clércs ribauds, principalement ceux qu'on nomme Goliards, soient tondus et même rasés..... En 1289, des peines rigoureuses sont infligées par les statuts synodaux du diocèse de Rodez, aux prêtres qui, après trois avertissements, auront passé un an ou même moins dans la goliardie, ou l'histrionage, *in goliardia vel in histrionatu*, et, vers 1336, les additions faites à ces mêmes statuts répètent qu'il est défendu aux clércs d'être jongleurs, goliards ou bouffons..... etc.

cipes sociaux alors en vigueur. Les bardes sont nommés dans notre histoire, jusqu'au v⁰ siècle inclusivement. Mais, dès le temps de Clovis, ils commencent à ne plus être connus avec leur ancien nom : on les appelle *Citharœdi*, joueurs de harpe. C'est sous la seconde race qu'on les trouve désignés par le nom de jongleurs, et ils continuent d'être si goûtés, que les évêques, les abbés et les abbesses en entretiennent auprès d'eux. Il paraît, toutefois, qu'en passant du paganisme au christianisme, ils oublièrent l'antique gravité de leurs fonctions. On les voit, à la cour de Louis le Débonnaire, employés à faire rire les spectateurs, et se rendre peu recommandables, peut-être, par leur conduite. De là, contre eux et leurs auditeurs, les censures sévères portées, dans le VIII⁰ et le IX⁰ siècles, par les capitulaires et les conciles[1].

Le temps ne fit qu'aggraver la dégradation des jongleurs : ce fut même à ce point, que Philippe-Auguste, en 1181, les chassa de sa cour. Ils devaient cependant fournir encore une longue carrière, mais en s'annihilant de plus en plus dans l'abjection. En 1515, le synode de Bayeux les signala comme des hommes dont on doit éviter la société et les spectacles. De nos jours, les saltimbanques de la foire et de la place publique sont la dernière expression de cette classe d'hommes, qui a

---

[1]. La défense adressée aux ecclésiastiques d'avoir des jongleurs et d'assister à leurs jeux, ne fut pas mieux observée que beaucoup d'autres. Au XII⁰ siècle, un abbé de Bernay avait encore un jongleur à sa solde, de même que, dans le XV⁰, plusieurs évêques anglais, qui prêtaient même souvent les leurs aux monastères de leurs diocèses.

laissé de brillants et honorables souvenirs dans notre histoire littéraire.

Lorsque la conduite des jongleurs, surtout de ceux dont le rôle était de provoquer le rire, commença à leur fermer la porte des palais et des châteaux, ce furent les fous qui recueillirent immédiatement la partie drôlatique de leur héritage, et la progression de ceux-ci dut être parallèle à la décadence de ceux-là.

Peut-être même serait-il permis de dire que c'est à la dégradation des jongleurs *bouffons* ou *goliards*, que les fous ont dû leur renaissance?

Les jongleurs poëtes, pour lesquels leurs talents et leur instruction étaient une garantie de moralité, n'avaient pas tous été entraînés dans le naufrage de la corporation. Longtemps encore on en vit à la cour des rois et des grands seigneurs. Auprès de son fou Roger, Henri II, duc de Normandie et roi d'Angleterre, avait son jongleur Geffroi. Qui ne connaît Guillaume Blondel, attaché, en la même qualité, à Richard Cœur de Lion? Philippe le Long, roi de France, avait pour ménestrel (qualification équivalente à celle de jongleur) Pierre Touset, à qui son maître permettait d'acheter et de posséder des terres nobles... Watriquet de Couvins se qualifie ménestrel du comte de Blois... Plus tard, le titre de poëte royal remplacera le titre de ménestrel, comme celui-ci a remplacé le titre de jongleur. En même temps, le poëte royal ne sera plus chanteur; mais il n'en restera pas moins, sous un autre nom, le représentant de l'ancienne jonglerie.

Ainsi du fou, si l'usage de s'en servir ne remonte pas,

en France, à une époque plus reculée que le viiie siècle. Les jongleurs, bouffons et goliards, ou si l'on veut, les bouffons et les goliards attachés à la corporation des jongleurs, ayant encouru une disgrâce méritée, il aura pu être *ré-inventé* alors, pour combler le vide qu'ils laissaient après eux, dans les châteaux et les palais.

Quoi qu'il en soit, on ne saurait s'empêcher de regarder comme une singulière bizarrerie l'usage de chercher une distraction, je ne dis pas dans la bouffonnerie qui touche à une des cordes sensibles de notre organisation, mais dans le spectacle de l'infirmité intellectuelle. La laideur et la difformité physique avaient bien aussi leur culte! C'est que, pour cet autre cas, les belles et gentes damoiselles brillaient d'un plus vif éclat au contraste des plus horribles magots qu'il était possible de réunir; c'est que les grands avaient souvent d'excellentes raisons pour préférer le divertissement des yeux à la récréation de l'esprit. Ouvrez les romans de chevalerie; partout ce ne sont que nains sonnant du cor, bossus récitant des ballades, nègres serviteurs des palais magiques. La cour de nos rois eut aussi ses commensaux de ce genre; elle eut encore ses ménageries de bêtes savantes, curieuses ou de fantaisie. Pour sa part, Henri III accaparait tous les petits chiens de Paris. — Les fous-idiots, les morosophes appartenaient à la même catégorie.

Rien qu'avec sa bosse, sa taille contrefaite, sa figure hideuse, Ésope eût posé avantageusement à la cour de nos rois : joignant à ce mérite les qualités les plus éminentes du fou-sage, il eût été, à ce double titre, le phénix de la profession.

« Le bibliophile Jacob, à qui j'emprunte cette appréciation, a tracé ainsi le portrait du fou domestique, tel qu'il l'a vu à l'époque la plus connue de son histoire :

« La laideur et la difformité étaient aussi recherchées pour un fou que l'intelligence chez un singe, la beauté du plumage chez un paon et le jargon chez un papegai ou perroquet. Le plus horrible magot qui le disputait en monstruosité aux diaboliques inventions de la sculpture chrétienne, avait le privilége d'être admis le premier dans la chambre royale, de parler à sa fantaisie sans qu'on l'interrogeât, et de décocher impunément contre les plus nobles blasons les traits de sa méchanceté. Les crétins sont encore en Suisse l'objet d'une tolérance analogue, quoiqu'ils soient muets : hommes et femmes souffrent tout de ces êtres malfaisants qu'on croit favorisés du ciel. Ainsi le fou se permettait tout le mal possible sous la protection de son maître..... Ces malins commensaux étaient toujours en rivalité avec les chiens de la vénerie, les oiseaux de la fauconnerie et les animaux domestiques, même les lions, que la châtelaine nourrissait de sa blanche main.

« Cette rivalité ne se bornait pas à faire montre de la figure la plus épouvantable et de la grimace la plus fantastique. Un fou d'office *bien appris* sautait et gambadait comme un singe, jouait de la cornemuse, de la trompette et du rebec pour égaler la musique du rossignol ; jetait un luxe de paroles pour n'avoir rien à envier à la pie babillarde ; savait par cœur des motets, des oraisons, des vers, des *adevineaux* ou énigmes à deviner, des lais ou contes joyeux : tout cela, afin de mettre en relief sa supériorité sur le lévrier fidèle qui couchait au chevet de son maître, sur le faucon que la dame du lieu faisait elle-même voler, sur la haquenée que montait cette *gente damoiselle* dans les chasses et les voyages.

« Ces talents divers du fou d'office n'étaient pas, comme son corps ridiculement bizarre, l'œuvre de la nature... Un fou de bonne maison était élevé avec autant de soins, de peine et de frais qu'un âne savant... Le fou avait un gouverneur ainsi que le chenil des *valets de chiens*; il était servi des meilleurs morceaux à table ainsi que les éperviers et les paons dans les *oiselleries*; il étudiait les tons, les sauts, les reparties, les chansons, ainsi que les perroquets, les corneilles en cage; il recevait même en punition les étrivières et il allait faire pénitence aux cuisines, en compagnie des valets.

« Au bon vieux temps, on instruisait les fous de même que les bêtes, pour les vendre ou pour se divertir. Guillaume Bouchet s'exprime ainsi dans ses *Sérées*, au sujet d'un idiot que *Dieu ayant créé et mis au monde, avoit laissé là :*

« Ce serviteur estoit d'une famille et d'une race dont
« tous estoient honnestement fous et joyeux ; et outre,
« tous ceux qui naissoient en la maison où ce serviteur
« estoit né, encore qu'ils ne fussent de sa ligne, ve-
« noient au monde fous et l'estoient toute leur vie ;
« tellement que les grands seigneurs se fournissoient

« de fous en cette maison, et par ce moyen elle estoit
« de grand revenu à son maistre. » Cette singulière école
avait la vogue sur la fin du XVIe siècle. »

Certes ce tableau n'est pas flatté ; mais pour cela, il ne
paraît pas, cependant, complétement exact dans toutes
ses parties. Des documents plus variés que ceux qui
ont été employés par M. Paul Lacroix, nous permettent
de le rectifier en quelques points.

Non, tous les fous ne furent pas d'horribles magots ;
la difformité physique venait sans doute ajouter au mérite
de quelques-uns ; toutefois, on leur demandait, de préférence, ou la stupidité naïve ou la fécondité en vives
reparties et en bons tours. La spécialité de la laideur
se montrait principalement parmi les nains [1]. Tous les
fous ne furent pas non plus des êtres malfaisants : nous
en verrons qui ont laissé après eux des souvenirs plus
honorables. Il a pu exister et il a existé en effet des
maîtres ès arts de folie : néanmoins les fous domestiques, pour la plupart peut-être, furent avant tout
l'œuvre de la nature. Beaucoup d'entre eux, si ce ne
fut le plus grand nombre, avaient assez de sagesse
pour se passer de gouverneurs : on leur fournissait des
valets, qui ne donnaient pas toujours les étrivières, et
qui pouvaient bien les recevoir quelquefois....

Un grain de folie valut souvent mieux que le génie

---

[1]. La mode des nains remonte aussi haut que celle des fous. On la
trouve chez les Sybarites, avant que les lieutenants d'Alexandre
l'eussent rapportée de Suse et d'Ecbatane.— Les anciennes peintures
qui décorent les tombeaux de l'Heptanomide, montrent de riches
Égyptiens accompagnés de nains contrefaits.

pour conduire à la fortune, et, par cela même, la vacance d'une marotte ne mettait pas moins d'ambitions en jeu que celle d'une crosse, d'une mitre ou d'un siége de judicature. Et puis, quand toutes les bouches étaient bâillonnées, n'était-ce pas quelque chose, que de pouvoir dire impunément aux puissances la vérité sur leurs sottises? — Sous le manteau du fou, les griefs de la foule parvinrent aussi sans doute, plus d'une fois, jusqu'au pied du trône. Qui sait si un peu de sympathie populaire ne payait pas les rudes leçons données aux oppresseurs?

C'était, en somme, une profession à laquelle le mépris s'était impitoyablement attaché [1], et qui, en échange des faveurs et de la fortune, imposait souvent de pénibles épreuves. Aussi écoutez le bibliophile Jacob : « Quelle devait être, dit-il, la condition abjecte et pourtant enviée de ces créatures, qui n'avaient plus à eux une pensée, un sentiment ; qui riaient de bouche lorsqu'ils avaient des larmes au fond de l'âme; qui se

---

[1]. Le capuchon de la folie fut même une arme de récrimination contre des gens qui n'avaient rien de commun avec les fous de profession. On pourrait citer diverses circonstances graves où le fanatisme et la politique l'employèrent ainsi. Par exemple, une médaille, frappée pour les protestants, montre, sur un de ses côtés, deux têtes accolées par leurs bases, l'une de cardinal, l'autre de fou..., et une médaille catholique, contre-partie de la précédente, répond à cette attaque. — Par exemple encore, en punition de ses cruautés, on représenta, dans plusieurs dessins en forme de soucoupe, sous les emblèmes de la folie, le duc d'Albe, lieutenant général de Philippe II, dans les Pays-Bas. — Ne connaît-on pas aussi de nombreux exemples de personnages promenés, soit en personne, soit en effigie, avec un costume de fou ?

voyaient ravalés au niveau des chiens et des singes qui vivaient et mouraient au bruit moqueur de leurs grelots? Sans doute, il s'est rencontré plus d'une fois un cœur d'homme abattu d'indignation sous le déguisement d'un fou ; sans doute une main qui aurait bien tenu la garde d'une épée, s'est crispée sur le manche d'une marotte, et plus d'une fois le fou a craché sa honte au visage du roi. »

Les aspirants, quoi qu'il en soit, ne manquèrent jamais à la profession ; comme aussi les rois et les grands laissèrent rarement les aspirants sans emploi. Le besoin du fou était si profondément entré dans les mœurs, que l'emploi n'en fut soumis à aucune entrave. Lorsque les ordonnances réservaient à la noblesse l'usage de certaines étoffes et de certaines fourrures, que les chevaliers seuls avaient le droit de chausser les éperons dorés, que les roturiers ne pouvaient avoir d'autre monture que les mules et les roussins, que les girouettes, les tours, les colombiers étaient la prérogative exclusive des demeures seigneuriales..., le fou avait été laissé à la libre disposition de tous ceux qui pouvaient en avoir à leur solde. Là seulement le droit commence, quand le privilége était partout ailleurs. La faculté ne relevait que de la question d'argent. Encore n'était-ce pas là, comme dans beaucoup d'autres cas, une barrière infranchissable. Le fou public pouvait suppléer à l'absence du fou privé.

Sans parler des bouffons qui couraient le monde [1],

---

[1]. Il serait difficile de contester l'existence de ces fous libres et

nous voyons, en effet, que des villes eurent leurs fous en titre d'office.

A Lille, la procession de l'octave de la Fête-Dieu était précédée par *un fou en titre d'office, appelé le fou de la ville, qui lui payoit annuellement ses gages.* « Il est habillé d'une manière conforme à son office, dit l'abbé d'Artigny, et tient une marotte dans sa main, avec laquelle il fait mille extravagances contre les spectateurs de la procession : souvent même il jette de l'eau au peuple... J'ai vu cette procession plusieurs années de suite; et, de mon temps, le fou de la ville étoit un agent de change et banquier fort à son aise, qui avoit un fils chanoine de Saint-Pierre, principale église de la ville. Il étoit obligé de faire par lui-même les fonctions de sa charge à cette procession. Le peuple ne croiroit pas que la procession fût complète, si le fou n'y paroissoit pas avec tous ses attributs, accompagné d'un spectacle qui ne tient rien de la piété ecclésiastique... »

vagants. Quand un besoin existe, il demeure rarement insatisfait. Il y eut donc nécessairement des bouffons qui couraient les foires et les marchés des villes et villages, se présentaient dans les châteaux, couraient où devaient passer les princes, et, comme les joueurs de farces, gagnaient leur vie à provoquer le rire. On ne retrouverait pas la trace des plus vulgaires : cela se comprend; mais il n'a pas été impossible de se remettre sur celle de quelques autres plus notables. M. Jal rappelle les suivants :

Le 2 juin 1380, Jean de Hérault débite son rôle, à l'hôtel Saint-Pol, devant Charles VI, et il en reçoit cinq sols parisis. La même année, *le fol* Jean de la Marche *presche* devant le roi, le jour de la Saint-Pierre, à Montreuil, et il gagne 16 sols parisis.

En 1493, à Moulins, un fou qui jouait du tambourin est admis à se faire entendre par la reine Anne de Bretagne, qui lui fait payer 8 s. 9 den. tournois.....

Un autre prêtre, l'abbé de Valory, complète ainsi les renseignements sur le bouffon public de Lille : « Le fou est le premier valet de la ville. Il porte un habit singulier découpé de différentes étoffes, avec des grelots et la marotte au poing : c'est son habit de cérémonie. On prétend qu'en considération pour Philippe le Bon, duc de Bourgogne, qui avoit à sa suite un valet de pareille espèce, le magistrat de Lille, pour faire sa cour au prince, habilla de la sorte son premier valet... »
« Ce que vous dites de la personne du fou est exact, écrit encore le même ecclésiastique à l'abbé d'Artigny. Il étoit banquier et riche et se nommoit Corneille. Son fils eut un canonicat en cour de Rome par résignation : il est mort en 1724 [1]. »

Toutes les villes, il est vrai, n'avaient pas de fous en

---

1. *Nouv. mém. d'hist.*, etc. par D'Artigny; 1751, t. IV, p. 311, et t. VII, p. 67. — Des articles de comptabilité, extraits des archives de Lille et communiqués par M. de la Fons-Melicocq à la Société de l'Histoire de France, constatent l'ancienneté de cet usage. En 1480, nous y voyons « ung povre innocent, nommé Willemet, mon ami, » habillé, pour assister à la procession, d'un paltot de drap vermeil doublé « de noire frise, parmi le broudure d'aucunes fleurs de lis blancs, semé sur le dit paltof. » L'année suivante, pour le même Willemet, dans la même circonstance, on achète « deux aunes et demie de drap tannet et ung quartier de vert et vermeil, » destiné à lui faire « une robe et une amuche tenant ensemble. » En 1483, le paltof de Willemet est décoré, devant et derrière, d'un écusson aux armes de la ville, et, sur l'une des manches, de la devise : « C'est tout ung. »

Un autre article de compte, de l'année 1359, porte ceci : « A II serjans qui ostèrent I sot hors de la pourchiesion dou Sacrement, VI gros de v s., » — Ici on ne voit pas clairement si ce fut le sot de la ville ou un sot intrus qui se fit ainsi mettre hors. (V. *Annuaire-Bulletin*, 1864, p. 89.)

permanence; mais, sans parler de leurs institutions grotesques que nous avons déjà rappelées (fêtes des fous, confréries bouffonnes, etc.), n'avaient-elles pas diverses cérémonies, où le bouffon était mis publiquement en scène pour la plus grande satisfaction des spectateurs? Ainsi, dans la ville de Dieppe, aux *Mitouries de la mi-août*, solennité annuelle instituée en l'église Saint-Jacques pour célébrer le souvenir de la défaite des Anglais forcés dans leurs retranchements devant la cité, le 14 août 1443, le pompeux spectacle religieux en l'honneur de la Vierge était égayé par les ébats d'un bouffon, que le peuple nommait *Grimpesulais* et dont le nom, changé en *Gringalet*, est resté jusqu'à nos jours et servait encore naguère à désigner un célèbre paillasse de Rouen. Ce personnage essentiel de la fête dieppoise se livrait à mille pasquinades, tantôt contrefaisant le mort, tantôt ressuscitant, et adressant de burlesques apostrophes à Dieu et à la Vierge, personnages muets du drame commémoratif; ce qui causait d'incroyables transports au sein de la multitude. Les Mitouries ne furent interdites qu'en 1647.

Combien d'autres cérémonies de ce genre, ou purement civiles, apportaient au peuple sa part de plaisir que l'on aimait alors à demander au fou! Encore de nos jours, « en Belgique, dans le Luxembourg, à la kermesse ou fête patronale de chaque village, les jeunes gens se réunissent à cheval dans un lieu choisi et forment un cercle... Ils désignent entre eux un bouffon ou fou, qui fait mille extravagances : ce fou est regardé comme un voleur. On court après lui à coups de fusil ;

il feint de tomber, blessé à mort. Alors un jeune homme fait les fonctions de prêtre et le confesse; un bourreau prépare et allume ensuite un bûcher et le brûle en effigie [1]... » Les kermesses du nord de la France, les fêtes analogues des autres provinces auraient-elles négligé, au bon temps de la folie, l'emploi du fou, continué si opiniâtrement dans une contrée voisine, sous l'empire d'autres idées? Il y a fort peu d'apparence, et quelques recherches nous révéleraient certainement la présence du bouffon public dans un plus grand nombre de circonstances qu'on ne serait peut-être disposé à le croire. — Il devra me suffire de dire ici, d'après l'abbé de Valory, qu'à l'exemple de la ville de Lille qui s'était donné un valet bouffon, ainsi que nous venons de le voir, « presque toutes les confréries de Flandres avoient de pareils valets. »

Les jongleurs, comme nous l'avons vu, avaient exploité la bouffonnerie au profit de tous. La bouffonnerie ne pouvait disparaître avec eux : elle se perpétua publiquement pour la foule par les saltimbanques, derniers successeurs des jongleurs dégénérés. Le théâtre naissant apporta aussi son tribut à ce besoin de l'époque. Au reste, j'entends moins parler ici des farces outrées ou grossières opposées aux *miracles* et aux *moralités*, que du rôle de fou introduit dans les *miracles* eux-mêmes. Ce rôle eût-il été créé, s'il n'avait pas répondu à un besoin général [2]. »

---

1. *Mém. de l'Acad. celtique*, IV, p. 103.
2. Les charlatans eux-mêmes prenaient souvent des bouffons à

On le trouve notamment dans le mystère de sainte Barbe, composition du xv⁰ siècle, divisée en journées. Au reste, le fou n'y figure pas concurremment avec les autres acteurs : il y apparaît séparément. Voyez dans la seconde journée, par exemple; l'auteur désigne une pause, pendant laquelle, après la sortie des interlocuteurs, le fou a seul la parole : « Pausa : vadunt, et stultus loquitur. »

Il est à remarquer qu'il n'y a pas, dans la pièce, de rôle écrit pour le fou. L'acteur chargé de représenter ce personnage n'avait qu'à se laisser aller librement à sa verve bouffonne.

Dans le mystère de saint Christophe, au contraire, où l'auteur introduit un fou et une folle, le rôle de ces deux bouffons est écrit comme celui des autres acteurs; ce qui n'empêche pas leurs plaisanteries d'être assaisonnées de beaucoup de grossièretés.

La moralité du *Porteur de patience* offre également un rôle tout fait pour le badin, un des cinq personnages de la pièce.

Les farces surtout ont fréquemment des bouffons, pour enchérir sur les joyeusetés de leurs autres personnages; la farce du *Rapporteur*, la farce nouvelle de la *Boutaille*, et une foule d'autres dont il est sans intérêt de donner le détail.

Qui le croirait de nos jours ? — La bouffonnerie était

---

leur solde, pour avoir plus de chances d'attirer la foule. Voyez : Œuvres de Tabarin, biblioth. elzévir., t. 2, p. 237, 253 et 213; Chansons de Gaultier-Garguille, bibl. elzévir., p. LXXXIX.

alors entrée si profondément dans les mœurs, qu'elle avait pris pied jusque dans la chaire évangélique. Ce singulier phénomène se remarque principalement depuis le règne de Louis XI jusqu'à la fin du règne de Louis XIII. Michel Menot et Olivier Maillard sont au premier rang des prédicateurs burlesques, qui se sont donné mission d'exploiter le rire au profit de la foi. Leurs pieuses facéties étaient souvent tout aussi saugrenues que celles des porteurs officiels de marotte. Deux exemples le montreront à suffire. — Un jour, Maillard prêchait sur les âmes du purgatoire : « Lorsqu'elles entendent, dit-il, le son de l'argent qu'on donne pour elles, et qui, en tombant dans le bassin ou le tronc, fait *tin, tin, tin*, elles se mettent à rire et font *ha, ha, ha, hi, hi, hi !* » — Prêchant contre la lenteur des dames à se rendre à l'église, Menot leur adresse cette comparaison : « Citius evacuaretur stercus stabuli in quo fuissent quadraginta-quatuor equi, *on auroit plustost enlevé le fumier d'une écurie où il y auroit eu quarante-quatre chevaux*, quàm domina esset disposita, *qu'une femme n'auroit fini sa toilette, et* posuisset *toutes ses espingles*. »

Et les autres prédicateurs n'étaient pas plus scrupuleux. Ainsi :

Jean Raulin égayait ses auditeurs en leur racontant l'histoire d'une veuve qui veut épouser son valet et que le curé de la paroisse envoie prendre l'avis des cloches. Avant le mariage, la veuve entend les cloches lui dire : *Prends ton valet, prends ton valet...*, et plus tard : *Ne le prends pas, ne le prends pas.*

Un cordelier du même temps, prêchant sur la Passion, après avoir dit : *In nomine Patris...*, hésite à poursuivre. Il reprend les mêmes mots plusieurs fois encore, et s'arrête toujours.... Enfin il ajoute : « Je cherche le fils et ne le trouve point. Qu'est-il donc devenu ? Ah ! il a cédé à la rage de ses ennemis, et sans doute il est mort. Oui, mes frères, il est mort, et je vais vous dire comment. »

Un autre moine (XVIe siècle), à l'occasion d'un sermon sur la Nativité, disait que le coq annonça dès le matin la naissance de Jésus-Christ, en chantant à plusieurs reprises : *Christus natus est.* Puis, continua-t-il, le bœuf, impatient de connaître le lieu de la naissance, se mit à beugler : *Ubi, ubi ?* À quoi la brebis répliqua : *In Beéthleem, in Beethleem !* Enfin l'âne les invita à s'y rendre en brayant : *Eamus, eamus, eaaamus.* — Et pour produire plus d'effet, le prédicateur, avec les mots prêtés à chaque animal, imitait le cri naturel à celui-ci.

Le célèbre Petit-Père André est trop connu par ses facéties bouffonnes pour qu'il soit utile de s'y arrêter. Mais ne devais-je pas rappeler cet archevêque qui, au commencement du XVIIIe siècle, étant à Valenciennes, un premier jour du mois d'avril, fit inviter toute la ville à venir l'entendre prêcher, et qui, après s'être écrié, de la chaire : *Poisson d'avril, poisson d'avril !* disparut en riant, au bruit des trompettes et des timbales. — Cette bouffonnerie appartient à l'Électeur, archevêque de Cologne, Joseph-Clément. Elle est tirée d'une note des *Mémoires* de Dangeau.

L'importance du rôle de la folie et des fous est attestée

encore par les nombreuses figures de fous que l'on rencontre partout. Ces représentations ont trouvé place jusque dans l'intérieur des églises. Sur les stalles de l'église de Champeaux, en Brie, édifice du XIIe siècle, on remarque, au milieu d'autres figures bizarres, trois têtes de fous dans le même bonnet, et une folie avec ses grelots. Millin a fait graver, pour ses *Antiquités nationales*, des figures sculptées sur les miséricordes des stalles de Saint-Spire, de Corbeil, et sur les crédences de l'église des Mathurins, de Paris, faites à la fin du XVe siècle; on y voit un évêque tenant la marotte en main, un moine ayant des oreilles d'âne au capuchon et portant aussi la marotte. Au couvent des Grands-Augustins, de Paris, une parabole de l'Évangile était représentée par deux figures d'hommes habillés en fous...

Ce ne furent pas encore là toutes les ressources de l'ancienne société pour satisfaire sa passion des folles distractions.

La marotte s'était vulgarisée de plus en plus, après le XVe siècle, en se changeant souvent en papier barbouillé de noir : de là une littérature spéciale et d'une grande richesse, dont j'aurai plus loin l'occasion de dire quelques mots en passant.

Les *farceurs* de bonne volonté qui se vouaient à faire rire les autres, furent aussi, sans aucun doute, plus nombreux dans les anciens temps, même que pendant le premier quart du XIXe siècle, qui a pourtant laissé d'assez imposants souvenirs à cet égard.

Il y eut surtout la ressource, au profit de la foule, des

idiots et des fous libres, qui passaient leur vie à courir les rues. On conçoit qu'ils devaient être choyés, pour ne pas dire tourmentés, à proportion de l'intensité de la manie qui multipliait les marottes à gages [1].

L'Église, qui a voulu régler jusqu'à la coupe des cheveux et de la barbe, jusqu'à la forme des chausses, s'est aussi occupée des fous, ainsi qu'elle l'avait fait plus anciennement des jongleurs. Mais comme le fléau sévissait partout, même quelquefois à la cour de Rome,

---

[1]. Pourtant même dans les villes qui avaient des fous salariés, les administrateurs n'épargnaient pas les poursuites de divers genres contre ceux qui couraient les rues. D'après M. de la Fons-Mélicocq, je rapporterai ici, pour la ville de Lille, quelques exemples de ces mesures de rigueur.

1336. Au roy des ribaus, pour battre Agniès le sote par ii foys, x s.

1345. Au même, pour fiert à enfiercr Cataline de Chisoing le sote, v s.

1346. Id., pour une sote chacier hors de la ville pour ii fois iiii s.

1357. Au même, pour uns fiers d'Espaingne à enfiérer une sote às frères meneurs et pour grase fete à luy et à sen prévost, pour tout, xiii gros de xi s. ii d.

1363. Au même, pour, au command d'eschevins, mener hors de la ville, un diervet et une diervée, viii gros de v s.

1367. A Pot et ses compaignons, pour, au command d'eschevins, cachier une sote hors de la ville, xvi gros de ix s. iiii d.

1386. Un mauvais sot, qui faisoit plusieurs excès et maisères, est fustigé et expulsé.

1388. On expulse un sot contrefaisant le dervé.

1389. A Liévin le messagier et au roy des ribaus, pour, au command d'eschevins, avoir mené battant hors de la ville une sotte estraingnière, qui pluseurs desruttes et dissolucions faisoit en la dite ville..., xx s.

1398. Le roi des ribauds reçoit iiii s. pour avoir expulsé un fol, nommé Piert-sen-temps...

il fallait y mettre des ménagements. Aussi voyons-nous le concile de Paris, en 1212, se contenter de déclarer la guerre aux fous entretenus par les évêques dans leurs maisons épiscopales.

Ces foudres eurent si peu de retentissement, que les évêques eux-mêmes n'en tinrent aucun compte. Ils continuèrent, comme les rois, comme les puissants personnages laïques, d'en avoir près d'eux, et des meilleurs, ainsi que les riches abbés, qui ne trouvaient pas de plus louable emploi pour une partie du produit de leur commende.

Au lieu de décroître, la mode des fous avait été sans cesse en augmentant. On peut dire d'elle que c'était un vaste chêne qui avait progressivement étendu dans tous les sens ses rameaux vigoureux ; mais en s'élargissant, il s'était creusé au cœur. Voltaire ne fut pas contredit, lorsqu'il appela le vieil usage *un reste de barbarie*.

Les fous en titre d'office n'avaient plus alors, en effet, leur raison d'être.

Dans l'origine, au contraire, peut-être trouverait-on en eux même autre chose qu'un instrument de récréation.

Depuis longtemps déjà, la diplomatie a acquis assez de ruse, assez de fourberie pour se suffire à elle-même. Jadis elle n'existait pas. Confiants surtout dans la force brutale, nos pères ne pouvaient avoir la science des négociations. Les lazzis d'un fou suffisaient quelquefois pour tenir lieu de ce qui leur manquait à cet égard. Jeté à propos dans une discussion embarrassée par la défiance ou l'irritation, le rire n'est pas un spécifique sans influence. Même après la Renaissance, on vit des fous jouer un rôle dans les plus sérieuses affaires. La suite de cette histoire en montrera des exemples.

« Ils cantent, ils pagaront, » disait Mazarin en faisant allusion aux Parisiens engagés dans les troubles de la Fronde. — « Ils rient, ils se soumettront, » pouvait-on penser en général avec autant de raison. — N'était-ce pas aussi un motif suffisant pour engager les rois dans leurs États, les seigneurs dans leurs fiefs, à favoriser l'explosion du fou rire ?

Par cette double voie, les fous en titre d'office se seraient élevés à la hauteur d'une institution politique, et l'histoire routinière aurait encore un prétexte de moins pour leur refuser un souvenir.

FOUS DES ROIS DE FRANCE

DIGRESSIONS ACCESSOIRES.

Tout porte à croire que nos rois eurent aussi leurs fous, sinon avant, du moins aussitôt que les ducs de Normandie.

L'emploi des fous était déjà si bien entré dans les usages du XIIIe siècle que le roman de Robert le Diable, qui date de cette époque, comprend, dans la pénitence du héros de la légende, l'obligation de simuler la folie. Robert fait donc le fou dans les rues de Rome. Le peuple s'amasse autour de lui, le plaisante, le presse, le pousse, le maltraite, l'accable de coups. Robert s'enfuit dans le palais de l'empereur, qui le prend en pitié, ordonne qu'on le respecte, et le déclare son fou en titre...

On sait, d'ailleurs, que le concile assemblé à Paris en 1212, défendit aux ecclésiastiques de tous rangs d'avoir des fous. Pour qu'une pareille prohibition parût nécessaire, il fallait que l'usage fût bien invétéré dans l'Église, et comment ne l'aurait-il pas été, au moins autant, dans l'aristocratie laïque et jusqu'au pied du trône?

Quoi qu'il en soit, jusqu'à ce jour, je n'ai recueilli aucun document positif qui montre ces officiers burlesques à la cour de France, avant le XIVe siècle. Le premier que j'y rencontre est Geffroy, fou de Philippe le Long. Il est nommé dans le compte des *receptes et mises* faites pour le roi, depuis le 12 juillet 1316 jusqu'au 1er janvier suivant.

Voici l'article qui le concerne : « Pour une robe de trois garnemens (de trois pièces) pour mestre Geffroy le fol. » (Comptes de l'argenterie des rois de France, au XIVe siècle, p. 9.)

Je n'ai recueilli aucune indication pour le règne de Charles le Bel. Quoi qu'il en soit, on trouve, quelques années plus tard, les fous si bien posés auprès de Jean II, qu'il est difficile de ne pas leur reconnaître comme une sorte de consécration traditionnelle. Il y en aurait certainement à mentionner pour Charles le Bel, si les comptes de son argentier n'étaient pas perdus.

Quant à Philippe de Valois, peut-être est-il permis de lui attribuer le fou Seigni Johan que Rabelais, au livre III de Pentagruel, chapitre XXXVIII, met en scène dans les termes suivants :

« A Paris en la roustisserie du petit chastelet, on devant de l'ouvroir d'ung roustisseur, ung facquin[1] mangeoit son pain à la fumée du roust, et le trouvoit ainsi parfumé grandement savoureux. Le roustisseur le

---

[1] Un portefaix.

laissoit faire. Enfin, quand tout le pain fut baufré, le roustisseur happe le facquin on collet, et vouloit qu'il lui payast la fumée de son roust. Le facquin disoit en rien n'avoir ses viandes endommagé; rien n'avoir du sien prins ; en rien ne lui estre debiteur.

« La fumée dont estoit question, évaporoit par dehors ; ainsi comme ainsi se perdoit elle ; jamais n'avoir esté ouy que dedans Paris, on eust vendu fumée de roust en rue. Le roustisseur répliquoit que de fumée de son roust n'estoit tenu nourrir les facquins : et renioit en cas qu'il ne le payast, qu'il lui ousteroit ses crochets. Le facquin tire son tribart, et se mettoit en deffense.

« L'altercation feut grande, le badault peuple de Paris accourut on debat de toutes pars. Là se trouva à propous Seigni Johan le fol, citadin de Paris. L'ayant apperceu, le roustisseur demanda on facquin : *Veulx tu sur nostre différent croire ce noble Seigni Johan ? — Ouy, par le Sambregoy*, respondit le facquin. Adoncques Seigni Johan avoir leur discord entendu, commanda on facquin qu'il lui tirast de son bauldrier quelque pièce d'argent. Le facquin lui mist en main ung tournois Philippus. Seigni Johan le print, et le mist sus son espaule guausche, comme explorant s'il estoit de poids ; puis le timpoit sur la paulme de sa main guausche, comme pour entendre s'il estoit de bon alloy, puis le posa sur la prunelle de son œil droict, comme pour veoir s'il estoit bien marqué. Tout ce feut fait en grand silence de tout le badault peuple, en ferme attente du roustisseur, et désespoir du facquin. Enfin le fait sur l'ouvroir sonner par plusieurs fois. Puis en majesté présidentale tenant sa marotte on poing, comme si feust un sceptre, et affeublant en teste son chaperon de martres cingesses à aureilles de papier fraisé à poinct d'orgues; toussant préalablement deulx ou trois bonnes fois, dist à haulte voix : *La court vous dit que le facquin qui a mangé son pain à la fumée du roust, civilement a payé le roustisseur on son de son argent. Ordonne la dicte court, que chascun se retire en sa chascunière, sans despens, et pour cause...* »

Barthole, Tiraqueau, le célèbre avocat Galand ont tour à tour invoqué l'autorité de ce mémorable jugement, dont l'indication première a été fournie par Jean André, jurisconsulte du XIVe siècle. Or Jean André était mort en 1348. L'anecdote de Seigni Johan appartient donc au règne de Philippe de Valois ou à celui de son prédécesseur. La sentence qu'on lui attribue n'était-elle pas assez remarquable pour lui donner accès à la cour, si déjà il n'en faisait pas partie ?

La Nef des fols du monde, imprimée en vers français, en 1497, semble indiquer Seigni Johan comme un fou royal, lorsqu'elle offre sa *pourtraicture* en opposition à celle de Caillette, qui plus tard fut en possession de ce titre. C'est là l'unique autorité sur laquelle on puisse s'appuyer pour en faire un officier de la couronne. Elle est d'autant moins imposante qu'il y est nommé *Jehan le foul* et non *Seigni Johan*; appellation qui peut très-bien s'appliquer au fou du successeur de Philippe de Valois.

Quoi qu'il en soit, Seigni Johan méritait un souvenir. Quant au mot *Seigni,* Le Duchat le fait venir de *Senex* (vieillard). Selon lui, Rabelais aurait dit Seigni Johan pour Johan le vieux, pour distinguer celui-ci de Johan, *fol de Madame*, dont parle Marot, dans ses épitaphes. Les annotateurs du Rabelais *variorum* donnent une autre explication ainsi formulée : « Le mot *Seigni*, en rouergois, dit La Monnoie sur la XLIᵉ nouvelle de des Périers, signifie *Seigneur*; ce qui pourrait faire croire que le *Seigni Johan* du livre III de Rabelais, était de Rouergue, d'où il avait été amené à Paris. » — Nous croyons aussi que *Seigni* ne doit pas être pris dans le sens que lui donne Le Duchat. Ici, il n'est pas plus l'équivalent de *vieillard*, que *Seigne* dans cette farce imprimée à Lyon, en 1580 : *la comédie de Seigne Peyre et de Seigne Johan*.

Avec le roi Jean, dont le règne s'étend de 1350 à 1364, nous entrons dans la période véritablement *historique* des fous de la couronne de France. Non-seulement il subventionne des personnages burlesques pour son compte personnel ; mais encore il entretient un fou pour le dauphin, qui sera roi après lui, sous le nom de Charles le Sage.

Le fou du dauphin se nommait Micton ou Mitton [1]. M. Leber nous apprend qu'il en est fait mention dans le compte d'Étienne de la Fontaine, argentier du roi,

---

1. N'était-ce pas de Normandie que Jean, d'abord duc de cette province avant de monter sur le trône, avait tiré Micton, fou du dauphin son fils? En 1394, je trouve un Jehan Micton dans la ville d'Avranches. Il y exerçait les fonctions de *pendart*, c'est-à-dire de bourreau. C'est lui qui vint crocher à la potence de Mortain un porc condamné par un jugement en forme pour avoir tué un enfant dans la paroisse de Romagny. Le rapport de nom peut faire supposer des liens de parenté.

pour l'année 1350. Je le retrouve dans un autre compte du même argentier, qui commence le 4 février 1352 et s'arrête au premier juillet suivant. Il est curieux de connaître en quoi pouvaient consister les dépenses pour la toilette de ces plaisants de cour ; je vais donc transcrire textuellement, de ce dernier compte, les articles relatifs au personnage qui vient d'être nommé :

« Martin de Coussi, tailleur des robes monseigneur le dauphin, pour la façon des robes et garnemens fais en ce terme pour le corps dudit seigneur, et aussi pour la façon de plusieurs garnemens[1] fais pour Micton, son fol, et pour Xandrin, un enfant trouvé, et pour plusieurs autres mises, voitures et dépens fais par le dit Martin pour le fait de la taillerie..., 137 l. 3 s. 3 d. — Jehan Perceval, pour deux aunes et un quart d'un marbré[2] court de Broixelles, et trois aunes, demi-quart moins, d'un roié[3] violet de Gant, délivré en ce terme au tailleur mons. le dauphin, par sa lettre, pour faire robe au terme de Pasques, à Micton le fol, 18 s. pour aune, pour tout, 4 l. 12 s. 3 d. — Ledit Jehan, pour une aune de marbré violet à faire chauces audit fol, 20 s. — Ledit Jehan, pour deux aunes et demie de marbré de Saint-Omer, et deux aunes trois quartiers d'un royé chassis de Gant, deslivrées audit tailleur, pour faire une robe fourrée de cendal[4] audit Micton, pour sa livrée de Pen-

---

1. Les *garnements* étaient les différentes pièces qui composaient l'habillement complet, appelé *robe*.
2. Drap marbré, tissu avec des laines de diverses couleurs.
3. Drap rayé.
4. Étoffe de soie.

tecouste, 18 s. pour l'un et pour l'autre, valent tout 4 l. 14 s. 6 d. — Ledit Jehan, pour trois aunes et demie de marbré de Gal, pour faire au dit fol une cote hardie[1] et un mantel, 70 s. — Le dit Jehan, pour aune et demie de pers, à faire doubleure audit mantel, 24 s. — Prince Guillaume, pour deux demies pièces de cendaux, livrées en ce terme au tailleur mons. le dauphin, pour fourrer la robe Micton le fol, de sa livrée de Pentecouste, 9 escus. — Mitton, le fol de mons. le dauphin, pour fourrer sa robe de sa livrée de Pasques; pour les deux surcoz[2] et le corps de la cloche[3], et pour pourfilz, quatre pennes d'aigneaux blans; et pour chaperon, une penne et demie d'arragon, pièce 20 s. l'une par l'autre, valent tout 110 s. — Ledit Mitton, pour les fourreures d'une robe de veluiau[4] violet que le roy lui avoit donné aus noces du roy de Navarre, le veluiau pris au compte prochain précédent de l'argentier; pour les deux surcoz, manches et poingnez, deux cent quatorze ventres[5]; pour la cloche, 128 ventres, et pour le chaperon 48 ventres. Somme, 348 ventres, 16 d. le ventre, 26 l.; et pour six douzaines de létices à pourfiler la dicte robe, 8 s. pièce, 28 l. 16 s. Pour tout, 54 l. 16 s. — Guillaume Loisel, cordouannier du roy, pour une paire d'estivaux, 12 s., et pour vingt paires de soullers, 28 d. chacune paire; tout deslivré en ce dit terme, pour Mitton...,

1. Vêtement de dessus pour sortir.
2. Vêtement de dessus pour l'intérieur.
3. Vêtement qu'on mettait sur la cotte et le surcot.
4. Velours.
5. Les peaux du ventre du petit-gris.

et baillé à Jehannin son varlet. Valent 58 s. 8 d.[1]. »

Le fou du roi, comme cela devait être, n'a pas une moins belle part dans ce budget de cinq mois. Je transcris encore, pour compléter l'élément d'appréciation qui précède :

« Jehan Perceval, drapier, pour six aunes d'un royé brun de Gant, et cinq aunes d'un pers clair (d'un drap bleu clair), délivré en ce terme, pour faire une robe de quatre garnemens, fourrée d'aigneaux blans, à la feste de Pasques, pour *Maistre Jehan, le fol du roy*, 16 s. l'aune, valent 8 l. 16 s.; baillé à Olivier Béliart, tailleur de robes... — Le dit Jehan Perceval, pour dix aunes d'un marbré cendré, de courte moison, à faire au dit maistre Jehan, une robe de quatre garnemens, fourrée de cendal vermeil, pour sa livrée de Pentecouste, 10 l. — Le dit Jehan Perceval, pour trois aunes d'un drap ouvré à chaennes, deslivré au dit fol, pour en faire un corset sengle pour la saison d'esté, 32 s. l'aune, 4 l. 16 s. — Jehan Perceval, pour trois aunes et demie de drap marbré vermeillet, de Dorlens, à faire chauces, en ce terme, pour le dit fol, 40 s. — Olivier, le cousturier, pour de-

---

1. Comptes de l'argenterie des rois de France, pp. 90, 150, 158, 161, 175.

M. A. Jal indique, sans les reproduire, divers articles relatifs à Mitton dans le compte de l'argenterie du roi pour les années 1351-1355 (Archiv. nat., KK, 8). Il ne cite que le suivant : « Pour faire et forger la tasse et garnison d'une ceinture d'argent... pour Mitton, fol du dauphin. »

J'ajoute que Mitton avait aussi des boucles d'oreilles. Dans un compte d'Étienne de la Fontaine, on lit : « Pour deux anneaux d'or, les quels furent pendus et attachiez aux oreilles de Micton le fol Mgr le Dauphin » (K., reg. 8, fol. 110).

niers à lui payez en ce terme, pour la façon des robes et garnemens deslivrez au dit terme, pour maistre Jehan, le fol du roi...; pour fil, toille et autres estoffes, pour tout, 10 l. — Prince Guillaume, pour deux pièces de cendal vermeil, en graine, deslivré pour fourrer la robe de maistre Jehan le fol, pour sa livrée de Pentecouste, 20 escus. — Le dit Prince, pour demi livre de soye à estoffer les robes dudit fol, 3 escus et demi. — Maistre Jehan, pour fourrer sa robe de sa livrée de Pasques : pour les deux surcoz et la cloche, quatre pennes d'aigneaux blanches fines, pièce 40 s.; et pour le chaperon, deux chaperons d'arragon blans, pièce 20 s.; et pour deux douzaines de létices à pourfiler (border) la dite robe, 8 s. pour létice, valent tout 19 l. 12 s. — Le dit fol pour fourrer une couvertoir pour son lit, une penne de connins (lapins) nottrez, 100 s. — Le dit Jehan le fol, pour fourrer un chaperon pour lui, en lieu d'un autre qu'il avoit ars (brûlé), une penne à chaperon d'aigneaux blans; à tout la fourniture, 30 s. — Guillaume Loisel, cordouannier du roy, pour une paire d'estivaux, 20 s.; et pour 17 paires de sollers, deslivrez en ce terme, pour ledit maistre Jehan le fol, chacune paire 3 s.; pour tout, 71 s. — Hue Pourcel, gainnier, pour un estui à mettre le gobelet maistre Jehan le fol, délivré en ce terme, et baillé à Girardin, vallet le fol, 20 s.[1]. »

Comme on le voit, il ne manquait rien à maître Jehan. Si nous remontons à un compte antérieur (à celui de

---

[1]. Mêmes comptes, pp. 149, 150, 157, 158, 175.

1350), cité par M. Leber, nous trouverons que le dauphin le traitait quelquefois avec plus de munificence encore, que ne faisait le roi lui-même. En effet, à cette époque, ce prince lui avait fait présent d'un « riche chapel fourré d'hermine, couvert d'un rosier dont la tige était d'or de Chypre et les feuilles d'or ouvré. » Les roses étaient *ouvrées de grosses perles*. On remarquait encore sur ce prétentieux couvre-chef divers *émaux*, des boutons de perles et *menus orfrisiers*...

Un fou traité avec une pareille distinction était certainement un personnage indispensable à la royauté. Aussi, lorsque le roi Jean, fait prisonnier à la bataille de Poitiers le 20 septembre 1356, fut conduit par les Anglais à Bordeaux, et, de là, en Angleterre, dut-il se trouver heureux de l'avoir pour compagnon de voyage. C'était bien le cas, d'ailleurs, de chercher quelques distractions. Mais, de l'autre côté du détroit, le maître fou eut occasion de regretter son changement de résidence : le temps n'était plus du brillant *chapel* à rosier d'or et de perles. Sur le « compte de la despense de l'ostel du roy de France, faite en Angleterre et payée par Denis de Collors..., depuis le jour de Noel 358... jusques au 1er jour de juillet 359 «ensuivant, » Maître Jehan ne figure que pour les articles ci-après[1] : « Girardin, varlet maistre

---

1. Il est vrai que je n'ai eu à ma disposition que l'extrait de ce compte donné par le Bulletin de la Société de l'histoire de France, octobre et novembre 1856. Le compte lui-même contient vraisemblablement plusieurs autres indications analogues. Il se trouve dans le second vol. de la *Philobiblon Society* de Londres, où il a été mis au jour par le duc d'Aumale, avec quelques autres pièces relatives à la captivité du roi Jean.

Jehan le fol, pour rappareiller les pannes (fourrures) dudit maistre Jehan, et pour une panne noire neuve à mettre en une vieille cote hardie, pour ledit maistre Jehan, le x° jour de janvier, 3 s. 4 d. — Girardin, varlet maistre Jehan, le fol, pour deux paires de chausses qu'il a achetées pour le dit maistre Jehan, 4 s. 4 d. — Blainne, le pelletier, pour quatre pannes blanches pour une robe pour maistre J. le fol, 10 s. »

Le bouffon se ressentait de la fâcheuse position de son maître. Aussi il y a quelque apparence que lui, dont la mission était de provoquer le rire, il se laissa dominer sérieusement par le chagrin. Du moins voyons-nous que *fol* et *varlet* se trouvèrent réduits à recourir à l'apothicairerie : « Jehan Donet, espicier à Londres, dit Denis de Collors, pour un électuaire cordial doré pour le maistre le fol, 10 s. 6 d.; pour une recepte de pareilles et plusieurs herbes, semences et flours pour faire une estuve et une emplastre pour la teste du varlet dudit maistre Jehan, 4 s. 6 d. »

Les *Comptes de l'argenterie* de nos rois, publiés pour la Société de l'histoire de France, en 1851, contiennent *le livre et journal de la recepte et despense* que fit et solda le même comptable, du 1er juillet 1359 au 1er janvier suivant. Là, il n'est plus question de mettre une panne neuve à une vieille cotte hardie. La position s'améliore; pourtant les *mises* pour maître Jehan continuent encore d'être plus restreintes qu'en 1352. Ainsi on n'y trouve, pour lui, que les articles suivants : neuf aunes de drap vert pour une robe, 36 s.; — Deux fourrures et demie de gros vair et une demi-fourrure de demi-vair, pour la même robe, plus 17 ventres de menu vair pour une aumusse et 72 ventres pour trois chaperons, en tout : 4 l. 8 s. 9 d. ; — façon, doublure, etc., de la robe à trois garnements (savoir : cotte, surcot et housse), 26 s. 6 d. ; —, Un braier (caleçon) à lanières, 12 d. ; — Onze aunes et un quart de toile, pour faire six paires de robes-linges, 13 s. 1 d. et obole ; — façon, 2 s. ; — Six aunes de drap rayé et cinq aunes de drap uni, pour une robe, 27 s. 6 d. ; — Cinq fourrures de Bougie, 17 s. 6 d. ; — 2 chaperons de Bougie, 6 s. ; — Neuf paires de souliers, 5 s. 1 d.

Mais le fou royal continue d'être traité avec distinction. Lorsque son maître, prisonnier, quitte son ancienne résidence pour aller à Londres, on se procure, pour le transport, cinq *voictures* ou *charettes* : il y en a *une pour la chambre du roi*, une *pour la chapelle*, une *pour la chambre monseigneur Philippe*, une *pour maistre Jehan le fol*, et une *pour la panneterie et pour la cuisine*. Maître Jehan le fol n'est pas confondu avec la panneterie et la cuisine ; il a son rang particulier ; il occupe comme une sorte de milieu entre *notre joinne seigneur* Philippe de France et la domesticité proprement dite. A table, il ne boit pas dans un vase banal : il a son gobelet à lui, un gobelet d'argent, que le roi fait refondre et dorer en Angleterre, en même temps que son propre *henap*. Le roi donne-t-il 33 s. 4 d. (ou 5 nobles) à la châsse de saint Alban, on remet, pour la même offrande, 6 s. 8 d. (ou un noble) à Monseigneur Philippe, et 4 d. à maître Jehan. Ainsi, en appréciant les distances par l'importance des dons, on trouvera que si le fils est à cinq pas du père, le fou n'est tenu qu'à vingt pas du prince royal. Ce qui, d'ailleurs, relève encore son importance, c'est que maintenant il a deux valets (Girardin et Magister).

Circonstance dont il importe de tenir note : rien n'indique, dans les comptes de l'argenterie, que maître Jehan ait été décoré des attributs que nous verrons plus tard avoir appartenu à la folie subventionnée (la marotte, la vessie résonnante, les oreilles d'âne, etc.). Son costume ne diffère pas de celui du reste de la cour, si ce n'est par le plus ou le moins de richesse. Pourtant, en 1359, on lui donne une robe verte. Cette couleur, comme le jaune, servait à caractériser la folie.

Maître Jehan n'a pas laissé d'autres souvenirs que ceux qui nous ont été transmis par les comptes de l'argenterie. Il n'était pas le seul personnage burlesque de la cour du roi Jean. M. Leber cite, avec lui, d'après les registres manuscrits de la chambre des comptes, le *grimacier* ou *rechigneur* du même prince [1]. Cet autre fou d'un genre différent ne paraît avoir joué son rôle auprès du trône que pendant les années 1350 et 1351. Rien n'indique si le premier mourut avant ou après son maître.

Charles le Sage nous est signalé par l'histoire comme se plaisant à l'entretien des fous, « et cette récréation prenoit, dit son historiographe Christine de Pisan, afin

---

[1]. Ce grimacier ou rechigneur est également indiqué par M. Monteil (*Hist. des Franç.*, t. VI, pp. 260 et 593).

que soin de trop grande occupation ne peust empescher le sens de sa santé. » Après son lever et sa prière à Dieu, ajoute la même historiographe, ce bon roi, avec ses serviteurs, « par bonne familiarité se truphoit de paroles joyeuses et honnestes, par si que sa douceur et clémence donnoit hardiesse et audace, mesme aux moindres, de hardiment deviser à luy de leurs truphes et esbattemens; quelque simples qu'ils feussent, se jouoit de leurs dits et leur tenoit raison. »

Pendant ce règne, trois fous furent appelés à faire l'épreuve des bonnes dispositions du prince pour les porteurs de marotte; et cela, sans compter Mitton, que Charles V avait eu étant dauphin et qui pouvait être encore vivant, lorsque son maître monta sur le trône.

On ignore le nom du premier; mais son existence n'est pas douteuse. Elle se trouve établie par une lettre autographe inédite de Charles V, du dernier jour de février 1364, par laquelle il ordonne aux gens de ses comptes « d'allouer et compter et de rabattre de la recepte de Jehan Luissier... la somme de douze cens frans, dont cent frans estoient destinés aux œuvres du chastel du Louvre et deux cens frans pour envoyer querre un fol pour nous, le quel est au pays de Bourbonnois [1]. »

---

[1]. Leber; Introd. aux monnaies des fous, p. XLII. — On ne saurait dire si c'est Mitton ou ce dernier bouffon qui fut inhumé à Saint-Germain-l'Auxerrois. On sait seulement qu'un des fous de Charles V reçut la sépulture dans cette église, et que son tombeau servit de modèle à celui de Thevenin. Sauval parle de ce tombeau; mais il n'a jamais pu le trouver. (V. Antiquités de Paris, t. III, p. 34.)

Le second fou connu de Charles V est Thevenin qui mourut en 1374, et fut inhumé dans l'église Saint-Maurice de Senlis. L'affection de son maître pour lui se manifesta par la richesse du tombeau qu'il lui fit élever. Il était formé d'une pierre de liais, longue de huit pieds et demi sur quatre pieds et demie de largeur, gravée en creux et offrant l'image de la mort. Le défunt y était représenté, couché sur le côté, en costume de fou : habit long avec un capuchon, sur la tête une calotte garnie d'une houppe. Il tenait une marotte en main et il avait deux bourses à la ceinture. Ce dernier attribut peut être regardé comme les armes parlantes des fous d'office, qui n'exerçaient qu'à beaux deniers comptants. Le visage et les pieds de la *pourtraicture* étaient d'albâtre. Autour du tombeau, on remarquait une foule de petites figures dans des niches, le tout sculpté avec une délicatesse et une patience admirables. L'épitaphe était conçue en ces termes : *Cy gist Thevenin de Saint Legier, fol du roy nostre Sire, qui trespassa le XI*e *jour de Juillet, l'an de grâce* M.CCC.LXXIV. *Priez Dieu pour l'âme de li.*

Le fou royal qui succéda à Thevenin, se nommait Grand-Johan. Il était en fonctions en 1375, et il remplit l'intervalle entre la mort de son prédécesseur et celle de Charles V. Les chroniqueurs n'ont pas tenu meilleure note de ses facéties que de celles de Thevenin et du fou anonyme, originaire du Bourbonnais.

Est-ce là tout le personnel *folliant* subventionné par Charles V? Non, suivant Dreux du Radier, qui semble soupçonner que ce roi pourrait bien encore en avoir eu un, né sous le ciel de la Champagne.

« J'ai appris d'un échevin de Troyes en Champagne, dit-il, qu'on voyoit encore dans les archives de cette ville, une lettre de Charles V, où ce prince marquant aux maire et échevins la mort de son fou, leur ordonne de lui en envoyer un autre, *suivant la coutume*. L'usage en étoit déjà établi, et la Champagne avoit apparemment l'honneur exclusif de fournir des fous à nos rois du temps de Charles V. »

Non-seulement il n'est pas resté de traces de la présence de ce nouveau fou à la cour; mais encore le privilége d'en fournir à la royauté se trouve loin d'être établi en faveur de la ville de Troyes. Nous voyions tout à l'heure que le Bourbonnais pouvait lui contester cette prérogative ; Grosley va nous démontrer qu'elle n'en a jamais eu la possession.

« Je dois, au nom de ma patrie, dit-il, bien des remerciements à l'auteur des *Récréations historiques*, et je conviens avec lui que la Champagne se tiendroit fort honorée d'avoir eu l'avantage de fournir des fous à nos rois, si cette succession de fous Troyens ou Champenois auprès du trône, étoit bien constatée. La lettre de Charles V flatte d'autant plus l'amour propre de mes concitoyens, qu'aucun de nous ne s'attendoit à la découverte de ce fait important, ignoré pendant quatre siècles, lorsqu'il fut publié pour la première fois par M. Legendre de Saint-Aubin, qui l'a tiré on ne sait d'où, et l'a inséré dans son *Traité de l'opinion*.

« Troyen, et naturellement curieux, je n'eus pas plutôt lu le *Traité de l'opinion*, que j'allai m'enfoncer dans la poussière des archives de notre hôtel de ville.

Je vis tout, j'examinai tout ; mais je n'aperçus aucune trace, aucune indication de la lettre citée : je me fâchai très sérieusement contre l'auteur du *Traité de l'opinion*, et je mis son récit et sa lettre au rang de ces anecdotes inconsidérées, que de mauvais plaisans font courir sur le compte des honnêtes Champenois.

« Quelque temps après cette aventure, obligé de recourir, je ne me souviens plus à quel propos, au *Dictionnaire encyclopédique* (tome VII, lettre F), je jettai par hazard les yeux sur l'article le *Fou*, et je pensai le devenir moi-même plus que tous ceux dont il est parlé, quand je revis cette maudite lettre, prétendue écrite par Charles V aux échevins de Troyes. Il faut que cela soit ainsi, me dis-je à moi-même, puisque des auteurs aussi graves l'assurent... Je renouvelai cependant mes recherches, je courus les cabinets de nos sçavans, je vis tous nos antiquaires, je les interrogeai : ils me répondirent unanimement que jamais cette lettre n'avoit existé... Mais ne voilà-t-il pas M. D. D. R. qui revient à la charge. Oh bien, messieurs, je déclare à cet auteur, si fort instruit, que je ne ferai plus de recherches, que je n'entrerai plus dans nos archives ; en un mot, que je garderai le plus profond silence, à moins qu'il ne nomme l'échevin dont il prétend tenir l'indication de la lettre de Charles V. Jusqu'alors, mes modestes concitoyens regarderont cette lettre, quelque honorable qu'elle soit pour eux, comme fausse, inventée à plaisir, et très injurieuse à beaucoup d'autres villes du royaume, qui, comme Troyes, avoient l'honneur d'envoyer des Fous à nos rois... »

« J'avoue, cependant (ajoute l'auteur, qui soutient jusqu'au bout le ton de la plaisanterie), que je ne connois point de Troyen qui ne pense comme moi, que nous souhaiterions beaucoup que cette lettre eût été véritablement écrite... ; car enfin elle déposeroit singulièrement en faveur de l'ingénuité, de la candeur, de la franchise de nos pères... L'emploi de fou du roi exigeoit et supposoit nécessairement ces qualités heureuses : dans ces temps de barbarie et d'ignorance, il n'appartenoit qu'à ces respectables officiers de la couronne, de dire la vérité à des maîtres qui n'étoient ni dans l'usage de la chercher, ni accoutumés à l'entendre : en effet qui ne sait que, d'abord auprès des petits tyrans d'Italie, et dans la suite, auprès de tous les souverains de l'Europe, et des papes mêmes, les fous jouoient exactement le même rôle que jouèrent autrefois Ésope à la cour de Crésus, Platon à celle de Denis, Callisthène auprès d'Alexandre, les sept sages de la Grèce, chez divers souverains ? Les fous modernes des temps d'ignorance étoient donc les philosophes de leur siècle ; et ceux-là en valoient bien d'autres, qui ont paru depuis [1]. »

La question ne paraît-elle pas définitivement tranchée par Grosley ? Oui, sans doute. Eh bien, pourtant, on y est encore revenu de nos jours, et, cette fois, pour la résoudre en sens inverse, par la production de la lettre de Charles V.

---

1. Voir le recueil facétieux, intitulé : *Mémoires... de l'Acad. de Troyes*, p. 409.

« Le journal l'*Aube*, dit M. Alex. Assier (*Légendes... de la Champagne*, p. 15), a publié la lettre de Charles le Sage, qui préoccupa si longtemps les érudits de Troyes; nous la reproduisons textuellement, parce qu'il est probable que Charles V dut écrire à sa bonne ville la mort de son fou et lui en demander de cette famille, attendu que les dépenses considérables faites aux obsèques de ce pauvre Grand-Jehan, prouvent qu'il remplissait dignement sa fonction :

« Charles, par la grace de Dieu, roy de France, à
« leurs seigneuries les maires et échevins de nostre
« bonne cité de Troyes, salut et dilection.

« Savoir faisons à leurs dessus dictes seigneuries que
« Thevenin, nostre fol de cour, vient de trespasser de
« celluy monde dedans l'aultre. Le Seigneur Dieu
« veuille avoir en gré l'âme de luy qui oncques ne faillit
« en sa charge et fonction emprès nostre royale sei-
« gneurie, et mesmement ne voulsit trespasser sans faire
« quelque joyeuseté et gentille farce de son métier.

« Pour quoy nous avons ordonné que luy seroit dressé
« marbre funéraire représentant le dict sire avec une
« épitaphe condigne.

« Ores, comme par le trespassement d'icelluy, la
« charge de fol en nostre maison est de faict vacquante,
« avons ordonné et ordonnons aux bourgeois et vil-
« lains de nostre bonne ville de Troyes, qu'ils veuillent
« pour droict à nous acquis déjà depuis longues an-
« nées, nous bailler un fol de leur cité pour récréer
« nostre majesté et les seigneurs de nostre palais.

« Ce faisant feront droict à nos royaux priviléges, et

« pour récompense seront les dicts bourgeois et vil-
« lains à tout jamais nos féaux et amés subjects. Ce
« tout, sans délais ni surcis aulcuns ; car voulons que
« la dicte charge ne reste un plus long temps vac-
« quante.

« En nostre palais de Paris, le xiv janvier de l'an de
« l'incarnation MCCCLXXII. »

A cela il n'y a rien à répondre..., si ce n'est que cette lettre est manifestement apocryphe. Non-seulement le style n'est pas du xive siècle ; mais encore l'ensemble de la rédaction, la précision et le développement de plusieurs détails, la fausseté évidente de quelques autres, la mention, dans une pièce datée de 1372, de la mort de Thévenin qui ne cessa de vivre qu'en 1374, annoncent si bien l'œuvre *facétieuse* d'une plume toute moderne, qu'il est inutile d'ajouter un mot de plus à l'appui de notre appréciation.

Disons donc, pour conclure, que malgré l'hypothèse de Dreux du Radier, Charles V ne paraît pas avoir eu auprès de lui un successeur champenois de son fou Thévenin.

Après cette digression au sujet d'un fou contesté, j'ai hâte de revenir aux fous incontestables.

La reine Jeanne, femme de Charles V, avait aussi près d'elle un personnage burlesque. C'était Artaude du Puy. Voici ce qu'en dit M. Leber : « A la date du 3 janvier 1373, le roi ordonne à ses trésoriers de payer à Jean Mandole, pelletier et bourgeois de Paris, la somme de cent soixante-dix-neuf francs d'or, « pour

« certains draps pennez cendaulz, boutonnerez et fer-
« manlz d'or et d'argent, et pour la façon, pour Ar-
« taude du Puy, folle de nostre très-chiere compaigne
« royne. » (*Lettre autographe inédite de Charles V.*)
Dans une autre lettre du même prince (*aussi autographe inédite*), datée du 3 mars 1375, il est fait encore mention de la même Artaude du Puy, dans les mêmes termes. »

« Au reste, sous Charles le Sage, ajoute le bibliophile Jacob, les fous en titre d'office étaient au nombre des officiers de toute maison princière. »

Charles VI dont la démence appela tant de maux sur notre patrie, nous a laissé non-seulement les noms de sa petite reine Odette de Champdivers [1] et de son peintre de cartes, Jacquemin Gringonneure, mais encore ceux de plusieurs fous successivement attachés à son service. Toutefois la folie couronnée devait faire tort à la folie à capuchon. Sous le règne d'un fou frénétique, le rôle de fou divertisseur ne pouvait être que pénible et sans éclat ; mais aussi, plus que jamais, il devait sembler avoir une sorte de raison d'être.

« Les courtisans inventaient à l'envi des jeux et des

---

1. Une histoire de Charles VI, donnée par D. Godefroy, à la suite de la chronique de Jouvenel des Ursins, contient cette indication au sujet d'Odette : « Regi data fuit in concubinam quædam pulcherrima, delectabilis et placens juvenis, filia cujusdam mercatoris equorum, de consensu tamen reginæ...; quæ quidem filia competenter fuit remunerata, quia sibi fuerunt data duo maneria pulchra cum suis omnibus pertinentiis..., et ipsa vulgariter vocabatur palam et publice parva regina..., suscepitque ab eo unam filiam... »

plaisirs pour dissiper la sombre frénésie du malheureux roi qu'une funeste mascarade avait privé de sa raison, lorsque, dans le ballet des Sauvages, le feu prit à ses vêtements enduits de poix-résine, et mit sa vie en danger. Depuis cette lugubre *momerie*, si Charles entrait en fureur, des valets déguisés et masqués apparaissaient pour l'enchaîner; s'il retombait dans son habituelle et morne tristesse, une damoiselle, un page, un fou, avaient mission de lui faire compagnie et de servir à ses *esbattemens*. Mais que pouvaient les facéties d'un fou d'office sur la triste et inerte préoccupation d'un fou véritable ? — Charles VI était poursuivi partout du spectre de la folie : ouvrait-il un missel enluminé, il retrouvait sur les encadrements coloriés des prières, la scène de la danse macabre, où la mort fait *baller* le fou vers la tombe; agitait-il ses cartes peintes et dorées, il rencontrait encore le portrait d'un fou que des enfants assaillent à coups de pierres; enfin, s'il détournait les yeux, c'était pour les reporter sur son fou, accroupi au coin du foyer éteint, et dorlotant sa marotte à l'instar d'une nourrice [1]. »

Quoi qu'il en soit cependant, ce fut seulement après douze ans de règne que Charles VI tomba en démence. Même avec lui, les fous domestiques purent donc jouir de l'avantage de remplir leur rôle dans les meilleures conditions possibles.

Cinq ans avant de monter sur le trône, c'est-à-dire en 1375, Charles VI avait déjà un fou. Celui-ci se nom-

---

[1] Biblioph. Jacob : *Dissertat. sur les fous des rois de France.*

mait Maître Jehan. Il est mentionné dans la lettre précédemment citée de Charles V, du 3 mars de cette même année. Ainsi l'emploi du fou s'est imposé à tel point qu'on y a recours même pour les enfants [1].

Lorsque ce prince reçut la couronne, il conserva auprès de lui Grand Johan, le fou de son père. Mais Grand Johan paraît avoir été bien négligé par son nouveau maître. Ce n'est qu'indirectement qu'il est mentionné dans le compte de l'hôtel du roi, du 1er octobre 1380 au 1er juillet 1381. Voici le seul article où il est nommé, à l'occasion de son père : « Le père Grant Johan, fol du roy, qui estoit venuz devers le roy, pour don à lui fait, par commandement dudit seigneur, pour s'en retourner en son pais, venredi xxviii jours de décembre ; argent, 4 l. 16 s. p. »

Cette visite paternelle était-elle provoquée par quelque maladie du bouffon ? Je ne sais. Ce qu'il y a de certain, c'est que Grand Johan devait bientôt cesser de vivre. Je lis dans le compte de l'hôtel du 1er janvier 1382 au 1er juillet 1383 : « Pour xii livres de cire achetée 2 s. 10 d. p. la livre, pour faire l'obsèque de feu Grant Johan le fol, qui est enterré à Saint-Germain l'Osserrois, mardi x jours de fevrier ; argent 34 s. p. — Messire Taupin de Chantemelle, maistre d'ostel, pour menues nécessitez paiéez par lui pour le dit obsèque par commandement du roy, ce jour ; argent, 4 l. 16 s. p. »

Tandis que Grand Johan n'est mentionné qu'une fois dans le premier compte de l'hôtel du roi, j'y trouve,

1. Le jeune Charles avait alors une huitaine d'années.

au profit de l'autre fou Maître Jehan, les articles ci-après : 1° « Maistre Jehan Arcemalle, fol du roi, pour don fait à lui par commandement dudit seigneur, pour avoir chausses et souliers et autres menues nécessitez, lundi xv jours d'octobre, 16 s. p. » — 2° « Maistre Jehan, le foul, pour argent donné à lui par commandement du roy, présent mons. Adam de Gaillomel, pour avoir uns estiveaux (des bottines) à aler au sacre, mecredi xxiiii jours d'octobre, à Meleun, 16 s. p. » — 3° « Maistre Jehan, le fol du roy, le quel avoit adiré un cheval qui fut retrouvé à Crespy, pour argent baillé à lui... pour les despens dudit cheval et d'un valet qui ala le quérir... » — 4° « Maistre Jehan le foul, pour don fait à lui, par commandement du roy et de mons. de Bourgoigne, pour quérir ses nécessitez, dymanche xvi jours de décembre, 16 s. p. » — 5° « Maistre Jehan le fol, pour don fait à lui, par commandement du roy et de mons. de Bourgoigne, pour avoir plusieurs de ses nécessitez, venredi iiii jours de janvier, 32 s. p. » — 6° « Maistre Jehan le fol, pour don fait à lui, par commandement du roy et de mons. d'Anjou, pour avoir chausses et souliers, par ii fois, mecredi xxiii jours de janvier, 18 s. p. » — 7° « Maistre Jehan le fol, par don à lui fait..., pour avoir des soulers, venredi xxv jours de février, 6 s. p. » — 8° « Maistre Jehan le fol, fol du roy, pour argent donné à lui par ledit seigneur, pour uns houseaux, lundi xi jours de mars, le roy à Meleun, 16 s. » — 9° « Maistre Jehan le fol..., pour avoir de la robe à l'Ascension, 4 frans, lundi xx jours de mai, 64 s. p. »....

Si je parcours les extraits du cinquième compte de l'hôtel de Charles VI, publiés, comme le premier compte, pour la Société de l'histoire de France, je trouve à citer, sous le nom du même fou, plusieurs autres articles qu'il peut être utile de recueillir :

1º « Maistre Johan le fol..., pour avoir chausses et souliers, mercredi XIIII jours de janvier (1382-3)..., 16 s. p. » — 2º « Maistre Johan le fol..., pour avoir un cheval..., 64 s. p. » — 3º « Maistre Johan le fol. par don fait à lui en ce mois de février pour quérir ses menues nécessitez, 2 frans, et doresnavant pour chascun mois 2 frans, sans plus autres choses demander, par commandement du roy et de mons. de Bourgoigne[1]... »

Je n'ajouterai qu'un mot à ces articles de comptabilité, et c'est uniquement pour faire remarquer que Maître Jean semble devoir être classé parmi les *morosophes*. Un porteur de marotte tout à fait sans cervelle n'aurait pas été admis à recevoir personnellement les dons que lui faisait son maître.

Le dernier article du cinquième compte ci-dessus, relatif à Maistre Johan, est du mois de février 1383,

---

1. Je trouve encore la mention de Johan ou Jehan le fol dans les extraits des Mémoriaux de la chambre des comptes, donnés par D. Godefroy à la suite de l'histoire de Charles VI par Jouvenel des Ursins. « Maistre Jehan le fol, y est-il dit, mangera en salle et aura foing et avené pour un cheval, et 16 sols en fin de mois. » J'ajoute qu'il est cité ainsi au chapitre des valets de chambre, sommeliers de chambre, valets et aides de garde-robe, lavandier du corps, et il clôt cette série. C'était en 1381 qu'il recevait 16 sols par mois.

nouveau style. Pour le même mois, un autre article du même compte mentionne un nouveau fou appartenant à Charles VI, et ce nouveau fou nous y apparaît comme un pauvre diable peu capable de se conduire lui-même, et auquel la surveillance d'un valet est indispensable. Je reproduis l'indication qui le concerne : « *Heinsselicoq*, fol du roy, le quel avoit luité devant ledit seigneur et estoit sa robe linge (chemise) despeciée, pour argent baillé à son varlet pour lui en acheter, par commandement dudit seigneur, samedi XXVIII et derrein jour de fevrier, le roy au Louvre, argent, 16 s. p. »

Un peu plus loin, le même compte porte encore : *Hainsselicoq*, fol du roy..., pour aler aux estuves..., 16 s. p... — *Haisselicoq*..., pour lui et son vallet..., 64 s. p... — *Heinsselicoq*, pour avoir une cote vert le premier jour de may..., 112 s. p... — Johan d'Artois, sergent d'armes, pour argent baillé au roy pour donner à *Hainsselicoq*, lundy XI jours de may, le roy à Meleun, 16 s. p... »

Heinsselicoq, *Haisselicoq*, *Hainsselicoq* : voilà comment M. Douët d'Arcq écrit le nom du fou royal, p. 235 des « Comptes de l'hôtel des rois de France aux XIVe et XVe siècles. » Mais M. Vallet de Viriville l'a donné d'une manière un peu différente : Voyez en effet ses extraits des comptes authentiques du règne de Charles VI (1380-1422) : ici, il appelle notre fou *Heinsselicoq* (Bulletin de la Société de l'histoire de France, 1859, p. 208); là, il le nomme *Maincelin Coq* (même Bulletin, 1860, p. 255). MM. Leber et Monteil, de leur côté, écrivent *Haincelin*

Coq. — A quelle orthographe convient-il de s'arrêter ?
Ce pourrait être à la dernière.

Hainselin était un prénom connu antérieurement au règne de Charles VI. Il était porté par un domestique de l'hôtel du roi Jean, pendant le séjour de ce prince en Angleterre, ainsi qu'on le peut voir aux Comptes de l'argenterie, p. 211. Au temps de Charles VI, il y avait aussi un vêtement qui se nommait *haincelin*. C'était une sorte de houppelande. — L'ancienneté du prénom *Hainselin* semble justifier, pour le fou royal, la leçon *Hainselin Coq*. Quant au vêtement, il ne serait pas impossible qu'il eût emprunté sa dénomination au prénom du fou, dont le costume aurait inspiré une mode nouvelle.

Appuyé sur ces rapprochements, quelque mince qu'en soit la valeur, je me hasarde à choisir l'orthographe *Hainselin Coq*..., et je reviens aux documents qui concernent le personnage.

Ce fou ne se contentait pas de *luicier* et de faire déchirer ses vêtements pour amuser le roi : il paraît qu'il piétinait aussi avec une certaine distinction. En 1404, on lui alloue quarante-sept paires de souliers : « Item, lit-on dans le compte des dépenses royales, à Jehan de Saumur, cordouannier et valet de chambre, pour tous les souliers baillez à Jacquet Coiffart [1], varlet de Haincelin Coq..., pour le dict temps, dont y en a quarante sept paires pour le dict fol et sept paires pour son dict varlet [2]. » — Le gaillard surpassait encore un certain

---

[1]. Ou Coiffier. (A. Jal.)

[2]. « Dans un compte de Jehan de Saumur, dont les articles sont relatés dans celui de l'argenterie (KK, 18), on trouve « huit douzai-

nain royal du siècle précédent, digne aussi d'être recommandé comme un grand destructeur de chaussures. Un compte de 1319, cité par M. Leber, porte en effet : « Item pour le nain de la royne, trente-deux paires de souliers. »

« Le roi s'habille tout de neuf quatre fois l'année, dit M. Monteil ; il habille ses fous aussi souvent et même plus souvent... Il leur fait faire des habits d'iraigne rouge. » — Et l'auteur de l'*Histoire des Français des divers états* invoque, à l'appui de cette double affirmation, divers comptes de dépenses et en particulier celui de 1404[1], où il est question de la houppelande d'iraigne donnée à Haincelin Coq. Ce qu'il faut ajouter, après M. Leber, c'est qu'avec ce costume le fou de Charles VI était habillé absolument comme la chaise percée de son maître.

Au reste, Maître Coq n'était pas réduit à ne se faire valoir que sous la houppelande d'iraigne : le compte de l'argenterie de Charles VI, pour l'année 1407, mentionne une dépense de 38 sols parisis, *en drap de toutes couleurs, blanc, noir, vert..., baillé à Mauduit, tailleur, pour faire devises et découpeures sur les habits dudit fol.*

« nes et neuf paires tant bottines, sollers comme chausses semelées, « au prix de 4 s. parisis la paire, et 3 paires de housiaulx, au prix « de 16 s. parisis la paire, livrées du 1er janvier 1386 au dernier jour « de juin en suivant 1387, à Haincelin Coq, fol du roy, si comme il « appert par la certification de Jehan Faucon, varlet et garde du « dit fol. » (A. Jal, *Dictionn. critiq.*)

1. « Le 2 mars 1387, dit M. Jal, on lui donna trois aunes d'iraigne et trois de drap vert, pour se faire une longue houpelande. » Aussi le jour de Pâques 1338 apparaît-il revêtu d'une houppelande verte fourrée de dos de petit-gris rouge

Ajoutons qu'à cette date, celui-ci avait un nouveau valet : c'était Perrin du Croix[1], qui, « pour sa livrée d'esté, » recevait, cette même année, une houppelande de drap vert gai de Rouen [2].

Outre ses trois fous, Grand Johan, Maître Jehan et Haincelin Coq, Charles VI n'aurait-il pas encore eu une folle ? On pourrait le croire, d'après cet article du compte déjà cité des six premiers mois de l'année 1383 : « Johanne la folle, pour don fait à elle par commandement du roy, pour avoir une cotte hardie..., 4 l. 16 s. p. » Mais peut-être aussi était-ce la folle de la reine ou bien quelque autre folle étrangère à la cour, accidentellement rémunérée, comme il s'en rencontre d'autres exemples dans ce même compte et dans celui de 1380. Ainsi :

1380-1. « Messire Philebert de l'Espinace pour argent donné à un foul par commandement dudit seigneur, dymanche xxv jours de novembre, le roy au Louvre, 64 s. p... — Jehan le Herault, foul, pour don fait à lui par commandement du roy, dymanche II jours de juing, le roy à Saint-Pol à Paris, 16 s. p... — Jehan, de la Marche, le foul, le quel prescha devant le roy, pour don fait à lui par commandement dudit seigneur, dymanche xxx jours de juing, 16 s. p... »

1382-3. — « Le roy, pour don fait par lui à Colin

---

1. Ou Perron Ducreux. (A. Jal.)
2. Lettre de M. A. Nicaise, au *Bulletin du Bouquiniste*, 1860, p. 170. — Nous savons que le vert était une des couleurs affectées aux fous. Peut-être les mêmes couleurs étaient-elles une marque distinctive pour les valets de ceux-ci.

d'Armantières, fol du comte de la Marche..., pour avoir 1 arc et des saestes, 16 s. p... — Colin, maistre fol de monseigneur le mareschal de Sanceurre..., avoir unes chausses et pour aler en pélerinage à Nostre-Dame de Clary..., 16 s. p... »

Évidemment les autres comptes, pour le même règne, fourniraient de nombreuses indications de ce genre; car, dans tous les temps, il faut bien que le roi s'amuse, et quelquefois d'une manière moins innocente. Au reste, dès cette époque, les plaisirs innocents de par la folie réclamaient d'être suppléés par d'autres. Quelles étaient ces distractions accessoires et de circonstances ? Quelques nouveaux emprunts aux comptes déjà cités vont nous l'apprendre[1] :

1380-1. « Sausset de Fretin, huissier d'armes du roy, pour argent presté par lui, à donner aux ménestriers qui avoient joué devant le roy de bassins et d'un ours, par commandement dudit seigneur et de mons. de Bourgoigne, vendredi ix jours de novembre, 3 frans... — Jehàn le Sage et Guillemin, ménestriers, les quels avoient joué de leur métier devant le roy..., jeudi vi jours de décembre, au boys de Vincennes..., 4 l. 16 s. p... — Lyonnet, le ménestrel, le quel avoit joué de son mestier devant le roy..., le vendredi xxviii jours de décembre, illec, 4 l. 16 s... — Les compagnons qui jouèrent de la Passion devant le roy..., mardy xvi jours d'avril..., 32 s. p... — Jehan du Val,

---

[1]. Sur différents jeux en usage à la cour, alors et plus tard, on peut consulter, au mot *Jeux*, le Dictionnaire critique de A. Jal.

povre enfant, le quel avoit joué de l'arbaleste devant le roy..., 16 s. p... — Thevenin Lami et trois autres compaignons basteliers, les quels pridrent un cerf en Seine, devant le roy..., 16 s. p... — Le filz Jehanne de la Roiche, de l'aage de IIII ans, le quel chanta ce jour..., XXIIII jours de may, 16 s. p... — Jehannin Poquet, povre enfant, le quel le roy envoya querre pour jouer aux barres devant lui avec les autres enfanz de son hostel..., jeudi XXVI jours de may, 16 s. p... — Geuffroy de Cossigny, basteleur, le quel avoit joué devant le roy de son mestier..., mardy XXI jours de may, 32 s. p... — Martin Dancart, Hennequin Dancart, Jehan Thomas, Symonne Luilière et Regnaut le Baut, de Bretangne, qui avoient fait mestier devant le roy..., lundi XXIII jours de may, 40 l. p... — Hennequin Callemadin, ménestrel, le quel a dit Diz de bouche, devant le roy..., ce jour, 8 l. p... — Brizcion, joueur de la corde, le quel avoir joué de son mestier devant le roy..., mardy XXVIII jours de may, à Meleun, 32 s. p... — Jehan le Picart, joueur de basteaux, par don à lui fait..., ce jour, 16 s. p... — Les héraux et ménestriers qui ont esté devers le roy..., le jour de la Penthecouste..., 80 l. p... — Colinet Parent, Germain Gasteblé, Jehan le Prevost et Symonnet le Prévost, ménesterels mons. le connestable, les quels jouèrent ce jour devant le roy..., 16 l. p... — Jehan de Paris, basteleur, le quel avoit joué de son mestier devant le roy.... samedy XV jours de juing, 16 s. p... — Les ménesterels de la ville de Monstereul..., les quels jouèrent devant le roy..., dymanche derrenier jour de juing, 64 s. p... »

1382-3. De ce compte, je n'extrais que deux articles qui vont nous montrer le roi *s'esbattant* lui-même : « Jehan le Courant, huissier d'armes, pour vessies de beuf, achettés par lui pour l'esbatement du roy, dymanche xxv jours de janvier, le roy au palais, 16 s. p... — Le roy pour jouer à croiz et à pille, 2 frans, bailliez à lui par Pierre le Borgne, escuyer de Messire Johan de Harcourt, mercredi xxviii jours de janvier, le roy illec, argent, 32 s. p... »

Comme on le voit, Charles VI variait passablement ses distractions. Et pourtant ce n'est pas tout encore, et l'on peut croire qu'il prenait un certain plaisir à s'entourer d'animaux divers. Dans les premiers mois de 1381, par exemple, on le voit faire quelques dons, pour envois qu'on lui adresse de deux petits singes et de deux poules d'Inde, — de coqs et de gelines grégeois, — d'un loup, — de vingt-deux jeunes chouettes, — et d'autres oiseaux... C'est par « les galopins de la cuisine, » que les chouettes sont offertes au roi, et le comptable a bien soin d'ajouter : « pour son esbatement. »

La reine Isabeau mérite d'occuper ici une place honorable à la suite de Charles VI. Pour sa part, elle entretient un fou et une folle.

Le fou s'appelle Guillaume Fouel. Du mois de janvier 1386 (ou 1387, nouveau style) au mois de juillet suivant, il a ruiné « huit douzaines et sept paires tant boltines, sollers (souliers), comme chausses semellées, et trois paires de houseaux; » ce qui coûte 23 livres 8 sols parisis. — Ce fou-là aurait pu, lui aussi, avoir quelques droits à battre la campagne sur la question du mouvement perpétuel.

A côté, ou à la suite de ce fou si remuant, la reine eut une folle qu'un article de compte, année 1394, désigne sous le nom de Jehannine. C'est vraisemblablement la même que nous retrouvons, sous la seule désignation de folle de la reine, au compte de 1393, avec sa mère, — au compte de 1398, avec sa mère et avec sa fille, — au compte de 1399, avec sa mère.

Pour ses distractions, la reine Isabeau n'était pas femme à se contenter d'un fou et d'une folle. En 1417, elle a un singe et une liéparde (léoparde). Le 10 mars, à Nogent-sur-Marne, on achète, 18 sols, un mouton pour la bête féroce; un peu plus tôt, pour la bête grimacière, on faisait faire, au prix de 60 sols, une robe fourrée de gris, et, au prix de 9 sols, un collier de cuir rouge ferré et garni de boucles et d'un toret de laiton doré, avec une boule de bois tournant en un cercle de fer, et une grande corde « pour pendre au col du dit singe. » — Isabeau de Bavière avait en même temps « un chahuyant, » pour le quel, un jour, on achetait deux poules; elle avait de plus une volière : plus d'une fois, les comptes pour ses menus plaisirs mentionnent ses turtes (tourterelles) et ses petits oyselets. Son penchant pour la gent emplumée était même si prononcé, qu'en juin 1420, étant à Troyes, et séparée par conséquent de sa volière, elle n'a rien de plus à cœur que de faire venir des environs, « pour son esbatement, trois douzaines d'oyselets chantans : chardonnerets, linotes, tarins, pinçons et autres, masles et femelles, » qui coûtent 4 livres 16 sols parisis; — somme quelque peu exorbitante, si on la compare au prix du mouton destiné à la *lieparde*.

A tout cela, on peut encore ajouter une naine, ainsi mentionnée au compte de l'Argenterie pour l'année 1386 : « Deux aulnes de drap pour faire un courset pour la naine de Madame. »

Le personnel *folliant* de la famille royale de France, vers la fin du xive siècle, ne se borne pas aux noms que j'ai cités. J'ai encore à faire la part de Jean, duc de Berry, frère du roi. L'État de son hôtel, en 1398, mentionne, pour ce prince, « Jolivet, maistre Jehannet le fol, » — puis « Milet le fol et son varlet. » (*Choix de pièces inédites*, publiées par Douet d'Arcq, I, 153.)

Jehannet ne pouvait être qu'un idiot, puisqu'il lui fallait un maître. — La qualification donnée au compagnon de Milet indique que, si ce dernier n'avait pas besoin d'être tenu rigoureusement en tutelle, il ne pouvait pas davantage être complétement abandonné à lui-même.

En même temps que ses deux fous, le duc de Berry avait un ours qui le suivait dans ses voyages. Je lis dans le Compte de son hôtel (1398-9) : « A Guillaume Renier, pour avoir amené en sa charrette l'ours de Monseigneur, 5 s. t... — A Jehan Monnet, de Mehun, pour avoir mené l'ours de Bourges à Mehun et de Mehun à Bourges en sa charrette, 10 s. t... »

Jean, duc de Berry, mourut en 1416. Il fut accompagné solennellement, à ses obsèques, par ses fous vêtus de deuil, comme l'indique un extrait de registre de la chambre des comptes, rappelé par Denis Godefroy, à la fin de son édition de l'Histoire de Charles VI, par Jouvenel des Ursins.

Un autre frère du roi, Louis, alors duc de Touraine et plus tard duc d'Orléans, avait aussi son fou, nommé ou surnommé Coquinet. M. Jal a recueilli, sur son compte, divers renseignements, desquels il résulte qu'il était à la cour sur le même pied que maître Coq. Ainsi, le 7 avril 1387, le roi lui donnait cinq aunes de drap vert pour une houppelande et un chaperon. Sa consommation de souliers, bottes et houseaux n'était pas moindre que celle de son compagnon. Comme à celui-ci, le 2 mars 1387 (ou 1388, n. s.), il lui était accordé trois aunes d'iraigne et trois aunes de drap vert, pour se faire une houppelande, que le jour de Pâques, il porta, fourrée de dos de petit-gris rouge. C'était alors *son valet et garde*, Colin Castille, qui lui servait d'intermédiaire auprès des fournisseurs. Plus tard, il était sous la direction d'un autre valet, Édouard Lefort. En 1404, (le 20 mai), pendant qu'on donnait au fou, ainsi qu'à Haincelin Coq, une houppelande « d'iraigne vermeille doublée de taffetas vermeil, » le nouveau valet du premier et celui du second recevaient pour *leur livrée* de la fête de la Pentecôte, des houppelandes et des chaperons de fin drap vert gai de Rouen. « Coquinet, dit M. Jal, était mort sans doute en 1407; car, dans le registre KK. 29, je vois Haincelin Coq, nommé tout seul. »

Voici encore une autre indication de fou pour la même cour : « Le Dauphin Louis, fils de Charles VI, avait un fou nommé Guillaume Crosson. Au registre des comptes pour l'année 1399 (KK, 27, fol, 44, v°), je lis :
« A Robert de Varennes, pour la broderie par lui faite
« sur une houppelande de drap noir, pour maistre
« Guillaume Crosson, fol de Mgr. le Dauphin, c'est as-
« savoir fait sur la manche senestre un grand Daul-
« phin, et autour d'icellui un grand chappeau de bro-
« derie de branches et tyges de genestres et autres
« devises, de soye de plusieurs couleurs, la somme de
« 35 sols parisis. » (A. Jal.)

Nous voici au petit roi de Bourges : C'est encore M. Paul Lacroix que je vais laisser parler, pour ce qui concerne ce *monarque un peu plat,* comme l'appelle Marie-Joseph Chénier, dans son dialogue de Louis XVIII et de Pie VI.

« Charles VII avait trop de générosité chevaleresque et d'aimable galanterie pour se plaire avec les fous, quoiqu'il perdît son royaume le plus gaiement du monde, suivant le reproche que lui adressa un de ses capitaines, lorsque les Anglais le dépouillaient de ses villes et de sa puissance : il négligeait l'honneur et l'intérêt de la couronne pour se livrer aux divertissements des tournois, des danses, des festins, des mascarades et de la chasse ; ce ne fut pas un fou d'office qui le fit rougir de son insouciance, ce fut *la plus belle entre les belles,* Agnès Sorel, qui réveilla en lui le sentiment de la royauté et de la patrie : la France fut sauvée.

« La passion de Charles pour Agnès était si entière et si exclusive, que les facéties d'un bouffon eussent semblé déplacées dans la petite cour de Bourges, où tout n'était que tendresse et volupté ; le cliquetis des grelots et des vessies aurait désagréablement troublé l'harmonie des luttes et des vers qui célébraient l'amour parfait, tandis que la guerre étrangère promenait ses pavillons autour de la retraite de Charles et d'Agnès : alors le roi était le fou, et son sceptre se métamorphosait en marotte. Le poëte royal Alain Chartier héritait de l'office de Seigni Johan [1]. — Alain Chartier, qui avait une telle renommée de laideur que Marguerite d'Écosse ne fit que la confirmer en le baisant sur la bouche *à cause des belles choses issues d'icelle*, réunissait toutes les qualités du nain et du *fol-sage*. On peut le regarder comme le premier *poeta regius*, titre équivoque remis en vigueur sous Louis XII, et traduit littéralement par *fou du roi*. De tous temps, *poëte* et *fou* furent synonymes, si l'on en croit Ménage, qui se piquait d'être poëte.

« Après la mort de sa *mie* Agnès, Charles VII rentra en possession de ses États et les fous ne reconquirent pas leurs prérogatives. Charles, opprimé par ses ministres, menacé par son fils et consumé de regrets amoureux, devint vieux et triste avant l'âge, malgré les tentatives de ses serviteurs pour le distraire de sa mélancolie : il jouait aux échecs, tirait de l'arbalète, entendant trois messes par jour, et quand il prenait son

---

[1]. On a vu ci-dessus que Seigni Johan remonte plus haut que le règne de Charles VII.

repas, « tousjours y estoit son médecin et de ses gens « et valets de chambre honnestes, qui parloient de « joyeusetés ou d'histoires anciennes, où il prenoit « plaisir. » Mais l'histoire ajoute : « Il n'avoit cure des « fols-sages. »

Il est certain cependant que Charles VII n'a pas complétement laissé de côté cet accessoire de la couronne. « Dans les comptes de Marie d'Anjou, dit M. Jal, je trouve ces deux articles : « A ung poure fol nommé « Dago, suivant la court, ung escu ou 27 sols 6 deniers « tournois, le 2 novembre 1454 (KK. 55, p. 128). — « A ung poure fol, nommé Robinet, aussi suivant la « court, le 10 novembre, 10 s. tournois (p. 128 v°). » — Ces fous, il est vrai, n'étaient pas des bouffons en titre d'office ; néanmoins leur fonction était la même, et j'aurai occasion d'en rappeler encore plusieurs autres. « Ils tenaient à la maison du roi seulement par occasion, dit M. Jal, n'étaient point sur l'état ordinaire et ne recevaient pour tous gages que de petites gratifications, des aumônes et parfois des vêtements. C'étaient des fous de place publique ou de foires dont la gaieté plaisait pour un temps aux princes et qui les suivaient dans leurs voyages, jusqu'à ce que d'autres plus amusants les vinssent supplanter. » — Quoi qu'il en soit, la présence de Robinet et de Dago (ou Nago) à la cour de Charles VII suffirait pour y constater le maintien du vieil usage.

Notons aussi que Charles VII ne dédaignait pas de rémunérer les maîtres fous des autres. Ainsi, en 1458, il fait donner à celui du duc de Bretagne « trois aunes de drap rouge, blanc et vert (ses propres couleurs), pour lui faire un chapperon; » et de plus « un pourpoint de velours gris, » — et à Dame Jeanne, folle du sénéchal de Beaucaire, « trois aunes migraine, » destinées à la confection d'une robe.

Mais, il y a mieux encore. Je trouve, en effet, dans le *Dictionnaire* de M. Jal, pour le compte personnel de ce même roi, un nouveau nom à inscrire sur la liste des fous en titre d'office. « En 1458, dit cet infatigable chercheur, le fou de Charles VII était un nommé Colart qui avait reçu le surnom de Monsieur de Laon. Le compte de l'argenterie, pour cette année (vol. KK.51), contient, p. 85, la partie suivante : « A Jehan Lalemant, « marchand suivant la cour du roy, nostre seigneur, « pour six aunes velours bleu... pour faire une robbe à « maistre Colard, fol du dit seigneur, appelé Monsieur « de Laon..., taffetas vert pour doubler les poignets. »

D'ailleurs, si, avant 1458, le roi n'avait pas eu d'autre fou spécialement attaché à son service, il n'en avait pas été de même de la reine. « En 1454, dit encore M. Jal, le compte de l'argenterie de Marie d'Anjou nomme une folle de Sa Majesté. Ce volume (KK. 55) contient, p. 97, sous la date du 27 octobre, la mention que voici : « Deux aulnes et demie drap estrange, du prix de 30 s. « tournois l'aulne, et une aulne de vert gay du prix de « 20 s. tournois, délivré audit Beaujon (tailleur de la « reine), pour entailler et faire robe et chaperon pour « Michon, folle de la dite dame. » — Sous la date du 7 novembre 1454 : « A Huet Bicton, homme de labour, demourant près de Chinon, pour avoir, le dit jour, conduit sur un sien cheval, par l'ordonnance de la dite dame, dudit Chinon à quatre lieues par delà en une place qui est à Madame de Furgières, Michon, folle de la dite dame, pour illec demourer avec ma dite dame de Furvières jusques ad ce qu'il plaise à ma dite dame (la reine) l'envoier querir, par marchié à lui fait, 13 s. 6 deniers tournois. »

Du temps de Charles VII, à côté des fous à livrée, on pouvait déjà en remarquer d'autres qui gardaient leur indépendance; ne s'attachaient pas à un maître unique et allaient de l'un à l'autre, selon la mobilité de leur caprice ou l'opportunité de la rencontre. Montbléru était alors un bouffon de cet ordre : on le voyait tantôt à la suite d'un prince, tantôt à la suite d'un autre, et des facéties, des tours, même des larcins étaient la monnaie courante avec laquelle il payait leur hospitalité.

C'est ainsi qu'un jour étant à la foire d'Anvers, « en la compagnie de Monseigneur d'Estampes, » il quitta celui-ci pour aller loger avec des gentilshommes flamands, qui lui promettaient « la meilleure chère de jamais. » Or il arriva que ces personnages, séjournant à Anvers plus longtemps qu'ils n'avaient compté, durent faire blanchir leurs chemises, que l'on mit sécher au feu de la cuisine. Avant le jour, en l'absence de la chambrière, Montbléru descend sans bruit, prend les chemises, les cache et regagne son gîte. A la nouvelle du larcin, voilà gens bien marris d'être dans la nécessité d'emprunter à leur hôte des chemises « courtes et étroites et de bien dure et aspre toile. » On peut apprécier leur colère contre le larron inconnu ; mais, à quelque temps de là, le plaisant entreprend sa défense. Il est si comiquement pathétique, lorsqu'il représente le voleur damné à jamais, s'il n'obtient pas le pardon de son méfait, que les volés pardonnent sans réserve. Lui, alors, de se confesser en ces termes : « Par ma fée ! je vous sais bon gré de la quittance que vous avez baillée au larron de vos chemises, et je vous en remercie ; car je suis le larron mesme qui vous les déroba à Anvers. »

Auprès de Montbléru, mais au-dessus de lui pour la renommée, je puis citer un personnage qui a un nom littéraire d'une certaine célébrité : François Corbueil, dit Villon. On peut en croire le bibliophile Jacob, qui ne l'a pas oublié dans son étude, où il lui consacre les lignes ci-après :

« Brantôme range parmi les fous célèbres un larron plus audacieux que Montbléru, et dont le surnom était synonyme de voleur, le poëte Villon, qui deux fois courut risque de la potence et fut gracié par Louis XI, assez peu clément de sa nature d'homme et de roi... — C'était un fou de l'espèce la plus rare, et ses deux *Testaments*, rimés sous l'influence d'une condamnation à mort, sont empreints d'une philosophie joviale et railleuse qui devançait le siècle.

« Cependant Villon avait l'âme trop élevée et l'esprit trop indépendant pour se prêter à l'office de fou du roi, à moins qu'on l'eût forcé d'échanger le *collier* de corde contre un bonnet à grelots, la société des pendus au gibet de Montfaucon contre celle des courtisans, sous les grilles de Plessis-lès-Tours. Bientôt il eût frappé de sa marotte le roi lui-même, et il aurait fait payer sa flatterie par des coups de massue : c'est ainsi qu'il se conduisit en Angleterre, où il avait trouvé un exil honorable auprès du roi Édouard V, *qui l'avoit en grande privauté.* — Édouard lui montra les armes de France en peinture dans sa garde-robe et lui dit : « Vois-« tu quelle révérence je porte à tes rois français ? — « Vous êtes avisé et curieux de votre santé, repartit « Villon ; en voyant ces armoiries, vous éprouvez une « peur si horrifique au ventre, que vous n'avez que « faire des soins d'un apothicaire. » — Villon, banni d'Angleterre pour ce sarcasme imprudent, repassa en France, sans que la vieillesse l'empêchât de *follier,* comme en son jeune temps. »

J'ajoute qu'il ne reculait même pas devant la folie s'égarant jusqu'au tragique. — Il excellait à jouer le rôle du diable dans les mystères. Un jour que frère Étienne Tappecoue, sacristain de l'abbaye de Saint-Maixent, lui avait refusé une chape et une étole pour « habiller Dieu le Père, » il le fit assaillir, après qu'il fut parti à la quête, par les compères de sa troupe diabolique, « caparaçonnés de peaux de loups, de veaux « et de brebis, — passementés de têtes de moutons, de « cornes de bœufs et de grands havets de cuisine, — « ceints de grosses courroies, aux quelles pendoient « de grosses cymbales de vaches et sonnettes de mu-« lets, — aucuns tenant en mains bastons tous pleins « de fusées, — autres portant longs tisons allumés. » La jument du moine, effrayée des hurlements, des cymbales et des artifices, s'enfuit à travers champs, et frère Tappecoue, qui tomba le pied droit pris dans l'étrier, fut traîné « à écorche-cul » par les buissons et fossés et mis en pièces, de telle sorte que la jument ne rapporta au couvent que le pied droit et le soulier du pauvre sacristain. Là-dessus, Villon dit à ses diables : « Vous jouerez bien, mes fils, vous jouerez bien ; je vous affie, oh ! que vous jouerez bien !... »

Avec Louis XI, successeur de Charles VII, les officiers à marotte ne regagnèrent pas le terrain qu'ils avaient perdu. Ce roi, aussi jovial qu'il était terrible, était si naturellement porté à la bouffonnerie, même dans les circonstances qui semblaient la comporter le moins, qu'il aurait pu très-bien se suffire à lui-même. D'ailleurs, sans avoir un brevet spécial pour faire métier de *gausseries*, ses familiers n'étaient-ils pas choisis de manière qu'il eût été difficile de ne pas les voir souvent envahir le domaine de la folie commissionnée ? « Louis XI, dit le bibliophile Jacob, avait mis à la porte l'étiquette des cours pour faire accueil à la joviale liberté de la bourgeoisie : son médecin Coictier, son barbier Olivier Ledain, son conseiller Doyac, son astrologue Angelo Catho, et son *compère* le grand prévôt Tristan l'hermite, étaient des fous plus ou moins plaisants, qui devaient leur fortune à des boutades malicieuses, à des contes licencieux et à des *gaietés* hardies. » Dans ce milieu exceptionnel, il ne restait guère qu'un rôle secondaire pour les fous en titre d'office. Aussi ne connaissons-nous pas même les noms de ceux de Louis XI..., si, toutefois, il en eut plusieurs[1].

Au moins est-il certain qu'il en eut un, et celui-ci n'eut pas à se féliciter d'avoir usé trop indiscrètement de sa langue aux dépens de son impitoyable maître.

Brantôme nous raconte ainsi sa lamentable histoire :

« Entre plusieurs bons tours des dissimulations, faintes, finesses et galanteries que fit ce bon roy en son temps, ce fut celuy, lorsque par gentille industrie il fit mourir son frère le duc de Guyenne, quand il y pensoit le moins, et luy faisoit le plus beau semblant de l'aymer luy vivant et le regretter après sa mort ; si bien que personne ne s'en apperceut qu'il eust fait faire le coup, si non par le moyen de son fol, qui avoit esté au dict son frère, et il l'avoit retiré avec luy après sa mort, car il estoit plaisant. Estant donc un jour en ses bonnes prières et oraisons à Cléry, devant Nostre Dame, qu'il appelloit sa bonne patronne, au grand autel, et n'ayant personne près de luy, si non ce fol qui en estoit un peu esloigné, et du quel il ne se doubtoit qu'il feust si fol, fat, sot, qu'il ne pust rien rapporter, il l'entendit comme il disoit : « Ah ! ma bonne dame, ma pe-

---

[1]. Louis XI préférait les oiseaux dont il n'y avait pas à craindre les indiscrétions. Ainsi il achète : en février 1478, deux douzaines de serins et une volière (*ung volier*) en fil de fer » à mettre dans la chambre du Plessis du Parc (cent sols) ; — en mars, 12 autres serins (40 sols) ; — en mars 1481, sept douzaines et demie de serins (11 l. 5 s.) ; — le même mois, douze douzaines et demie de serins et deux douzaines de chardonnerets et linotes ; — en mai des chardonnerets, des linots, des verdiers, des pinsons et encore « des oiseaux vifs appelez mauvis, mâles et femelles. » (A. Jal, *Dictionn. critique*, au mot SERINS.)

« tite maistresse, ma grande amye, en qui j'ay eu tous
« jours mon reconfort, je te prie de supplier Dieu pour
« moy, et estre mon advocate envers luy, qu'il me
« pardonne la mort de mon frère, que j'ay faict em-
« poisonner par ce meschant abbé de Sainct-Jean. »
(Notez ! encor qu'il eust bien servy en cela, il l'appelloit *meschant;* ainsy faut-il appeler tousjours telles gens
de ce nom.) « Je m'en confesse à toy, comme à ma
« bonne patronne et maistresse. Mais aussy qu'eusse-je
« sceu faire ? Il ne faisoit que troubler mon royaume.
« Fay moy donc pardonner, ma bonne dame, et je
« sçay ce que je te donneray. » Je pense qu'il vouloit
entendre quelques beaux présens, ainsy qu'il estoit
coustumier d'en faire tous les ans force grands et beaux
à l'église.

« Le fol n'estoit point si reculé, ny despourveu de
sens, ny de mauvaises oreilles, qu'il n'entendist et re-
tinst fort bien le tout ; en sorte qu'il le redit à luy, en
présence de tout le monde à son disner, et à autres,
luy reprochant la dicte affaire, et lui répétant souvent
qu'il avoit faict mourir son frère. Qui fut estonné ? Ce
fut le roy. (Il ne faict pas bon se fier à ces fols, qui
quelquefois font des traits de sages, et disent tout ce
qu'ils sçavent, ou bien le devinent par quelque instinct di-
vin.) Mais il ne le garda guères ; car il passa le pas
comme les autres, de peur qu'en réitérant il feust scandalisé d'advantage.

« Il y a plus de cinquante ans que moy, estant fort
petit, m'en allant au collége à Paris, j'ouys faire ce
conte à un vieux chanoine de là, qui avoit près de

80 ans; et despuis, ce conte est allé de l'un à l'autre, par succession de chanoine en chanoine, comme despuis me l'ont confirmé de ceste mort [1]. »

Gabriel Peignot a considéré ce récit comme *très-problématique* : « Voilà, dit-il, une accusation bien positive; mais si l'on en examine les détails avec un peu d'attention, on voit qu'ils offrent deux invraisemblances. La première est dans l'aveu du roi, fait à haute voix et en présence d'un témoin, et surtout se servant de termes qui spécifient bien le crime : *avoir fait empoisonner mon frère par ce meschant*, etc.; cela n'est nullement présumable. D'un autre côté, il faudrait supposer que le fou du roi fût le plus imbécile et le plus sot des hommes, pour aller révéler publiquement et en présence du roi lui-même un fait de cette importance. Une telle indiscrétion eût été plus que de la stupidité, et l'on sait que les fous de nos rois n'étaient pas des stupides; quand ils disaient quelques bonnes vérités, même au roi, ils étaient assez adroits pour ne point compromettre leur sort futur et à plus forte raison leur vie [2]. »

Cette opinion est fondée sur ce que Gabriel Peignot croyait qu' « on choisissait, pour la fonction de fou du roi, un homme du peuple, jovial, *spirituel*, ayant la repartie vive, disant des vérités satyriques sous l'air de la naïveté et d'une fausse bonhomie qui les rendait plus piquantes. » Sans doute il en était ainsi la plupart

---

1. *Hommes illustres* de Brantôme; ch. II. *Le roy Louis XI*.
2. *Choix de testamens*, t. I, p. 132.

du temps; mais il arrivait quelquefois que le choix n'était pas si heureux, et nous aurons occasion de signaler, à la cour, des fous qui ne se recommandaient pas par la finesse et la lucidité de leur esprit. Celui de Louis XI pouvait bien être, ainsi qu'on le dit plus tard de Triboulet,

. . . . de la teste escorné,
Aussi saige à trente ans que le jour qu'il fut né...

Quoi qu'il en soit, cependant, ce n'est pas, comme on le sait, sous ce point de vue qu'il a été représenté par Walter Scott ; mais le célèbre romancier écossais n'était pas obligé de faire le sacrifice des prérogatives de sa spécialité littéraire.

On pourrait croire que Louis XI ne donna pas de successeur à son malheureux fou condamné à *passer le pas comme les autres*, tant il avait de motifs d'éviter les chances de nouvelles révélations. D'ailleurs, pour nourrir quelque bonne rancune contre les bouffons de cour, ne lui eût-il pas suffi de se rappeler que c'était au conseil du *Glorieux*, fou de Charles le Téméraire, duc de Bourgogne, qu'il devait d'avoir été retenu prisonnier à Péronne ?

Nous ne partageons pas l'opinion du bibliophile Jacob, qui nous montre la cour de Charles VIII veuve de fous en titre d'office [1]. Mais avons-nous raison contre

---

1. Si Charles VIII n'eut pas à recevoir un fou en héritage, du moins hérita-t-il des oiseaux de son père, — et il les conserva. Il en

elle, avec M. Monteil, qui, pièces en main, affirme le contraire ? Pour mettre le lecteur en mesure de se prononcer lui-même, il convient, ce nous semble, de reproduire ici, et le texte de la première assertion, et les indications fournies à l'appui de la seconde.

« Charles VIII, qui s'était proposé pour modèle de folie et d'héroïsme Alexandre, roi de Macédoine, préférait à des fous vêtus de soie et armés de marottes certains fous plus aventureux armés de fer et chevauchant la lance en arrêt. On ne lui connaît pas un seul *fou de séjour*, c'est-à-dire attaché à sa maison royale et couché sur l'état de ses officiers. Son dédain pour les fous en titre d'office venait peut-être *de sa petite stature et débile complexion*, qui aurait pu prêter matière à quelque maligne allusion fournie par la taille exiguë et l'apparence chétive de ces êtres incomplets ; peut-être aussi la franchise téméraire d'un fou causa-t-elle la disgrâce du bonnet à grelots, s'il est vrai que Rabelais ait représenté Charles VIII sous les traits de Pichrocole, qui, *ne se contentant de son grand, très ample royaume et étendu, voulut avoir celui des Deux-Siciles, et par ce moyen se faire couronner empereur de tout l'Orient.* » — (Allusion aux guerres d'Italie, dont la fin ne devait pas démentir les prévisions de l'auteur de *Pantagruel*.)

---

acheta même de nouveaux : En 1480, six douzaines de serins « pour mettre dans la grande cage des Moultitz-lès-Tours (21 l. t.) ; — peu de temps après, sept douzaines de serins, — et plusieurs autres encore, payés 7 l. 5 s. ; — en janvier suivant, trois papegaults ou perroquets (52 l. t.). (A. Jal, *Dictionn. critique*.)

Ainsi s'exprime le bibliophile Jacob. — L'auteur de l'*Histoire des Français des divers états* se borne, il est vrai, tout d'abord, à affirmer que « le bon petit roi Charles VIII a bien traité ses fous, et même souvent ceux des autres[1]; » mais, plus loin[2], il justifie sa double assertion, en citant le compte des dépenses de la cour, pendant l'année 1491. On y trouve, en effet, selon lui, un bon nombre d'articles de payements *au fol du roy nostre seigneur, au fol du dit seigneur...*, et plusieurs autres ainsi conçus : « aud. seigneur la somme xxxv sols, pour donner au fol de Msgr le duc d'Orléans...; la somme de xxxv s. au fol de Msgr d'Anguerrande[3]?... »

Il faut dire, toutefois, que M. Leber qui a pu consulter les mêmes comptes, n'en tire aucune indication relative aux fous de Charles VIII. Il se contente de parler de dons faits à des fous, appartenant à des seigneurs de la cour (p. CXLVI); mais, d'une autre part, sur la même question, M. Jal vient lever tous les doutes : « Je trouve, dit-il, dans le registre des comptes de l'Argenterie du roi Charles VIII pour l'année 1487 (KK, 73), plusieurs mentions du fou du roi, mais jamais son nom. Quelques vêtements faits pour lui sont désignés aux pages 139, 140, 142, 143 et 145 verso ; mais le détail en est sans intérêt. »

1. T. III, p. 436.
2. Id., p. 484.
3. Ce n'est pas le fol de Mgr d'Anguerrande, — c'est M. d'Anguerrande, fol du Bâtard de Bourbon. — Charles VIII gâtait un peu ce fou, comme dit M. Jal; en effet, « Étant aux Mantilz-les-Tours, il lui fit donner 35 s. t. (KK, 76, p. 31, 7 juin 1490); une autrefois, il lui fit présent d'un couteau. Je trouve, p. 93 v° du volume cité : « A

Pour interrompre la prescription, on trouverait, d'ailleurs, à la cour, un autre personnage *foliant* : « Anne de Bretagne, femme de Charles VIII, avait une folle en 1492. » C'est encore M. Jal qui nous fait connaître ce personnage, par l'extrait suivant du registre KK, 83, p. 97 : « A Sinocte, poure femme, mère de la folle de la royne, la somme de 17 livres 10 sols tournois que ladite dame a ordonné et ordonne lui estre baillez et aumosnez, pour lui aider à vivre et s'en retourner à sa maison. » (18 janvier 1492.)

Quels furent les fous de Charles VIII ? Comment étaient-ils nommés ? Voilà, en somme, ce que personne ne sait encore.

Il a existé, vers ce temps-là, un fou nommé Nago, que l'on a signalé comme ayant pu appartenir succes-

« Gervais Geaullay, coustellier demourant à Tours la somme de 35 s. t.
« pour ung cousteau que le dit seigneur a prins et achapté de lui,
« pour donner au foul Mgr de Bourbon, nommé Anguerrande... »
— Je vois encore, p. 204 :
« 36 s. 3 den. t. au fol de Mgr de Bourbon, nommé Anguer-
« rande. »
Veut-on de nouveaux détails sur d'autres fous rémunérés par Charles VIII? Je cite encore d'après M. Jal : D'abord, en 1490, étant à Nantes, il fait donner 36 s. t. au fou de Louis d'Orléans, qui de-
« viendra Louis XII en 1498, — puis à Jehan du Moustier valet de
« chambre la somme de 35 s. t. qu'il a baillée au roy nostre seigneur,
« lequel l'a donnée au fol Mgr d'Aubigny pour achapter un arc. »
« — 1491 : « A Charles de Brillac, conseiller et maistre d'hostel du
« roy, la somme de 7 l. t. à lui ordonnée pour le remboursement de
« pareille somme qu'il a baillée au fol de Mgr Dunois. »
La reine, elle aussi, pensionnait, en 1493, Françoise Gallart, autrefois folle de la feue duchesse de Bourgogne, sa mère...

sivement à Charles VIII et à Louis XII, ou bien seulement à l'un des deux. C'est pour nous une sorte d'obligation de rappeler les circonstances invoquées pour établir l'hypothèse que ce Nago a pu prendre rang parmi les fous à livrée de la fin du XVe siècle.

Je cite une note de l'édition *variorum* des œuvres de Rabelais :

« Il y a encore à Coûtres, gros bourg situé entre Blois, Romorantin et Chambord, une rue nommée la rue de Nago, laquelle conduit à Chambord ; ce qui prouve que ce Nago était le fou d'un roi de France qui tenait sa cour dans l'un des trois châteaux que nous venons de nommer. D'après le nom de cette rue, il se pourrait même que ce fou fût né à Coutres[1]. »

Or, a-t-on dit, Louis XII affectionnait le séjour de Blois. D'un autre côté, Nago devait être contemporain de Caillette, fou du même roi et de François Ier, puisque Érasme, qui nous a conservé son nom[2], les comprend dans la même citation. Ces deux circonstances semblent indiquer qu'il a pu appartenir à Louis XII, dans les premiers temps de son règne, et ce prince pouvait, à son avénement, l'avoir reçu comme dépendance du mobilier de la couronne, s'il ne le possédait pas déjà auparavant.

Mais ce que j'ai dit précédemment, d'après M. Jal, de Dago, qui, selon toute apparence, est le même que

---

1. Rabelais, 1833, t. V, p. 135.
2. G. 581 du t. IX de ses œuvres ; *Basle*, 1540, in-f°.

Nago, rend cette attribution inadmissible. C'est de Charles VII qu'il était le contemporain.

Dans tous les cas, ce personnage à marotte était peu propre à jouer son rôle d'une manière satisfaisante, puisque Érasme met sa sottise en comparaison de celle de Caillette, que nous allons bientôt voir en scène. Répondant aux petites notes du docteur Noel Beda, Érasme dit : « Caillette et Nago n'ont jamais rien exprimé de plus fat. »

Quant au nom de Nago, « il est, dit le bibliophile Jacob, le même que celui de Nabo; idole adorée anciennement en Palestine; on le dériverait encore convenablement du bas latin *Nago*, qui signifie j'erre ou je chancelle. »

Comme Nago, son quasi-contemporain Caillette avait un nom approprié à sa manière d'être.

Le Duchat ne doute point que Caillette « n'ait acquis ce sobriquet par rapport à sa simplicité, approchante de celle de la caille. Et de là, ajoute-t-il, on peut conclure que si on a appelé *Caillettes* les Parisiens, c'est encore par rapport à la simplicité de la caille, ce qui regarde uniquement les *Badaux* de Paris, c'est-à-dire ceux qui n'ont jamais perdu de vue les clochers de cette grande ville. »

La Monnoye, au contraire, veut que le même sobriquet soit « tiré de cette tripe de veau, d'agneau ou de mouton (qui sert à faire cailler le lait), d'où, par mépris, les benêts ont été appelés *Caillettes*. »

Enfin, suivant d'autres, il pourrait avoir été emprunté

au blason des Cauchois, auxquels on appliquait dérisoirement la qualification de *Caillettes*, dès le xve siècle; ce qui indiquerait peut-être que le fou qui nous occupe était originaire du pays de Caux, en Normandie.

Pour conclure, il convient, en somme, de s'en tenir à ces paroles du bibliophile Jacob : « L'analogie d'un fou avec une caille qui caquette sans cesse est frappante. Ce nom-là s'employait au figuré, du vivant de l'individu qui le portait; car Marot écrivait, en 1515, que, s'il était jamais amoureux, il consentirait à être appelé *Caillette*. Bèze, dans son *Passavant*, dit au président Lizet : « Si « tu parlais ainsi, même en Sorbonne, tous tes con- « frères se riraient de toi comme d'une *caillette*. » Le proverbe traditionnel de Montpellier était *fou comme caillette*; enfin ce passage de la *Satire Ménippée* ne laisse aucun doute sur l'origine de ce nom : « Et ce n'est pas « sans cause que les autres nations nous appellent *cail-* « *lettes*, puisque nous, pauvres cailles coiffées (c'est-à- « dire comme femmelettes) et trop crédules, les prédi- « cateurs et sorbonnistes nous font donner dans les retz « des tyrans. »

Avant d'appartenir à Louis XII, Caillette n'aurait-il pas commencé sa carrière de fou royal sous Charles VIII? On pourrait le croire, car à l'époque de la mort de ce dernier roi (1498), il avait déjà une réputation bien établie; et comment l'aurait-il acquise, s'il n'avait pas occupé un poste d'où il pouvait attirer les regards?

Sa renommée nous est révélée par un poëme célèbre, composé d'abord en allemand par Sébastien Brandt, et traduit en *rime françoise* par Pierre Rivière (voir l'édition de Paris, 1497, in-folio). Nous l'y voyons figurer, en effet, en compagnie d'un de ses célèbres prédécesseurs, Seigni Johan, que nous connaissons déjà.

« *La nef des fols du monde*, dit le bibliophile Jacob, offre le personnage Caillette comme le patron des modes nouvelles qui furent adoptées à la fin du xve siècle. Sur la gravure, le costume de ce fou semble noir avec des taillades blanches, à l'espagnole ; son pourpoint est déchiqueté, surtout aux manches ; ses souliers le sont également ; ses chausses serrées dessinent bien les formes de la jambe ; il a les cheveux longs et frisés, la barbe rase, avec une chaîne d'or au col. La figure de Seigni Johan est en regard de celle-ci pour personnifier les anciennes modes, qui étaient en usage avant le temps où « les hommes se prirent à se vestir plus court que
« onc, ainsi comme on vouloit vestir les singes ; et se
« mirent à porter si longs cheveux, qu'ils leur empes-
« choient le visage et les yeux... »

Cet honneur d'*être pourtraict au naturel* dans un livre célèbre dispose d'autant plus à croire à la préexistence du titre de fou royal pour Caillette, qu'il possédait en lui-même bien peu d'éléments propres à lui valoir quelque renom.

Il suffit, pour le faire connaître sous son vrai jour, de lui rendre une aventure que des Périers a racontée le premier et que Bernier a eu le tort d'attribuer, plus tard, à Triboulet, commensal des mêmes rois que Caillette lui-même.

« Les pages, dit Bonaventure des Périers, avoient attaché l'oreille à Caillette, avec un clou contre un poteau, et le pauvre Caillette demeuroit là et ne disoit mot : car il n'avoit point d'autre appréhension, sinon qu'il pensoit être consigné là pour toute sa vie. Il passe un des seigneurs de la cour, qui le void ainsi en conseil avec ce pillier, qui le fit incontinent dégager de là, s'enquérant bien expressément qui avoit fait cela, et qui l'avoit mis là. « Que voulez-vous (disoit Caillette), un sot l'a mis là, « là l'a mis un sot. » Quand on disoit : ç'ont esté les pages, Caillette respondoit bien, en son idiotisme : « Oui, oui, « ç'ont esté les pages. — Sçaurois-tu connoistre le quel « ç'a esté ? — Oui, oui, disoit Caillette, je sai bien qui « ç'a esté. » — L'écuyer, par commandement du seigneur, fait venir tous ces gens de bien de pages, en la présence de ce sage homme Caillette, leur demandant à tous l'un après l'autre : « Venez ça, a-ce été vous ? » — Et mon page de le nier, hardi comme un saint Pierre : « Nenni, monsieur, ce n'a pas été moi. — Et vous ? « — Ni moi. — Et vous ? — Ni moi aussi. » — Mais allez faire dire oui à un page, quand il y va du fouet. Caillette étoit là devant, qui disoit en Caillettois : « Ce « n'a pas été moi aussi. » — Et voyant qu'ils disoient tous *nenni*, quand on lui demandoit : « A-ce point été « cetui-ci ? — Nenni, disoit Caillette. — Et cetui-ci ? — « Nenni. » — Et à mesure qu'ils respondoient *nenni*, l'écuyer les faisoit passer à côté, tant qu'il n'en resta plus qu'un ; le quel n'avoit garde de dire *oui*, après tant d'honnêtes jeunes gens, qui avoient tous dit *nenni* ; mais il dit comme les autres : « Nenni, monsieur, je n'y étois pas. » — Caillette étoit toujours là, pensant qu'on le deût aussi interroger, si ç'avoit été lui ; car il ne lui souvenoit plus qu'on parlât de son oreille. De sorte que quand il vit qu'il n'y avoit plus que lui, il va dire : « Je n'y étois pas aussi. » — Et s'en va remettre avec les pages, pour se faire coudre l'autre oreille au premier pillier qui se trouveroit [1]. »

Cette anecdote, racontée par un contemporain du héros, nous révèle dans Caillette un idiot sans mémoire et sans passion, une espèce de brute pétrie de bêtise et de bonhomie, un *marmouset* grotesque, amusant par sa simplicité autant que par son accoutrement ridicule ; ce qui ne l'empêcha pas de passer du service de Louis XII à celui de François 1er.

Les bibliophiles recherchent un petit livret en rimes, de quatre feuillets, intitulé : *La vie et trespassement de Caillette*, et qui dut être imprimé en 1514. — L'idiot, célébré dans ce poëme, ne doit pas être confondu avec le fou royal. Ils n'ont de commun que le nom. Celui du poëme exerçait librement au profit du public de la bonne ville de Paris, qui l'indemnisait de la part de plaisirs de roi qu'il en tirait, en lui faisant quelques mauvais tours et de légères aumônes.

Il me prend fantaisie de glisser ici une digression au sujet de ce personnage. Pourquoi non ? Ne peut-elle pas être aussi un élément d'appréciation, touchant les mœurs et usages de nos pères ?

1. Bonav. des Periers : *Contes et Nouv.*, t. I, p. 10 de l'édit. d'Amsterdam, 1711.

Ce Caillette populaire s'appelait Jean Carrelin. « Il estoit dit le roy des innocens, » et, pendant cinquante années, qu'il courut les rues de Paris,

> Très bien congneu des grans et des petis,
> Entour des halles a eü mainte caillette
> Du molz des trippes, et sans payer maillette;
> Tant de tripieres que garsons aprentis,
> Chacun tachoit fournir ses apetis;
> Il n'estoit pas la petite merdaille
> Qui ne tachoit à lui donner vitaille.

Quoique *papa, mamen* fût à peu près *tout son langaige,* « on prenoit grant plaisance à le veoir et à l'ouyr.

> « Petis enfans y prenoient leur plaisir
> Et lui disoient : Sus, mouche-toi, Caillette.
> Incontinent Caillette aloit saisir
> Pour soy moucher trop mieulx sa chemisette,
> Et, ce faisant, il monstroit sa coulette.
> Et ses dandrilles, dont chacun se rioit,
> Quand en ce point faire on le véoit.

> « Mauvais garsons luy faisoient de la peine
> Et lui gectoient force boue et de terre
> Et commetoient vers luy mainte trudaine,
> Mainte malice, aussi mainte fredaine,
> Luy avansant bien souvent ung caterre ;
> Mais si Caillette rencontroit une pierre,
> Il la chetoit qui riens n'en povoit mais.
> On ne verra son pareil à jamais.

> « Tout homme fut de luy nommé son père,
> Quand lui faisoit aulcun soulagement;

Toute nourrice, il l'appelloit sa mère
Et luy mettoit, si povoit, par magniere,
Sur les mammelles la main bien gentilment.
Incontinent s'enfuoit roidement,
Disant : Hen, hen, mamen, ne batez pas,
Et s'enfuoit en courant le grant pas.

« Quand il avoit son godet soubz l'aisselle
Et en sa main tenoit une branchette
Chascun disoit c'est toute sa vaiselle,
Car le godet de hanap et d'escuelle
Servoit souvent à ce poure Caillette.
Autant avoit comme Colin Bavette.
S'usurier fut, c'estoit d'abillemens,
De sa jaquette et siens acoustremens... »

Voilà les personnages dont on s'amusait sur les places publiques, et quelquefois il y avait fort peu de différence entre eux et ceux qui divertissaient les rois et les grands seigneurs.

Au nombre des fous peu amusants qui approchèrent des rois, on peut, pour la fin du xve siècle, citer un pauvre diable, appelé Le Vicomte, qui, probablement à cause de son inaptitude, passa comme une ombre à la cour de Louis XII à peine assis sur le trône. Je cite encore M. Jal : « Un registre appartenant à la Bibliothèque impériale (ms. 8463), dit-il, nous apprend que le 17 janvier 1499, le roi fit faire, *pour un fol nommé Le Vicomte, le quel iceluy seigneur a fait habiller à son plaisir*, un vêtement de tous points conforme à celui que devaient porter les quatre tambourins de son écurie (p. 169 v°). »

La rédaction du compte laisse apparaître que ce n'était pas là un fol attaché à la maison royale, mais un fol pris simplement à l'essai, ou plutôt un fol momentanément employé à la cour, comme nous en avons déjà vu sous Charles VII.

Après Caillette, le fou royal, et pour les mêmes règnes, c'est-à-dire pour ceux de Louis XII et de François I[er][1], nous trouvons Triboulet, dont la réputation a fait pâlir celle de ses prédécesseurs, mais qui devait être effacé un jour par un des héritiers de sa marotte ; réputation quelque peu usurpée, cependant ; car nous aurons occasion de faire remarquer plus loin que les collecteurs d'*ana* se sont plu à grossir son bagage d'historiettes, peu en harmonie avec le caractère qui lui valut son burlesque sobriquet.

« Le nom seul de *Triboulet*, dit le bibliophile Jacob, formé du vieux verbe *tribouler*, dont il ne reste que *tribulation*, atteste assez la fâcheuse situation de ce pauvre insensé à la cour. On lit dans Alain Chartier : *Aux bons les adversités viennent et sont foulés et par fortune triboulés ;* dans Froissard : *En Angleterre, pour cette saison, ils étoient tous triboulés et en mauvais arroi ;* et dans Pasquier : *triboule-ménage,* pour trouble-ménage. Il est donc certain que ce nom n'est pas tiré du grec *triballos,* fainéant, ni de *triballe,* qui était synonyme de

---

[1]. M. Jal ne croit pas que Caillette ait été à la solde de François Ier. — « Caillette, dit-il, ne me paraît pas avoir appartenu au roi ; je ne vois son nom dans aucun des registres des Archives de l'empire qui se rapportent au règne de François Ier où à celui de son successeur. »

rôtisserie à Blois, ni du latin *triputa*, diminutif de tripe. *Triboulet* se traduirait bien par notre mot moderne de *souffre-douleur* [1]. » — Quant à nous, nous le rendrions plutôt par celui de *cervelle-troublée*, et cette interprétation nous semble parfaitement concorder avec l'état moral du personnage, tel qu'il nous est révélé par ses contemporains et par ses propres actes [2].

Mais quel était le vrai nom de Triboulet? — M. Jal répond : Ferial, Fevrial ou le Fevrial, » que, pour moi, j'écrirais *Feurial*, — et voici sur quels documents il se fonde : « Ces documents, dit-il, sont les comptes de 1523 et ceux de 1529... Je lis dans le premier : « A Ni« colas le Fevrial, frère de Triboullet, aussi enfant de

---

1. C'est aussi l'opinion de M. Jal, qui la formule ainsi : « Quelque Italien ou quelque Espagnol de la cour de Louis XII, quelque clerc de l'aumônerie, ou bien des écoliers de la ville, lui donnèrent probablement ce surnom, qui, pris au latin ou à la langue italienne, exprimait l'idée du déplaisir, du tourment, en même temps qu'il faisait allusion au chardon (*Tribulus, Tribulo*), dont la tête, armée de petites pointes, pique ceux qui la touchent, comme piquait de ses railleries le malheureux Fevrial (c'est le vrai nom du fol), obligé de riposter à d'incessantes provocations. »

2. On a proposé bien d'autres explications encore. Par exemple, dans le volume de bibliophile intitulé : « La vraye histoire de Triboulet et autres poésies inédites » (Lyon, 1868), je lis ceci : « On pourrait à la rigueur dériver ce nom baroque du provençal *tribo*, trépan, un instrument qui a touché plus de fous qu'il n'en a guéri. De là on aurait fait *tribounat, triboulat,* Triboulet; cela signifierait *trépané*. » — Et plus loin : « Enfin le vieux terme (*Triboulé*) signifiait *qui se demène, qui s'agitte comme un possédé*, et peut-être la solution la plus naturelle et la plus simple serait-elle de chercher l'origine de ce nom dans une sorte de tic du personnage. Rabelais... nous met à cet égard sur la voie; en effet, quand il amène Triboulet à Panurge, il note qu'il *croule* (remue) *et branle la tête.* »

« cuisine, la somme de soixante livres tournois. » Dans l'autre, à la page 20 : « Galoppins et enfants de cui-« sine... Nicolas Ferial, frère de Triboullet, soixante « livres et sept-vingts... » En 1535, N. Ferial faisait encore partie de la cuisine du roi...; il était devenu porteur. C'est entre les serviteurs de ce rang qu'il est classé dans un état des officiers de la maison de François Ier pour les années 1534 et 1535. (Ms. Bibl. imp., anc. fonds, n° 9844.) On lit dans ce document : « Nico-« las Ferrial, frère de Triboulet, 70 livres tournois. »

En même temps qu'ils nous révèlent le vrai nom du fou royal, ces extraits nous fournissent une sorte de criterium qui peut servir à faire apprécier son point de départ.

Il faut dire, toutefois, que l'appellation de *Triboulet* était aussi, alors, un véritable nom de famille. D'après d'anciens registres, M. Jal cite un Pirame Triboullet. orfévre à Paris, en 1529, — un Jean Triboulet, maître apothicaire à Paris en 1616, — un Fiacre Triboulet, huissier à Paris, qui eut de nombreux enfants au commencement du xviie siècle..., etc. Si l'on voulait croire que notre bouffon, lui aussi, s'est ainsi appelé dès sa naissance, on pourrait supposer que Nicolas Feurial n'était que son frère utérin, issu d'un second mariage.

Au reste, ce n'est pas à Paris que notre Triboulet avait reçu le jour : le lieu de sa naissance est le Foiz-lès-Blois. Il passa de son village à la cour, qui l'avait trouvé pour ainsi dire sous sa main, puisqu'elle habitait fréquemment la ville voisine. Bornier, l'historien de Blois, bien instruit de la tradition locale, nous le représente comme *un pauvre hébété*, qui n'avait rien de ces fous spirituels qui réjouissent par des bons mots ou qui disent au hasard quelque chose de sentencieux.

Jean Marot, son contemporain, ne le peint pas sous des couleurs beaucoup plus favorables, dans ces vers qu'il lui consacre :

> Triboulet fut un fol, de la teste escorné,
> Aussi saige à trente ans que le jour qu'il fut né,
> Petit front et gros yeux, nez grand, taillé à voste,
> Estomac plat et long, hault dos à porter hoste.
> Chacun contrefaisoit, chanta, dansa, prescha,
> Et du tout si plaisant qu'onc homme ne fascha.

Une épitaphe, qu'on lui consacra assez longtemps avant sa mort, comme on le verra plus loin, complète ainsi le portrait du drôlatique personnage :

> Triboulet suis, qu'on peut juger en face
> N'avoir esté des plus saiges qu'on face.
> Honneste fus chascun contrefaisant,
> Sans jamais estre aux dames malfaisant.
> Du luc jouay, tabourin et vielles,
> Herpes, rebecs, doulsaines, challemelles,
> Pipetz, flaiolz, orgues, trompes et corps;
> Sans y entendre mesure ni accords.
> En chantz, danses, feiz choses non pareilles :
> Mais dessus tout de prescher feiz merveilles;
> Car mon esprit qui n'eut oncques repoz
> En vingt paroles faisoit trente propoz.
> Armé en blanc, jouslay d'espée et lance,
> Aussi cruel à plaisir qu'à oultrance.
> Devant moi pages trembloient comme la fièvre,
> Fyer menasseur, et hardy comme un lièvre.

Le Roy adonc me fait seoir à sa table ;
Où luy donnay maint passe-temps notable.
Oncques homme qu'il eust en son service
Ne feit si bien comme moi son office.
Les monts passay avec luy sans esmoy
Sus un cheval trop plus saige que moy,
L'oiseau sur poing vollant par les montaignes,
Courant partout, comme en plaines campaignes,
L'an mil cinq cent et neuf lorsqu'il vainquit
Véniciens et sa terre conquist...

Là encore, la silhouette n'a rien de rebutant ; mais voici Bonaventure des Périers qui le redescend au niveau de Caillette : « Triboulet et Caillette, dit-il, estoient folz à vingt et cinq quarraz; dont les vingt et quatre font le tout. »

En somme, — pour en revenir à l'appréciation de Jean Marot, — Triboulet avait un mérite : celui de la bonhomie, qui dit de grosses sottises, sans offenser personne. Cette qualité, dans tous les cas et quoi qu'en dise la prétendue épitaphe, ne lui servait guère auprès des pages, des laquais et des enfants. Aussi Louis XII le confia-t-il aux soins d'un gouverneur, nommé Michel Le Vernoy, dont la mission était d'empêcher qu'on lui fît du mal, autant que de le dresser à jouer son rôle le plus convenablement possible [1].

---

[1]. Le Vernoy ne fut pas le seul gouverneur de Triboulet. « Je vois, dit M. Jal, dans un compte de la maison du roi pour l'année 1523 (Arch. imp., KK. 98, fol. 185), un article, classé parmi les dons de sa Majesté, qui me fait connaître que Triboulet eut un autre protecteur sans doute à la mort de Le Vernoy : « Dons faits par le roi à François Bourcier, gouverneur de Triboulet, la somme de cent livres

Les fous suivaient leur maître, même à la guerre, et ce n'est pas ce qui souriait le plus à Triboulet. On le vit bien, en 1509, au siége du château de Pescaire par les Français, pendant l'expédition de Venise.

> Triboulet, fol du roi, oyant le bruit, l'horreur,
> Couroit parmi la chambre, en si grande frayeur,
> Que, sous un lit de camp, de peur, s'est retiré,
> Et crois qu'encore y fut, qui ne l'en eut tiré.
> N'est de merveille donc si sages craignent coups,
> Qui font telle trémeur aux innocens et fous...

C'est encore Jean Marot qui nous fournit ce détail. Il n'ajoute pas que Triboulet ne redoutait pas moins les étrivières que le bruit de l'artillerie. Nous l'apprenons, au reste, par l'anecdote suivante qui va nous le montrer en scène :

« A l'entrée de Rouen, je ne dis pas que Rouen entrast : mais l'entrée qui se faisoit à Rouen, — Triboulet fut envoyé devant pour dire : « Vois les ci venir, » — qui estoit le plus fier du monde, d'être monté sur un beau cheval caparassonné de ses couleurs, tenant sa marotte des bonnes fêtes. Il piquoit, il couroit, il n'alloit que trop. Il avoit un maître avec lui pour le gou-

« tournois à lui donnée et ordonnée par le roy nostre sire en ses
« lettres patentes deuement vérifiées et expédiées par les généraulx
« des finances le sixiesme jour de febvrier mil cinq cent vingt-trois,
« tant pour ses gages de cette présente année commencée le premier
« jour de janvier 1523 et finie le dernier jour de décembre 1524,
« que aussi pour blanchir et entretenir de linge blanc et payer le lo-
« gis dudit Triboulet. »

verner. Hé, pauvre maître, tu n'avois pas besogne faite ; il y avoit bonne matière pour le faire devenir Triboulet lui-même. Ce maître lui disoit : — « Vous n'arresterez « pas, vilain ? Si je vous prends ! Arresterez vous ? » — Triboulet, qui craignoit les coups (car quelquefois son maître lui en donnoit), vouloit arrester son cheval : mais le cheval se sentoit de ce qu'il portoit ; car Triboulet le piquoit à grands coups d'esperons : il lui haussoit la bride, il la lui secouoit. Et cheval d'aller : « Mechant, vous n'arresterez pas, disoit son maître. « — Par le Sang Bieu, disoit Triboulet (car il juroit « comme un homme), ce méchant cheval, je le pique « tant que je puis, encore ne veut-il pas demeurer. » — Que direz-vous là ? Sinon que nature a envie de s'esbatre, quand elle met à faire ces belles pièces d'hommes, les quels seroient heureux, mais ils sont trop ignoramment plaisants, et ne savent pas connoitre qu'ils sont heureux, qui est le plus grand malheur du monde [1]. »

L'*Histoire d'Abbeville* (par Louandre) nous montre Triboulet jouant son rôle dans une autre cérémonie d'apparat. C'était en 1514, à l'occasion du troisième mariage de Louis XII (avec Marie d'Angleterre). Des échafauds avaient été dressés dans les rues de cette cité picarde, que le cortége devait traverser. Triboulet figurait sur un de ces théâtres en brillant costume (sayon jaune et rouge). Il devait être là, surtout pour faire honneur et donner plaisir aux habitants du lieu. Toutefois, on s'est déjà demandé, si c'était en personne,

---

1. Bonav. des Périers, t. I. p. 12.

ou en représentation, que le fou royal avait été monté sur les planches.

Louis XII (mort en 1515) eut de belles funérailles. On peut demander toutefois si Triboulet y brilla par son absence ou par sa présence. A M. Jal je laisse le soin de la réponse. « Quand Simon Beaugarin, dit-il, qui menait *la liéparde* du roi, et Jean-Baptiste qui menait *le cameau*, sont nommés parmi ceux que le roi gratifia d'un certain aunage de drap noir, pour « soi vestir « aux obsèques du feu seigneur Louis, » ne peut-on pas s'étonner de ne pas trouver sur la liste des dons le pauvre Triboulet? Qu'on ne s'étonne pas trop cependant. Ce que recevait Triboulet de la munificence royale n'était point porté aux comptes de l'Argenterie, parce que le fou n'était point un officier de l'hôtel. Cela figurait au compte des Menus-Plaisirs qui, pour cette année, manquent à la collection des comptes de la maison du roi. Triboulet assista certainement aux funérailles de Louis XII, sérieux probablement par décence, et véritablement affligé ; quittant pour trois jours son rôle qu'il devait reprendre, le quatrième, auprès d'un nouveau maître. »

A la cour de Louis XII, Triboulet ne nous apparaît guère que comme un pauvre niais [1], *toujours tremblant*

---

1. M. Jal a une meilleure opinion de Triboulet, et il la fonde sur les vers de Jean Marot, cités plus haut. « Cette peinture, dit-il, donne l'idée d'un individu singulièrement façonné par la nature, sorte de singe, laid, voûté, ayant le nez fortement saillant entre deux gros yeux surmontés d'un front étroit et déprimé; mais aussi d'un homme dont le cerveau fêlé était incapable d'idées sérieuses et rai-

au claquement du fouet de son gouverneur, toujours en querelle avec les pages qui le bafouaient ; mais, vraisemblablement, grâce aux leçons de Michel Le Vernoy, il finit par acquérir quelque intelligence de son métier, et, sous François Ier, il devient un personnage : « Il a son franc-parler sans crainte des étrivières, dit le bibliophile Jacob ; il siége dans le conseil du roi, il se moque de son maître et de toute la cour : c'est Diogène dans son tonneau, tenant tête à Alexandre. »

Il est juste d'ajouter, en somme, que le fou était aussi loin du Cynique, que le roi de France l'était du roi de Macédoine. Bonaventure des Périers va nous en fournir la preuve, en ce qui concerne Triboulet :

François Ier « faisoit, dit-il, volontiers marcher Triboulet devant lui, quand il chevauchoit par les chemins. Advint quelque jour, ainsi que Triboulet marchoit devant le roi, devisant toujours de quelque sornette, em-

sonnables, homme incomplet du côté du bon sens, gai, cependant, caustique et railleur, parodiste amusant et méchant d'une façon si plaisante, et il faut croire si mesurée, qu'il ne fâchait aucun de ceux qu'il contrefaisait : les idiots, les hébétés, n'ont pas de ces allures ; ils n'ont aucune sorte d'esprit, et leur lourde naïveté n'a jamais un trait original qui puisse plaire, ou même un mot drôle, fût-il brutal ou malséant, qui puisse provoquer le rire. Ils sont niais et insupportables ; ils peuvent inspirer la pitié, mais non provoquer la gaieté des honnêtes gens. Triboulet n'était point de ceux-là. C'était apparemment un malheureux garçon qui n'aurait pu se gouverner lui-même, travailler pour vivre, se défendre contre la populace insolente, ou se parer des attaques de la maligne enfance ; sans avoir de la délicatesse dans l'esprit, de la finesse dans la gaieté, il avait sans doute une certaine justesse dans le coup-d'œil, surtout une sorte de verve téméraire qui rendait comiques ses discours, extravagants et difformes comme sa personne. »

manchée au bout d'un baston, son cheval fit six ou huit pets, dont Triboulet fut fort courroucé. Et pour ce, il descendit incontinent de la selle de son cheval, et prend la selle sur son dos, et dit au roi : « Cousin, vous m'a-
« vez ce jour d'huy baillé le plus mechant cheval qui
« fut oncques : c'est un ivrongne : après qu'il a bien
« beu, il ne fait que peter. Par Dieu, il ira à pied. Ha!
« ha! il a peté devant le roi. » — et de sa massue frappoit son cheval et lui estoit toujours chargé de la selle : ainsi fit environ demi-lieue à pied.

« Une autrefois Triboulet vendit son cheval pour avoir du foin : autrefois vendoit son foin pour avoir une massue...

« Une autrefois advint que le roi entra en sa sainte chapelle à Paris pour ouyr vespres, et Triboulet le suivoit et d'entrée il vid le plus grand silence céans, qu'il estoit possible. Peu de temps après, un evesque commença *Deus in adjutorium*, assez bellement, et incontinent après tous les chantres respondirent en musique, en sorte que l'on n'eut pas ouï tonner céans. Alors Triboulet se leva de son siége, et s'en alla droit à l'évesque qui avoit commencé l'office, et à grans coups de poing il lorgnoit dessus luy. Quand le roi l'eut aperçu, il l'appela et lui demanda pourquoi il frappoit cet homme de bien et il dit : « Da, da, mon cousin, quand nous sommes
« entrés céans, il n'y avoit point de bruit, et cestui-ci a
« commencé la noise : c'est donc lui qu'il faut pu-
« nir[1]. »

1. B. des Périers, t. II, p. 167.

Triboulet avait sans cesse à la bouche le mot : *Buzançois !* Aussi Rabelais lui fait-il dire à Panurge : « Par « Dieu, fol enraigé, gare moine, cornemuse de Buzan- « çois. » — Buzançai est une ville du Berry. — Dans la bouche du fou royal, *Buzançois* n'était sans doute qu'un jeu de mots contenant une allusion à la stupidité de la *buse*; allusion dont on retrouve un analogue dans l'interprétation fournie par Panurge du sens énigmatique de *Cornemuse de Busançois*. Cela signifie, dit celui-ci, que « sa femme sera plaisante comme une belle cornemuse de Saulieu (sot lieu). »

Telles étaient, en parole et en action, les facéties de Triboulet. A l'occasion des coups de poing, « ne peut-on pas supposer, avec le bibliophile Jacob, que ce malicieux personnage usait de ses priviléges de fou royal pour bafouer les prêtres catholiques et causer un immense scandale que les premiers apôtres de la religion réformée eussent payé de leur vie? » Ce qu'il y a de sûr, c'est que l'exploit de la Sainte-Chapelle eut du retentissement jusque sur la terre étrangère : peu d'années après, l'Italien le Domenichi le mentionnait dans un recueil de facéties florentines, sans toutefois en nommer le héros.

Nous avons déjà dit que la réputation de Triboulet lui avait valu (car *on ne prête qu'aux riches*) l'attribution de nombreux à-propos, auxquels il y a tout lieu de croire qu'il est resté, la plupart du temps, complétement étranger. C'est ce que reconnaît aussi le bibliophile Jacob : « Il faut avouer, dit-il, que les auteurs d'anecdotes ont habillé Triboulet de toutes les guenilles des fous et des badins de son siècle ; ainsi telle repartie dont on fait honneur à l'élève de Michel le Vernoy a été traduite de l'espagnol ou de l'italien. Il est donc certain que bien des folies ont passé sur le compte de Triboulet, qui leur a prêté la sauvegarde de son nom, de même que les anciens rapsodes rendaient Homère responsable de leurs vers, et s'incorporaient à la gloire du chantre de l'*Iliade*. »

Ce n'est pas une raison pour ne pas reproduire ces historiettes. Si elles ne peuvent tourner à la glorification de Triboulet, elles nous montreront au moins ce qu'on pouvait attendre des bouffons, dont la cervelle n'était pas obtuse ou détraquée.

Je commence par une saillie spirituelle, propagée sous une foule de noms divers, et qui, si elle est passée par sa bouche, n'a pu y arriver qu'à l'aide d'une réminiscence.

Un grand seigneur l'ayant menacé de le faire périr sous le bâton, pour avoir parlé de lui avec trop de hardiesse, Triboulet alla se plaindre à François Ier : « Ne crains rien, lui dit le roi ; si quelqu'un osait te faire subir un traitement pareil, je le ferais pendre un quart d'heure après ta mort. » — « Ah ! cousin, répondit le fou, grand merci vous dirois, s'il vous agrée plutôt de le faire pendre un quart d'heure avant. »

Un jour, il passait avec un seigneur sur un pont dépourvu de parapet et d'accoudoir : « Comment se fait-il, dit celui-ci avec humeur, qu'on n'ait pas eu la précaution de mettre ici de garde-fous ? — Eh ! répliqua Triboulet, c'est qu'on ne savait pas que nous dussions passer par là. » — A-propos fort piquant sans doute, mais qui ne pouvait guère sortir d'une *tête écornée!* Convient-il d'ajouter, avec le bibliophile Jacob : « Ce trait serait plus vraisemblable si l'on avait dit, à cette époque, *garde-fous*, au lieu de *garde-faux*, qui est le mot primitif, soit qu'on ait sous-entendu le mot *pas*, pour *garde faux pas*, soit que *faux*, dérivé de l'allemand, signifie défaut des côtes, parce que cette balustrade garantit le corps jusqu'à la ceinture. » — C'est fort possible ; toutefois je dirai que *garde-faux* et *garde-fous* me paraissent deux mots absolument identiques. Le premier serait écrit selon la prononciation d'alors ; le second, selon l'orthographe : voilà toute la différence. Le langage vulgaire actuel est resté, à beaucoup d'égards, ce qu'était autrefois le langage de la haute société ; c'est ainsi que, de nos jours encore, le peuple normand ne dit jamais des *fous* ; il prononce : des *fos*.

Je reviens aux citations.

« Triboulet, dit Dreux du Radier, avoit des tablettes où il écrivoit en forme de journal tout ce qui lui paroissoit digne de comparaison avec ses propres actions. Le roi ayant une dépêche à envoyer à Rome dans un temps extrêmement limité, et pendant lequel il étoit impossible de faire le voyage, fit chercher un courier qui se chargeât du paquet, et s'engageât de le remettre. Il s'en présenta un auquel on donna 2,000 écus de récompense avant qu'il montât à cheval. Triboulet ne manqua pas d'employer le fait sur ses tablettes. Le roi qui le vit écrire lui en demanda la raison : « Parce qu'il est im-
« possible, dit le fou, d'aller à Rome en si peu de temps,
« et parce que, quand cela seroit possible, c'étoit tou-

« jours une folie de donner 2,000 écus, dans une occa-
« sion où le quart suffiroit. — Mais, dit le roi, si le
« courier ne peut venir à bout d'exécuter sa promesse, et
« me rend mon argent, qu'auras-tu à dire? Il faudra que
« tu effaces ta remarque. — Non, répondit Triboulet,
« elle subsistera d'une façon ou d'une autre; parce que
« si le courier est assez sot pour vous rapporter votre
« argent, j'effacerai le nom de votre majesté, et je
« laisserai le sien. S'il ne revient point, je laisserai le
« vôtre. »

Ce n'est pas la seule fois que nous aurons à citer les *tablettes* de Triboulet; mais elles paraissent bien suspectes pour un fou de son calibre. N'est-on pas obligé de reconnaître, d'ailleurs, que l'historiette est un rhabillage d'une autre anecdote racontée par Guillaume Bouchet, dans ses *Sérées*. Un duc de Milan, rapporte le poitevin Bouchet, avait un serviteur « qu'on estimoit bouffon et plaisant, parce qu'il mettoit en écrit et faisoit registre de toutes choses qu'il pensoit dignes d'estre enregistrées en son diaire et papier-journal. » Un jour le duc, en feuilletant ce journal, fut bien surpris d'y voir son nom, pour avoir « baillé 30,000 ducats à un More qu'il ne connoissoit que de huit jours, pour aller acheter des chevaux en Barbarie. » — « Pourquoi, dit le duc, cette
« inscription de mon nom sur ta liste de fous? —
« Pourquoi? reprit le bouffon; pour autant que tu as
« baillé force ducats à un noir que tu connoissois à
« peine. »

« Mais, poursuit le prince, s'il m'amène des che-
« vaux pour mon argent, où sera la folie? — Dans ce

« cas, du côté du More, et j'effacerai ton nom, pour y
« mettre le sien. »

Une dame, qui, sans porter marotte, avait aussi ses prérogatives de liberté auprès de François 1er, sa maîtresse la duchesse d'Étampes, lui avait donné le conseil de retenir en otage Charles-Quint, lorsque celui-ci, oubliant sa prudence ordinaire, traversa la France et vint à Paris. Pendant le séjour du monarque étranger : « Voilà une belle dame, lui dit le roi, en lui montrant la duchesse, — qui est d'avis que je ne vous laisse pas sortir de mes États avant que vous ayez révoqué le traité de Madrid ! — Si l'avis est bon, il faut le suivre, » répondit l'empereur. » — Deux jours après, comme pour prévenir l'insistance de la maîtresse favorite sur ce dangereux avis, il eut hâte de lui offrir une bague de diamants et il n'eut plus à craindre d'entraves à son départ.

On est parti de là, selon toute apparence, pour prêter à Triboulet, à l'occasion du même voyage de Charles-Quint, la conversation suivante avec son maître :

« C'est moult glorieusement recevoir notre cousin et sa césarée majesté, dit Triboulet en retirant son bonnet à grelots pour l'arborer au bout de sa marotte ; je ne demeurerai point en arrière de votre généreuse munificence, et je veux aussi faire un don à l'empereur arrivant dans Paris. — Eh ! quel don sera-ce ? » demanda le roi. — « Voirement, je lui donnerai mon bonnet comme au maître ès arts de la folie, puisqu'il vient se jeter pieds et poings liés aux bras de son ennemi. — Trêve, monsieur du fou, interrompit Fran-

çois Ier en colère : l'empereur, se confiant à ma parole royale, n'a pas sujet d'appréhender qu'on le retienne.
— Je n'y trouve rien à redire, mon cousin; mais j'attendrai la fin, pour savoir qui aura mon bonnet : vous ou bien l'empereur, à moins que tous deux en soyez coiffés en guise de diadème. »

N'y a-t-il pas quelque apparence que la seconde anecdote est une variante de la première? Et ce qui contribue d'ailleurs à la rendre plus suspecte encore, c'est que la réponse prêtée à Triboulet a été reportée à un autre événement historique, à la demande d'un sauf-conduit pour traverser la France, adressée par Charles-Quint à François Ier, en 1539, à l'occasion de la révolte des Gantois [1].

Ici, nous retrouvons les tablettes du fou royal. Dès que l'empereur eut mis le pied sur le territoire français, on raconte que Triboulet lui donna place dans son journal. Après quoi, demandes du roi et réponses de son fou, telles que nous les connaissons. — C'est à l'occasion du second voyage de Charles-Quint par la France, que l'on a le plus souvent répété la conversation apocryphe du fou et de son maître. Les nombreux écrivains qui l'ont rapportée, ignoraient que Triboulet était mort avant 1539. Ils ne savaient pas davantage que c'était à un personnage désigné sous le nom d'*Amaril* qu'il faudrait, d'après l'historien Mathieu,

---

1. Dans la *Biographie universelle*, M. de Salaberry met cette anecdote sur le compte de Brusquet, dont nous parlerons plus loin, et il ajoute : « Ce trait a fourni à M. Revoil le sujet d'un joli tableau qui a été remarqué à l'exposition de 1810. »

attribuer l'anecdote suivante, et non à Triboulet, qui, pourtant, en est gratifié dans presque tous les livres, où il est question de ses reparties.

Voici cette anecdote, telle que Dreux du Radier l'a reproduite :

« Avant que François Ier entreprit de marcher lui-même à la tête de ses troupes dans la malheureuse campagne de 1525, où il fut fait prisonnier à Pavie, Triboulet se trouva présent à un entretien où l'on cherchoit les moyens de se faire un passage en Italie. On en proposa plusieurs ; il ne s'agissoit plus que de se déterminer sur le choix. Triboulet prenant alors la parole : « Vous croyez, Messieurs, dit-il, avoir décidé à merveilles ; mais ces avis ne me plaisent pas : vous ne pensez point à l'essentiel. — Eh ! quel est ce point essentiel ? » lui demanda le roi. — « C'est, reprit-il, le moyen de sortir, dont personne ne parle. Voulez-vous que nous restions-là[1] ? »

« Triboulet, dit le bibliophile Jacob, à cette occasion, aurait dû ajouter, comme ce harangueur des États de la Ligue : *Croyez-moi, et vous croirez un fol;* car il prophétisait sans le savoir, à moins que la prophétie ne soit postérieure à l'événement de la bataille de Pavie. Chez les Romains, les poulets prédisaient l'avenir, en concurrence avec les oracles : Triboulet fut contemporain de Michel Nostradamus. »

---

1. Suivant Othon Mélander (*Jocorum atque seriorum... centuriæ aliquot*), cette observation appartiendrait au fou de Léopold, duc d'Autriche, qui l'aurait faite à l'occasion du projet d'invasion de trois cantons de la Suisse.

Quelques-unes des facéties prêtées à Triboulet en feraient presque un sage ; mais, à Blois, où la rareté des événements remarquables a permis à la tradition de se transmettre, pour ainsi dire sans alliage, il a laissé d'autres impressions. Bernier, qui écrivait l'histoire de cette ville en 1682, le constate dans les termes suivants : « La mémoire de ce pauvre insensé est si récente à Blois, que, quand on veut parler avec mépris de quelqu'un, on y dit encore à présent qu'*on s'en soucie comme de Triboulet.* »

Quoi qu'il en soit, comme nous l'apprend Bonaventure des Périers, « vescut toujours folliant jusqu'à sa mort, qui fut bien regrettée, car on dit qu'il estoit plus heureux que sage. »

Mais quand cessa-t-il de vivre ? C'est là une question fort controversée.

Le dernier écrivain qui l'a traitée, — l'éditeur de l'*Épitaphe de Triboulet*..., — prétend que notre personnage disparut de la scène, même avant la fin du règne de Louis XII, et que c'est ce roi qui prend soin de sa sépulture. Et il appuie cette assertion précisément sur l'*Épitaphe*, la première pièce de son recueil. On y lit, en effet :

>. . . . . Le mien seigneur et maistre
>Loys douziesme en ce lieu me feit mettre
>Taillé au vif, afin que le nom dure
>Du plus vray sot qu'oncques forma nature.
>Sens et richesse en ce monde n'acquis ;
>Car aussi riche mourus que je nasquis.

« Ainsi, conclut l'éditeur, tombe d'elle-même cette assertion si souvent répétée que Triboulet a été le fou de François Ier ; ainsi sont renvoyés au domaine de la légende tous ces récits prétendus historiques et plus ou moins piquants où on le faisait figurer sous le règne de ce prince. »

Ce ne serait pas la première fois que l'histoire aurait été prise en flagrant délit de lourde erreur. Ici, toutefois, je la crois innocente, malgré les apparences qui ressortent des vers cités. J'ai déjà rappelé et je rappellerai encore des documents authentiques qui constatent, sous le règne de François Ier, la présence de Triboulet à la cour. Leur autorité est incontestable et je ne crois pas devoir insister à cet égard. — Pourtant, dira-t-on, l'affirmation de l'épitaphe est précise ! Oui, sans doute ; mais la pièce citée est-elle une véritable épitaphe après décès ? Ne serait-elle pas, plutôt, une facétie par simulation de décès, comme il s'en fabriqua beaucoup d'autres pendant le cours du XVIe siècle ? Pour moi, je crois que nous n'avons là qu'une simple épitaphe *pour rire*, et que la vie de Triboulet se prolongea plus loin que le règne de Louis XII.

M. Jal le croit également, et, d'après lui, le fou royal serait mort avant 1529. Voici en quels termes il s'exprime à cet égard : « On a vu que Jean Marot dit : *Triboulet fut un fol* qui *chacun contrefaisoit...*, qui *chanta, dansa, prescha*, et non *Triboulet est un fol* qui *contrefait chacun...*, qui *chante, danse et prêche.* Quand Jean Marot composa son *Voyage de Venise*, Triboulet était donc mort,

Aussi saige à trente ans que le jour qu'il fut né.

7.

Or, j'ai établi (article MAROT) que l'historien poëte de Louis XII était décédé avant 1529, et je me crois en droit de conclure que le fou, dont il dessina si vivement la silhouette au profil accidenté, avait précédé son peintre dans la tombe... » Plus haut, après avoir appelé un article de compte de l'année 1523, relatif à Bourcier, gouverneur de Triboulet, M. Jal avait fait déjà remarquer, à l'appui de sa thèse, qu'aucune mention de ce genre ne se trouve dans les comptes de 1529.

Cette allégation du patient chercheur, qui complète la réfutation de la mort de Triboulet avant 1515, paraîtrait assez plausible. Quoi qu'il en soit, il convient peut-être de ne l'accepter encore qu'avec réserve. Notre fou pourrait bien, en effet, n'avoir cessé de vivre qu'entre l'année 1535 et l'année 1538, et l'hypothèse se justifierait ainsi :

A la première date, Triboulet était encore vivant, puisqu'un vers de Clément Marot, dans l'*Épître du coq à l'asne*, publiée alors, parle ainsi des *Mores et Morisques* qui étaient venus de Tunis disputer au fou royal les faveurs de la cour :

Tu ne sais pas; Tunis est prise,
Tribulet a frères et sœurs.

Il convient d'ajouter qu'un état, déjà cité, des officiers de la maison du roi, pour 1534-5, cite « N. Ferrial, frère de Triboulet, » et qu'il ne dit pas, comme c'était alors l'usage, quand il était question d'un mort : « frère de *feu* Triboulet. »

A la seconde date, Jean Voute publiait ses poésies latines, parmi lesquelles on remarque cette épitaphe du personnage :

> Vixi morio, regibusque gratus
> Solo hoc nomine; viso num futuris
> Regum morio sim Jovi supremo?

— « J'ai vécu fou et cher aux rois par ce seul nom ; est-ce que le fou des rois ne peut pas devenir celui du plus puissant des dieux ? » — Épitaphe dont le principal sel est dans le rapprochement des mots *vixi* (j'ai vécu) et *morio* (bouffon), ce dernier équivoquant avec le verbe *morior* (je meurs).

Il ne paraît pas y avoir lieu de placer cette nouvelle épitaphe sur la même ligne que celle qui date du temps de Louis XII. Il en est de même d'une troisième, rapportée par Dreux du Radier, et qui *ne vaut pas mieux* que la précédente. — Mentionnons encore ici les *Lamentations et complaintes de Triboulet, fol du roy, qu'il fait contre la mort...*, — œuvre d'un rimeur dont « la poésie, dit le bibliophile Jacob, avait elle-même besoin de quelques grains d'ellébore. »

Ce ne sont pas les seules pièces détachées qui ont été inspirées par la renommée équivoque de Triboulet. Plus tard, une facétie assez recherchée fut placée sous la sauvegarde de son nom ; c'est la suivante : *Marottes à vendre, ou Triboulet tabletier, dont la gibecière, après avoir été égarée pendant plusieurs siècles, nous est enfin heureusement parvenue, munie d'un rare assemblage de hochets, breloques, colifichets et babioles de toutes espè-*

ces, etc. Au Parnasse burlesque, ex officina de la Banque du bel esprit..., l'an 1ᵉʳ de la nouvelle ère (Londres, Triphook, S. D.), in-12. — Une autre édition porte la date de 1812, avec le nom de Triphook.

Je crois devoir répéter, à l'honneur de Triboulet, que Rabelais n'a pas dédaigné de le mettre en scène dans son livre si célèbre. C'est d'ailleurs pour moi une occasion toute naturelle d'enregistrer ici une dernière citation, propre à faire apprécier les procédés et les allures de Triboulet; il est vraisemblable, en effet, que le curé de Meudon n'a pas manqué de le représenter sous son véritable jour.

On sait que Panurge, très-perplexe sur les conséquences d'un mariage qu'il projette, s'est décidé à consulter Triboulet, qu'on est allé chercher à Blois : « Panurge, à sa venue, dit Rabelais, lui donna une vessie de porc bien enflée et résonnante à cause des poys qui dedans estoient; plus une espée de boys bien dorée; plus une petite gibessière faicte d'une cocque de tortue; plus une bouteille clissée, pleine de vin breton, et un quarteron de pommes Blandureau... Triboullet ceignit l'espée et la gibessière, print la vessie en main : mangea part des pommes, beut tout le vin. Panurge le regardoit curieusement... Depuis lui exposa son affaire en paroles rhétoriques et élégantes. Devant qu'il eust achevé, Triboullet luy bailla ung grand coup de poing entre les deux espaules, luy rendit en main la bouteille, le nazardoit avec la vessie de porc, et pour toute response luy dit, branslant fort de la teste : *Par Dieu, fol enraigé, guare moine, cornemuse de Buzancay.* Ces paroles achevées, s'escarta de la compaignie, et jouoit de la vessie, se délectant au melodieux son des poys. Depuis ne feut possible tirer de luy mot quelconque. Et voulant Panurge dadvantaige l'interroger, Triboullet tira son espée de boys, et l'en voulut férir. »

Un de nos contemporains des plus illustres, Victor Hugo, a fait davantage encore, pour la plus grande gloire de notre fou royal. Dans *Le Roi s'amuse*, le poëte nous l'a montré s'élevant de l'asservissement de la condition la plus méprisée, peut-être, jusqu'à l'héroïsme de l'amour paternel ; mais si c'est là une création dramatique neuve et vigoureuse, ce n'est plus la réalité. Avec Rabelais, relativement à Triboulet, nous devons être encore dans l'histoire ; avec Victor Hugo, nous sommes dans la légende. Celui-ci a idéalisé le fou de François Ier, comme Walter Scott avait idéalisé celui de Louis XI.

Sans doute le génie doit avoir ses priviléges ; sans doute, si l'histoire a pour premier devoir de montrer les choses et les hommes sous leur aspect véritable, le drame, qui cherche avant tout des émotions, a bien le droit de conquête dans le domaine de l'imagination. Toutefois, je n'adhère pas sans réserve à la pratique trop absolue de cette prérogative, qui a pour résultat nécessaire de jeter dans le plus grand nombre des esprits des idées en contradiction flagrante avec la vérité historique. C'est ce qui a eu lieu, par exemple, pour notre grotesque personnage. A l'exemple de la littérature hiératique de tous les temps, vouée sans relâche à l'apothéose d'une foule d'esprit infirmes, — la littérature moderne a mis tant de bonne volonté à embellir la physionomie de Triboulet, que non-seulement *tout le monde*, mais encore la plupart des historiens qui en ont parlé, ont donné, je le répète, sa *légende* bien plutôt que son *histoire*.

Malgré cet avantage posthume fait à son nom, malgré la faveur que les habitudes de son époque lui valurent à la ville et à la cour, Triboulet n'en fut pas moins, pendant une bonne période de sa vie, tout simplement le pair de Muguet, l'épervier de Louis XII, et de ses chiens préférés, Ralay et Chailly.

Dans une pièce de vers de l'époque, intitulée : *De Muguet, l'oiseau du roy Loÿs XII*, le héros emplumé s'exprime ainsi :

> Trois passe-temps parfaits a eu Loys douziesme :
> Triboulet et Chailly, et je fais le troisiesme ;
> Triboulet pour la chambre, Chailly pour champ est duit,
> Et moi je volle en l'air pour gibier et déduit...

Une autre pièce de vers, imprimée comme la précédente à la suite de la pseudo-épitaphe, précédemment citée, du fou royal, fait dire au *chien à cerf* Ralay :

> Le bon Chailly, Triboulet et Muguet
> Tous de par moi doivent aller au guet...

Plus tard, il est vrai, le pair de l'*oiseau* et des *chiens* du roi s'est quelque peu formé et il se relève ; mais il convient de croire que ses progrès se renfermèrent entre des limites assez médiocrement développées.

Après Caillette, à la cour de Louis XII, Triboulet

avait eu plusieurs rivaux auprès de François Iᵉʳ. Je trouve d'abord à rappeler Johan (Jouan ou Jean, d'après M. Leber), *fol de Madame*; c'est-à-dire, selon toute apparence, de la mère du roi, Louise de Savoie, qu'on appelait communément Madame, et qui prit elle-même ce titre dans ses mémoires. Ce Johan est nommé dans la cııᵉ nouvelle des *Joyeuses aventures*, publiées à Paris, en 1552, par Olivier de Harsy. Pour le démonter, un gentilhomme n'imagine rien de mieux que de lui crier d'un air menaçant : *Pof, pof, Busançois!*

Clément Marot lui a consacré l'épitaphe suivante :

DE JOUAN, FOL DE MADAME.

Je fus Jouan, sans avoir femme,
Et fol jusqu'à la haute gamme.
Tous fols, et tous Jouans aussy,
Venez pour moy pryer icy :
L'ung après l'aultre, et non ensemble :
Car le lieu seroit (ce me semble)
Ung petit bien estroit pour tous :
Et puis s'on ne parloit tout doulx,
Tant de gens me romproient mon somme.
Au surplus : quand quelque saige homme
Viendra mon épitaphe lire,
J'ordonne (s'il se prend à rire)
Qu'il soit des fols maistre passé.
Faut-il rire d'un trespassé ?

Bonaventure des Périers cite un autre bouffon qu'on peut considérer comme un rival de Triboulet ; mais il n'en a pas conservé le nom et il n'indique pas positivement s'il était fou en titre d'office. Voici en quels termes il s'exprime :

« Puisque Triboulet tient lieu en ce présent livre, il nous a semblé bon de lui donner pour compagnon un certain plaisant, des mieux nourris en la cour de son roi, et pour ce qu'il le voyoit en perplexité de recouvrer argent pour subvenir à ses guerres, lui ouvrit deux moyens : « L'un, dit-il, Sire, est de faire votre office al« ternatif, comme vous en avez fait beaucoup en votre « royaume; ce faisant, je vous en ferai toucher deux « millions d'or et plus. » — Je vous laisse à penser si le roi et les seigneurs rirent de ce premier moyen. — L'autre moyen consistait « à commander par un édit que tous les lits des moines fussent vendus par toute la France et les deniers apportés és coffres de l'espargne. « Mais, dit le roi, où coucheraient les pauvres moi« nes? — Avec nonnains, Sire. — Voirement, » répliqua le roi, « il y a beaucoup plus de moines que de « nonnains. » — Adonc le compagnon eut sa réponse toute prête, et fut : qu'une nonnain en logeroit bien une douzaine pour le moins. « Et croyez, disoit ce fol, « qu'à celle fin les rois vos prédécesseurs et autres ont « fait bâtir en beaucoup de villes les couvents des reli« gieux vis à vis de ceux des religieuses [1]. »

Le *plaisant* qui s'exprimait avec tant de liberté sur les moines en général, n'était-il pas ce Villemanoche, auquel le bibliophile Jacob a consacré les lignes suivantes :

« Triboulet avait un autre rival... à la cour de Fran-

---

[1] *Nouv. récréations et joyeux devis*, t. I, p. 61.

çois Ier : c'était un nommé Villemanoche, qui, dit Pasquier dans ses lettres, « ne péchait en toutes les fonc- « tions de son entendement, sinon lorsqu'il entrait sur « l'espoir de ses mariages, estimant qu'il n'y avait « grande princesse qui ne fut énamourée de lui. » Villemanoche, à *l'origine* duquel Clément Marot consacra un *chœur de folie*, avait dressé une généalogie imaginaire où il faisait descendre ses ancêtres, appelés les Pichelins, de toutes les familles souveraines de l'Europe. Armé de cette curieuse généalogie, qui est aujourd'hui conservée parmi les manuscrits de la Bibliothèque royale (fonds Colbert) ; vêtu d'une longue robe de docteur, il allait, quêtant une femme, auprès des grandes héritières de la cour, et cherchait à leur démontrer par ses harangues que la France était intéressée à perpétuer la *race picheline*. »

Je trouve encore à la même cour un personnage qu'il est difficile de ne pas rattacher à la famille des amuseurs plus ou moins raisonnables. C'est celui qui est mentionné, dans les termes suivants, pour le compte des dépenses royales en 1534 : « A Messire Paulo Belmissere de Pontreuil, le quel chacun jour fait composition, devis, harangues de plusieurs matières de diverses sciences, és quelles il croit estre bien expert, et dont il donne plaisir et récréation audit seigneur (le roi), afin qu'il ait moyen de le suyvre et soy entretenir en le suyvant continuellement, en don, deux cent vingt cinq livres tournois. »

Par une anecdote empruntée à Étienne Tabourot, je puis justifier de plus en plus que les rois ne s'en tenaient pas toujours à leurs fous; la voici : « Le grand roy François, curieux de tout sçavoir et entendre, ouit un jour dire qu'il y avoit un certain sécretaire en sa chancellerie, qui se nommoit Gaillard, le quel estoit fort gaillard, pour dire le mot; de manière qu'il estoit bien receu en toutes compagnies joyeuses. Le roy donc le voulut voir, et comme il se présenta audit seigneur, qui estoit assis sur un long banc près d'une cheminée, le roy lui demanda en tels termes : « Qui es-tu ? — « Sire, répondit-il, je me nomme Gaillard. — Ho, ho, « je suis joyeux de te cognoistre, réplique le roy, « car tu fais parler de toi pour estre gaillard en tout et « partout, mesme à l'endroit des dames. Mais viens-çà, « dy moi quelle différence mets-tu ou quelle distance « y a-t-il entre gaillard et paillard ? » — L'autre voyant qu'il estoit prins, s'il ne respondoit : « Sire, il y a seulement distance de la largeur du banc et de la table. » — « Foy de gentilhomme, j'en ai tout du long de « l'aulne, » dit le roy. — Et vous laisse à penser si ce fut sans rire. »

Tout cela, — bien entendu, n'allait pas sans addition d'autres amusements, comme on peut le voir par ces extraits des comptes des dépenses royales : « 1534 ; à Jehan de l'Espine de Pont-Alletz, dit Songe-Creux, qui a par cy-devant suivy le dit seigneur avec sa bande et joué plusieurs farces devant luy; pour son plaisir et récréation, en don, deux cent vingt cinq livres tournois. — Septembre 1538 ; à six joueurs de farces et moralités, en don et faveur des plaisirs, récréations et passe-temps qu'ils ont faits au dit seigneur, à jouer nouvelles farces et comédies de matières joyeuses, durant le séjour qu'il a fait à Villers-Costeretz, quarante six livres... » — Les tours de cartes divertissaient aussi quelquefois Sa Majesté et son entourage : « Octobre 1538 ; à Jehan Delinan, Espaignol, en don, à cause du passetemps qu'il donna au roy du subtil maniement des cartes, deux cent vingt-six livres... »

Il y avait, au reste, bien d'autres gens employés aux ébats de la cour ; témoin ce nouvel article de compte : « Aux filles de joye suyvant la cour, en don, tant à cause du bouquet qu'elles ont présenté au roy le premier jour de may dernier passé et de leurs estraynes du premier jour de ce présent mois (janvier 1538), ainsy qu'il est accoustumé à prendre sur les deniers ordonnés estre distribués autour de la personne du roy, quatre-vingt-dix livres [1]. »

J'ai parlé précédemment des *Mores* et des *Morisques*, qui rivalisaient aussi avec Triboulet. C'était la prise de Tunis par Charles-Quint qui avait doté la cour de ces nouveaux bouffons, pour les menus plaisirs de la royauté.

[1]. J'emprunte à M. Jal d'autres extraits de comptes sur le même sujet : compte de la chambre aux deniers, 4 mai 1470 : « Au roy (Louis XI) baillé par Guill. Graffort, archier de sa garde, pour donner aux fillettes de joie suivant sa court pour leur may dix escus... treize l. quinze s. t. ; » — Registre des menus plaisirs de Louis XII pour 1503, un article semblable ; — Registre de l'épargne de François pour 1560, « à Jehanne Lignière, dame des filles de joie suivant la court, la somme de 40 l. t... dont le dit seigneur a fait don tant à elle que aux autres filles de joie estant à la dite suite, à despartir ainsi qu'elles adviseroient pour leurs estrennes du premier jour de may... »

Leur rôle était de divertir les dames en chantant des chansons étrangères et en dansant des danses grotesques [1]. Parmi eux se distinguait Ortis, *le more du roi*, comme on le qualifiait. Clément Marot l'a *illustré* d'une épitaphe épigrammatique, que je crois devoir reproduire ici :

ÉPITAPHE D'ORTIS, MORE DU ROI.

Sous cette tombe gît, et qui ?
Un qui chanta *la cochiqui* ;
Ci gît que dure mort piqua,
Un qui chantoit *la cochiqua* ;
C'est Ortis ! oh ! quelles douleurs !
Nous le vimes de trois couleurs,
Tout mort, il m'en souvient encore :
Premièrement il était more ;
Puis, en habit de cordelier,
Fut enterré sous ce pilier ;
Et avant qu'eut l'esprit rendu
Tout le sien avoit despendu.
Par ainsi mourut le folastre,
Aussi blanc comme un sac de plastre,
Aussi gris qu'un foyer cendreux,
Et noir comme un beau diable ou deux.

Cet Ortis, enterré en habit de cordelier, comme plusieurs princes de l'époque ; ce More, introduit par le

---

1. En 1539, nous trouvons, pour la cour, *le passe-temps* d'une autre danse étrangère : « A Hans Ber, Hans Turiq, et Petter Zich, pour eulx et leurs compaignons, Suisses de la garde du roy, en don et faveur du passe-temps qu'ils donnèrent au roy en une danse qu'ils feirent le jour des Roys à Paris, deux cent vingt six livres. » (Extr. des compt. des dép. de Franç. 1er.)

caprice de la fortune dans la famille bigarrée des amuseurs de roi, n'aurait-il pas, par la faveur dont il jouissait à la cour, jeté quelque amertume sur les derniers jours de Triboulet? Le bibliophile Jacob paraît assez disposé à le croire. Peut-être, suivant lui, le fou royal, naguère si choyé par son maître, succomba-t-il au chagrin qu'il ressentit de se voir préférer ces visages noirs et cuivrés, qui attiraient une bonne part de l'attention des dames.

C'eût été sans doute assez pour lui, avec le peu de philosophie qu'il lui était permis d'avoir, de supporter la concurrence des nains, qui figuraient parmi les autres curiosités de la cour de François Ier.

J'ai déjà eu occasion de parler de nains. Puisque je viens d'en parler encore, je m'imagine que ce peut être pour moi un prétexte légitime de consacrer quelques lignes à ceux qui figurèrent à la cour pendant la durée du XVIe siècle. Comme on va le voir, c'est encore M. Jal qui fera presque tous les frais de cette digression.

La manie des nains était poussée très-loin, surtout en Italie. « Je me souviens, dit Blaise de Vigenère, dans ses notes sur les tableaux de Philostrate, de m'être trouvé, l'an 1566, à Rome, en un banquet du feu cardinal Vitelli, où nous fûmes tous servis par des nains jusqu'au nombre de trente-quatre de fort petite stature, mais la plupart contrefaits et difformes... On en a pu encore assez voir en cette cour, du temps même des rois François Ier et Henri II, dont un des plus petits qui se put voir, était celui qu'on appelait Grand-Jean, qui fut depuis protonotaire, hormis ce Milanais qui se faisait porter dans une cage comme un perroquet, et une fille de Normandie, qui était à la reine mère de nos rois, laquelle, en l'âge de sept à huit ans, n'arrivait pas à dix-huit pouces. »

Si, en France, on n'a pas d'exemple d'une réunion de trente-quatre nains, ces petits phénomènes y apparurent néanmoins en assez grand nombre à la cour.

« La reine Claude de France, dit M. Jal, avait une naine qui se nommait Marie Darcille (compte du 4 mars 1529, KK, 100). « J'ajoute, d'après les extraits des comptes de dépenses de François Ier, imprimés dans les *Archives curieuses* de l'histoire de France (1re série, t. III), qu'au mois de décembre de la même année, il était alloué « à Marie Dareille, nayne de la feue royne, XLI liv. t. »

Les comptes pour l'année 1533, compris dans le même recueil, mentionnent une autre naine : « la petite nayne de feue Mademoiselle, » à laquelle il est fait présent de « cent escus d'or soleil pour luy aider à se marier. » Mademoiselle (la princesse Charlotte) était morte le 8 septembre 1524 ; il paraît que depuis ce temps sa naine était restée sans emploi, mais on ne l'oubliait pas.

En 1543, voici à la cour une naine étrangère, celle de la reine de Hongrie, qui y vient avec sa maîtresse et à laquelle Catherine de Médicis fait cadeau d'une robe de toile d'or, doublée de taffetas blanc et bordée d'une tresse d'argent (KK, 105, fol. 43).

« Merville, dit M. Jal, était le nain de Henri II. On lui donna un trousseau complet, en 1556. Cette même année, Catherine de Médicis, qui avait deux nains, Bezon et Augustin Romanesque, en reçut deux autres que lui envoyait *le comte de Pologne*, et que les documents nomment le grand Pollacre, le petit nain Pollacre ou le petit nain Pollacon (KK, 118, p. 20, 23, 37, 42, 45 v°).

— La même année, on fit pour *le petit Romanesque* un habillement de couleur grise et jaune, et, d'un quart de velours gris, un haut bonnet à la turque, dont le rebras (la partie retroussée) était de panne de soie jaune (KK, 118, p. 27). Le petit Bezon avait pour gouverneur un moine (p. 37, v°). Ce moine était de petite taille, et le compte de 1556 le nomme le petit Nonneton. »

Dans le compte de dépense de cette reine pour 1558, je retrouve Merville qui avait pour gouverneur Richard Hubert, dit Noblesse. Au mois de septembre, la reine lui donna 50 sols, « pour faire sa despense au devant du « roy, où ladite dame l'envoye. » (*Archiv. curieuses.*)

1559. Romanesque avait alors, pour lui tenir compagnie, un jeune garçon nommé Hannibal (KK, 125, p. 1315 et 1377), et un gouverneur, nommé Mauguichon, était chargé de la direction de l'un et de l'autre ensemble. Cette même année, Romanesque prêtait 74 liv. tournois à celui qui avait la charge du grand léopard du roi à Saint-Germain. On les lui remboursa en 1560 (KK, 127, p. 2239). « En même temps, ajoute M. Jal, le roi lui donna 69 l. t. « pour avoir un cheval « pour suivre ordinairement le dit seigneur » (19 août, même page). — Romanesque mourut apparemment vers la fin de 1560 ; car, au commencement de l'année suivante, La Roche est le seul nain nommé dans les comptes de la maison du roi. — Romanesque eut une postérité, et ses descendants s'établirent à la cour. Je vois que le 12 août 1672, « Antoine l'aisné le Romanesque, vivant secrétaire de la feue reine mère (Anne d'Autriche), demeurant rue Saint-Antoine, « fut porté chez les Jacobins de la rue Saint-Honoré, où il fut inhumé... »

Comme son camarade le Romanesque, le nain La Roche avait un cheval. Il en est question dans la nomenclature des chevaux de l'écurie de la reine mère en 1564 (KK, 129, p. 5).

« En 1563, La Roche suivit Catherine de Médicis au camp du roi François II devant Orléans. La reine avait dix pages et La Roche comptait comme un onzième. Parmi les choses que ces onze serviteurs emportèrent dans ce voyage, je vois « unze paires d'Heures, ce qui prouve que pages et nains savaient lire. »

1563. Charles IX se donne le plaisir d'un tournois. Son nain y figure avec Montagne, nain de la reine d'Espagne (KK, 120).

1572. Dans le compte des dépenses royales de cette année, on voit que l'empereur d'Allemagne envoya trois nains au roi de France, qui en reçut encore plusieurs autres venant de Pologne. Grégoire le Blanc, « vallet de chambre de la sœur du roi de Pollongne, » avait aidé « à conduire et amener » ceux-ci : en cette considération, Charles IX lui fit donner cent vingt livres tournois. (*Archiv. curieuses.*)

1577. Jean de Cresoqui, dit Dominé, et don Diégo de Portugal étaient alors au nombre des nains entretenus par le roi (Bibl. nat. Mss. Dupuis 857).

« En 1578 et 1579, ajoute M. Jal, cinq des nains de la reine étaient Merlin, Rodomont, Mandricart, Pétavine et Majostri, » — ou plutôt Majosky. Voici (novembre 1579) un article de compte qui concerne ce dernier : « A Adam Charles, maistre écrivain demourant à Paris, la somme de 35 escus pour la pension du petit Majoski, nain de la dicte dame, pendant le mois de octobre, novembre et décembre, et pour menues parties fournies pour l'entretien dudit Majosky, tant en habillemens, livres, papiers, plumes et encre, que à son régent au collège, la somme de 30 livres tournois. » (*Archiv. curieuses.*)

1579. « Catherine avait aussi trois naines : « Pour la « façon de trois fraises pour servir aux naines de la dite « dame Royne. » (KK, 115, p. 346.)

Vers le même temps, un nain de la cour était nommé Mantouillot Collé d'Albert.

En 1585, Noël Cochon avait le titre de gouverneur des nains ; il recevait par an cinquante-trois écus de gages. A la même date, je trouve Yves Bourdin, *varlet des naines*, recevant à ce titre cinquante écus de rémunération. — Le compte de cette même année ajoute ceci : « Pour Rondeau, tailleur des nains, tant pour ses gaiges, façon d'habits, que fourniment de fil, de soie à couldre, et toutes aultres de doubleures qui ne sont pas de soie, LXVI liv. t. » (*Archiv. curieuses.*)

« Trois nains étaient entretenus, en 1599, par Henri IV : Albert de Xanica, Merlin et Marin Noël. Chacun recevait cent livres tournois par an (KK, 151). — Sur les comptes de 1623, Albert de Xanica, — un

Espagnol, dont un des registres (KK, 197) traduit ainsi le nom : Albert de Janiche, — et Marin Noël sont portés pour 300 livres, le dernier comme nain et huissier du cabinet du roi. » (A. Jal.)

On ne saurait dire ce que devinrent tous ces nains. M. Jal a suivi les traces de quelques-uns seulement : « Roger Noël, fils de Marin, dit-il, était aussi huissier du cabinet. Merlin était mort de 1612 à 1623. Jean Manderon, dit Mandricart, était huissier du cabinet de la reine ; on le voit en cette qualité sur le compte de 1620 (KK, 187, p. 1374) et sur celui de 1623 (KK, 188, p. 1697). Était-ce celui qui, en 1579, avait un des offices de nain? Ne serait-ce pas plutôt son fils? Marin Noël vivait encore en 1642 ; son fils Roger figure seul sur l'état de 1643, arrêté le 3 février à Saint-Germain. »

M. Monteil fait dire à un fou, du temps de Louis XII : « Cet état décline, languit, est près de finir. C'est le grec, renforcé de l'imprimerie, qui le tue. »

Ces deux agents de *destruction* furent très-peu expéditifs. Sans doute l'imprimerie, en particulier, devait, à la longue, aider à ce résultat, en mettant à la portée de tous d'autres moyens de se distraire ; mais tout d'abord elle paraît plutôt avoir contribué à donner un nouveau lustre aux fous et une plus grande extension au genre de plaisir qu'on en tirait. Par elle, en effet, les facéties des bouffons devenaient, pour ainsi dire, domaine public ; par elle aussi se répandirent de toutes parts, outre celles des fous gagés, les facéties non moins folles d'une foule de rieurs libres qui se donnaient la mission, quelquefois, de chercher à instruire à l'aide de grosses joyeusetés, et le plus souvent de faire rire exclusivement pour faire rire.

La folie imprimée, comme la folie en paroles et en action, a eu en France une vogue prodigieuse, dont la tradition a continué à travers toutes nos révolutions. Elle forme une branche fort importante de notre histoire littéraire, qu'on aimerait à voir étudiée et approfondie dans ses phases diverses; mais c'est un vaste thème que nous ne pouvons pas même effleurer ici. La littérature folle mérite bien, d'ailleurs, son histoire et sa biographie particulière. Au moins fallait-il en dire quelques mots, et surtout, à l'exemple du bibliophile Jacob, rappeler par une mention spéciale, à cause de son incontestable supériorité à tous égards, le célèbre auteur de Pantagruel.

Rabelais, ce fou sublime qui a fait déraisonner tant de sages, ce grand philosophe qui a donné cours à tant de hautes vérités en les couvrant du voile de la folie, a
« composé, pour ainsi dire, l'évangile des fous-sages...
« Il s'est moqué de tout dans son roman satirique, où
« il se peint lui-même, tantôt sous les traits de Panurge,
« tantôt sous ceux de Pantagruel. Il ne respecta pas
« même les plus redoutables mystères du catholicisme,
« à une époque où le bûcher faisait justice de la moindre
« erreur en matière d'orthodoxie; le supplice de son
« ami Étienne Dolet, brûlé sur la place Maubert, ne lui
« ferma pas la bouche, et il continua intrépidement à
« faire rire ses lecteurs aux dépens des juges qui ve-
« naient de condamner Clément Marot pour avoir mangé

« du lard en carême. On ne prit jamais au sérieux ses
« plus sérieuses épigrammes, et sa gaieté intarissable et
« ses équivoques souvent grossières servirent de passe-
« port aux offenses qu'il se permettait sans cesse contre
« les sottises humaines dont il déchirait le manteau
« sacré... »

Rabelais, au reste, ne *follia* pas seulement la plume à la main. Ayant suivi le cardinal du Bellay, lors de son ambassade à Rome, il n'épargna pas aux oreilles du pape et des autres dignitaires de l'Église ses bons mots et ses audacieuses *folâtries*, qui eurent sans doute en France un long écho de scandale et de rire. Il montra encore, en d'autres circonstances, qu'il eût été, au besoin, le premier des bouffons de cour. Ainsi, pour obtenir une audience du chancelier Duprat, on le vit un jour se présenter à la porte, bizarrement vêtu, et parlant successivement plusieurs langues, jusqu'à ce que le chancelier, émerveillé de ce qu'on racontait de cet étranger, ordonnât de l'introduire en sa présence. — Une autre fois, il veut tourner en ridicule la formule d'un médecin qui avait prescrit au cardinal du Bellay une potion apéritive, et, pour cela, il fait bouillir toutes les clefs de la maison dans une chaudière. — Se trouvant à Lyon sans argent et dans l'impossibilité de subvenir aux frais du retour, il remplit de cendres trois ou quatre flacons, y met des étiquettes portant : *Poison pour le roi, poison pour la reine*, etc., s'arrange de manière à ce qu'ils soient aperçus par son hôtelier qui le dénonce, est arrêté et conduit à Paris, où, après la confession de sa ruse, il est rendu à la liberté. — Une lamproie, servie sur un plat d'argent à la table du cardinal du Bellay, excite sa convoitise. Il la touche de sa baguette et prononce doctoralement l'anathème *duræ digestionis*, pour que le cardinal n'y touche pas. Le poisson, devenu suspect, demeure intact : Rabelais s'en empare, en s'empressant de reporter sur le plat d'argent son arrêt médical. — Il plaisantait encore sur son lit de mort : « Je vais chercher un grand *peut-être*, lequel est au nid de la pie, dit-il à ses amis peu de temps avant d'expirer. Tirez les rideaux, la farce est jouée ! »

Ce grand homme, qui restera toujours le roi des foussages de toutes les conditions, s'est successivement caché sous la robe du médecin et sous la soutane du prêtre. Après le cardinal du Bellay, son protecteur et son ami, il eut la sagesse de se tenir dans une prudente obscurité. « Il voulut, dit le bibliophile Jacob, conserver sa liberté d'esprit et de langue; il ne s'attacha donc point à la fortune des grands qu'il avait tournés en ridicule dans son admirable livre : la cure de Meudon fut la retraite qu'il choisit pour être à l'abri des sentences et des fagots de l'inquisition catholique; après avoir raillé les choses les plus vénérées, en présence du Saint-Père et du Sacré-Collége, il borna son rôle aux obscurs devoirs de son ministère; et l'homme qui aurait pu s'associer aux conseils des rois apprenait l'alphabet et le plain-chant aux enfants d'un village. »

Henri II n'eut pas un long règne (1547-1559); mais, tout en faisant brûler les calvinistes, il ne négligea rien pour le passer le plus agréablement possible. Aussi trouvons-nous qu'il eut trois fous pour sa part : Maistre Pierre, Thony et Brusquet.

Le premier est indiqué par M. Leber, d'après un manuscrit du temps, qui se compose d'*Extraits des comptes de l'espargne, depuis François Ier jusqu'à Louis XIII*, et qui est intitulé : « gages, pensions, gratifications des médecins, historiographes, gardes du cabinet et des livres, écrivains, confesseurs, astrologues, fous et folles du roy, etc...[1]. »

« On trouve singulier, dit notre auteur à cette occasion, de voir couché sur le même registre, et, pour ainsi dire, de pair, un *Miron*, premier médecin du roi, et un *Pierre Dupré*, « ayant la charge du dogue barbet « de S. M.[2]; » mais ce rapprochement cesse de surprendre quand on lit, dans le *Journal* de Louise de Savoie, immédiatement après la relation d'un événement qui faillit coûter la vie à son fils, héritier du trône : « *Le petit chien Hapeguai*, qui estoit de bon

---

[1]. En vérifiant cette indication, j'ai trouvé la mention de Maître Pierre pour les années 1548, 1549 et 1550.

[2]. Le roi avait d'autres chiens qu'il paraît avoir aimés singulièrement, et qui avaient leur boulanger à eux, vraisemblablement pour leur préparer un pain particulier. On pourrait croire que son affection pour eux s'étendit jusqu'à celui qui s'appliquait à les nourrir selon leur goût ; en effet, dit M. Jal : « Dans un registre de Guillaume Bochetel, trésorier de l'épargne (Bibl. imp., mss. Baluze 9732-3), je lis, sous la date du 16 novembre 1547, cette mention curieuse : « à « Anthoine Andrault, boulengier des petits chiens blancs, don de la « somme de 30 escus à quoy a esté taxé l'office de sergent au lieu de « Comelles-le-Bar, au haut pays d'Auvergne, vacant par le trépas « de Claude Maison. »

« amour et loyal à son maistre, mourut à Blevé. » — *Le prince des poëtes, l'Apollon de la source des Muses*, Ronsard, chantait en même temps le roi, sa petite chienne, son lévrier Beaumont, et la barbiche de Madame de Villeroy... »

Et puisque nous sommes en voie de digression, je citerai encore quelques *rapprochements* non moins singuliers, à la charge d'un vicaire de Saint-Paul, de Paris.

Ainsi, aux registres de l'*état civil* de la paroisse, le tout entremêlé aux actes de naissance, de mariage et de décès, qu'il rédige fort mal, le digne ecclésiastique donne la notice détaillée des étrennes qu'il reçoit du 31 décembre 1629 au 4 janvier suivant : onze bouteilles de vin dont deux de blanc ; trois chapons dont un prêt à mettre à la broche ; deux fort bons fromages ; deux grands pots de beurre ; une bouteille d'hypocras ; quatre boîtes de conserve ; trois livres de bougies ; un lapin de garenne ; une langue fumée ; un gâteau ; une talmouse ; une douzaine de serviettes ; une pistole d'Espagne ; trois écus d'or. — Ainsi, à l'acte d'une inhumation faite le 29 octobre 1650, il ajoute : « M. de Saint-Paul (son curé) me commanda d'aller dîner avec lui, où de sa grâce je fis bonne chère : *vivat ad multos annos.* » Peut-être cette chère fut-elle trop bonne, car il écrit à la suite d'un convoi fait le lendemain : « J'ai pris un lavement pour apaiser une colique[1]. »

---

1. Antiquaires de France, t. IX, p. 271.

Je reviens à nos fous. — Celui que j'ai à citer pour Henri II, après Maître Pierre, est le célèbre Brusquet, dont le vrai nom est Jean-Antoine Lombart, ainsi que l'a révélé à M. Jal le compte de l'argenterie du roi François II, pour la seconde moitié de l'année 1559 (Arch. nat., KK, 125, p. 1410). On y lit, en effet, que, pour les obsèques de Henri II, on donna sept aunes et demie de drap noir à « Jehan-Anthoine Lombart, dict Brusquet, valet de chambre du feu roi. »

Notez que c'est encore avec le titre de valet de chambre que l'on voit « Jehan-Anthoine Lombart, dit Brusquet, » figurer dans le registre des officiers de la maison du roi pour cette même année 1559 (KK, 129), avec Chabot son fils (le fils de sa femme peut-être ?), « l'un en l'absence de l'autre. » — Mais ce titre plus envié n'excluait pas celui de bouffon officiel.

Le nom de Brusquet est évidemment dérivé du caractère et de l'humeur du personnage qui le portait. Il a été calqué sur le mot italien *brusco*, qui a fait *brusque* en français, « lorsque notre langue, qui s'était *grécisée* et *latinisée* au XVᵉ siècle, s'*italianisa* sous l'influence des Médicis. » C'est peut-être au bouffon royal que notre langue doit la naturalisation du nouvel adjectif, passé définitivement de sa personne dans le dictionnaire, que les hauts faits du poëte Villon avaient déjà enrichi du substantif *villonnerie* [1]. Je n'ajoute pas au produit de l'impôt levé

---

[1]. Je crois que *villonnerie* vient du poëte *Villon*; mais il convient d'ajouter que ce nom du poëte lui est venu, à lui qui s'appelait Corbueil, de certaines tendances qui auraient pu le rendre tributaire de la potence.

sur les noms d'hommes par notre langue, le verbe *cailleter* et le substantif *caillette*, dont l'application continue de se faire à l'encontre des personnes indiscrètes, frivoles et babillardes : avant de passer au confrère de Triboulet, le mot était déjà connu avec la signification qui lui est restée. La folie officielle n'a pas à l'inscrire comme le premier, au nombre de ses titres d'honneur.

Brantôme a fait le plus pompeux éloge de Brusquet. « Je crois, dit-il, que si l'on fust esté curieux de recueillir tous les bons mots, contes, traits et tours dudit Brusquet, on en eust fait un très-gros livre, et n'en déplaise à Pivan, Arlod [1], ni à Villon, ny à Ragot [2], ny à Moret, ny à Chicot [3], ny à quiconque a jamais esté. »

Toutefois, il faut bien le reconnaître, les anecdotes rassemblées à la plus grande gloire de ce personnage, le recommandent moins pour la fécondité de son esprit en reparties spirituelles que pour son habileté à trouver des stratagèmes comiques, dont, deux siècles plus tard, on devait voir renaître de notables exemples à l'occasion du poëte Poinsinet, et qui, comme le dit le bibliophile Jacob, « fondèrent en France une espèce de métier facétieux, exercé d'office par les mystificateurs. »

En somme, Brusquet était digne de la faveur qu'il sut conquérir ; car, suivant Guillaume Bouchet, il avait le secret d'être toujours plaisant *sans être ennuyeux*, parce

---

1. C'est-à-dire au curé (*piovano*) Arlotto Minardo, auteur d'écrits facétieux.
2. Personnage réel ou supposé, alors mis en scène comme type de bouffon et de filou.
3. Voir ci-après.

qu'il *ne répétait jamais une même chose.* Cet écrivain ajoute : « Il est vrai que si vous eussiez vu Brusquet et ouy parler, vous l'eussiez pris pour un bouffon ; mais en ses actions et affaires, vous l'eussiez pris pour un homme bien avisé. »

Brantôme a longuement parlé de Brusquet. C'est à cette source que j'emprunterai la plupart des détails de cette notice.

« Son premier advénement, dit le sieur de Bourdeille, fut au camp d'Avignon (1536)[1], où il se jetta, venant de son pays de Provence, pour gaigner la pièce d'argent ; et, contrefaisant le médecin, se mit, pour mieux jouer son jeu, au cartier des Suisses et lansquenets, des quels il tiroit grands deniers. Il en guérissoit aucuns par hazard ; les autres il envoyoit *ad patres*, menu comme mouches... Le pis fut qu'il fut descouvert par la grande desfaicte de ces pauvres diables, et qu'il fut accusé. La cognoissance en estant venue à M. le connestable, il le voulut faire pendre. Mais on fit rapport à M. le Dauphin, qui estoit lors là, que c'estoit le plus plaisant homme qu'on vist jamais, et qu'il le falloit sauver. M. le

---

1. Le *Perroniana* rapporte d'une manière différente *le premier advénement* de Brusquet : « Il étoit provençal, dit-il, et premièrement avocat et habile homme. Il vint à la cour pour une affaire qu'il eut au conseil, à la poursuite de laquelle il demeura trois mois avant que de pouvoir rien faire. Enfin il s'avisa lui qui étoit plaisant, de tenter toutes sortes de voies et de voir si, par bouffonnerie, il pourroit avoir son expédition : il bouffonna si bien qu'il ne demeura guères sans obtenir ce qu'il désiroit. Luy voyant qu'il avoit plus fait en un jour par sa bouffonnerie que durant toute sa vie en advocaçant, il quitta son mestier, et se fit bouffon ; ce qui lui valut mieux... »

Dauphin, despuis nostre roy Henri second, le fit venir à luy, le vit, et le cognoissant fort plaisant, et qu'il luy donneroit bien un jour des plaisirs (ce qu'il a faict)[1], il l'osta d'entre les mains du prévost du camp, et le prit à son service. De telle façon que, pour ses plaisanteries, il parvint à estre vallet de sa garde-robbe, puis vallet de chambre[2]; et puis, qui estoit le meilleur, maistre de la poste de Paris, qui valoit de ce temps là ce qu'il vouloit; car il n'y avoit pour lors nulles coches de voitures, ny chevaux de relais comme pour le jour d'huy. Aussy pour un coup, je luy ay compté cent chevaux de poste, et ce d'ordinaire. Et pour ce, en ces tiltres et qualités, il s'intituloit capitaine de cent chevau-légers. Je vous asseure qu'ils estoient bien légers en toutes façons, tant de graisse dont ils n'estoient guère chargés, que de la légèreté à bien courir et mouscher. Aux quels chevaux il imposoit très plaisamment les noms de bénéfices, offices, dignités, charges, estats, que l'on court ordinairement en toutes diligences de postes. Je vous laisse à penser le gain qu'il pouvoit faire de sa poste..., prenant pour chaque cheval vingt sols s'il estoit françois, et vingt-cinq s'il estoit espaignol, ou autre estranger.

« Aussy devint-il fort riche, autant pour cela que pour une infinité de practiques et rapines qu'il tiroit sur

---

1. Au dauphin, déjà favorablement prévenu par les grimaces et les plaisanteries du faux médecin, et qui faisait allusion à ses funèbres exploits, on assure que Brusquet avait répondu avec une gravité comique : « En bonne foi, Monseigneur, ceux-là qui sont morts se plaignent-ils et ne sont-ils pas guéris de la fièvre à perpétuité? »

2. Il partageait ce dernier titre avec les premiers poëtes du temps, Clément Marot, Bonaventure des Périers et Ronsard.

les princes, seigneurs, gentels-hommes, qui çà, qui là[1].
Et, s'ils ne luy vouloient rien donner gratis, bien souvent, quand il estoit dans leur salle ou chambre, et qu'il y voyoit quelque beau bassin ou baye d'argent, on se fust donné de garde qu'aussy tost et à l'improviste il mettoit l'espée au poing, et faisoit accroire qu'ils lui avoient donné un desmenty, et qu'il avoit querelle à l'encontre, et les chargeoit d'estoc et de taille, les dasgatoit tous; et et puis, sans autre forme, les serroit sous sa cappe et deslogeoit; ainsy qu'il fit à Bruxelles chez le duc d'Albe, lorsque le cardinal de Lorraine y alla jurer la paix (de Cateau-Cambresis, au mois d'avril 1559).

« Ayant mené le dict Brusquet avec luy, ce voyage ne luy fut nullement inutile; il y gaigna beaucoup, et plaisanta si bien devant le roy d'Espaigne, qu'il le trouva fort plaisant bouffon et à son gré; car il parloit assez bien l'italien et l'espaignol; et si, y avoit fort bonne grâce bouffonnesque, plus quasy qu'en son parler françois. Et pour ce le roy Philippe le prit en amitié

---

1. Voici une de ses *praticques*, rapportée par le *Perroniana* : « Brusquet escamota fort subtilement du comte Bénévent espagnol qui vint en France, une fort belle coupe d'or, qui avoit un couvercle merveilleusement enrichi de pierreries. Ce comte étant un jour à table, à qui on donnoit à boire en cette coupe, Brusquet la loua fort et pria le comte de la lui prester pour en faire une semblable. Le comte qui étoit magnifique, ne la lui put refuser; mais on oublia à lui donner le couvercle qui valoit mieux que la coupe. Brusquet dit au comte : « Monseigneur, nous sommes en un climat beaucoup plus « froid que le vostre; si la coupe que vous m'avez donnée, n'a son « couvercle pour la couvrir, il est à craindre qu'elle ne s'en trouve « mal. » Le comte qui vouloit montrer sa libéralité, lui fit bailler aussi le couvercle... »

et luy fit beacoup de biens; des quels ne se contentant encore, un jour d'un grand festin qu'il fit, où estoit Madame de Lorraine, et force dames et seigneurs qui estoient là tous conviés pour la solemnité du jurement de la paix, ainsy qu'on estoit sur la fin du fruict et qu'on vouloit desservir, il se vint eslancer sur la table, sans aucune apprehension de se blesser des cousteaux, et, prenant le bout de la nappe, se vint entortiller de ceste nappe, et se contournant tousjours d'un bout à l'autre, et amassant peu à peu les plats par une telle et si subtille industrie, qu'il en accumula et arma son corps; et sortant à l'autre bout de la table il s'en trouva si chargé, qu'à grand peine pouvoit il marcher, et ainsy chargé de son butin, passa la porte par le commandement du roy, qui dit qu'on le laissast sortir; riant si extresmement, et trouvant le traict si bon, plaisant et industrieux, qu'il voulust qu'il eust le tout. Et ce qui fut un cas d'estonnement, c'est qu'il ne se blessa jamais des cousteaux qui s'entortillèrent avec le reste. Aussy Dieu aide aux fols et aux enfans.

« Le roy d'Espaigne avoit pour lors un bouffon espaignol; mais il n'y entendoit rien au prix de Brusquet, et estoit un vray maigre bouffon, avec sa guitterne et son braillement de chansons à l'espaignolle, qui plaisoit fort maigrement, et ne paroissoit rien au prix de Brusquet, qui le trompoit tousjours. Le roy d'Espaigne l'envoya au roy pour luy rendre le change du sien qu'il luy avoit envoyé. Le roy le donna à Brusquet pour le gouverner, le loger et le traicter bien, ainsy qu'on voit les grands princes à la cour, venant en ambassade, estre donnés et recommandés à autres grands princes, les grands seigneurs à autres grands seigneurs, les moyens à moyens, les évesques à évesques, les prélats à prélats, les ecclésiastiques moyens à autres moyens. Aussy Brusquet, bouffon, eut charge de gouverner et entretenir l'autre bouffon ; mais il le trompoit tousjours.

« Il avoit quatre bons chevaux chez luy; mais il les faisoit courir la poste la nuict par le premier courrier qui passoit, sans que luy ni ses gens s'en advisassent, car il les faisoit bien boire et bien dormir après ; et quand il les voyoit si maigres de force de courir, il luy faisoit accroire que l'eau de la rivière de Seine les maigrissoit ainsy jusques à ce qu'ils l'eussent accoustumée deux mois, et que cela arrivoit coustumièrement à tous chevaux. Par cas, il s'en advisa un matin, s'estant levé plus tost qu'on ne pensoit, et que le postillon avoit un peu tardé ; et les voyant tout trempés, il se mit à s'escrier au dict Brusquet : *Como, cuerpo de Dios, Brusquet! mis cavallos todos son bañados y mojados. Juro à Dios que han corrido la posta* [1]. — Mais Brusquet l'apaisa, en luy disant qu'ils s'estoient couchés dans l'eau en allant boire. Bref, il le trompoit en toutes façons et tousjours.

« Mais la meilleure fut que le roy Henri lui avoit donné une fort belle chaisne d'or, qui pesoit trois cents escus. Brusquet en fit faire une toute pareille de leton,

---

[1] « Comment, corbleu, Brusquet! mes chevaux sont tout baignés et trempés. Ils ont, pardieu! couru la poste. »

et la fit bien dorer et subtilement avec trois ou quatre touches ; la change avec luy, se carrant aussy bien de la meschante que de la bonne ; et quand il partit pour s'en aller en Flandres, il escrivit une lettre au roy Philippes, bien fort plaisante, et remplie de toutes les naïfvetés qu'il avoit faict à son bouffon, que c'estoit un fat et un sot, et qu'il le fist foitter à sa cuysine pour s'estre ainsy laissé tromper de la chaisne ; et luy en conta toute l'histoire. Mais le roy Henri l'ayant sceu n'en fut trop content, cuydant qu'on pensast que luy mesmes luy eust donnée telle, pour se mocquer ; et pour ce luy commanda de la renvoyer, et radouber bien le tout : ce qu'il fit, et le roy le récompensa bien d'ailleurs. »

Les fous n'étaient pas comme le chat, qui tient pour ainsi dire à la maison : ils rentraient plutôt dans la catégorie du chien domestique, qui suit partout la piste de son maître. On ne s'étonnera donc pas de voir Brusquet figurer très-honorablement dans un coin du tableau de la pompeuse entrée de Henri II dans la ville de Rouen, en 1550.

Le roi venait de présider une séance judiciaire dans le palais du parlement de Normandie. La reine Catherine de Médicis, Marie de Lorraine, reine douairière et régente d'Écosse, veuve de Jacques V, et les dames de leur suite y avaient assisté, non sans quelque ennui, cachées *en ung théâtre ou cabinet, garny*, sur le devant, *d'un treillis d'osier pour qu'elles peussent veoir sans estre veues*. A peine le roi avait-il quitté *la salle du plaidoyer*, qu'elles y entrèrent aussitôt, et bientôt après, voilà toutes ces dames installées sur les siéges des magistrats, et la reine sur le trône d'où Henri II venait de descendre.

Brusquet n'avait rien perdu de ce qui s'était passé dans la séance royale. Heureux de l'occasion qui se présentait de prendre sa revanche sur l'avocat Martinboz qui, en plaidant devant le roi, avait contribué à l'ennui de l'auditoire, il s'élance au barreau des avocats; là, parodiant Maître Martinboz, il se met, avec l'aplomb d'un vieux praticien, à pérorer et argumenter *menu comme sel*, « plaidant plusieurs causes tant pour le demandeur que pour le deffendeur, appelant que intimé, et faisoit rage d'alléguer loix, chapitres et décisions; et lui croissoit le latin à la bouche, comme le cresson à la gueule d'un four. »

« Pensez, ajoute l'historien du parlement de Normandie, que les dames ne se faisoient faute de rire tout leur soûl, et qu'il y eut là de quoi oublier tous les ennuis passés. Aussi, après avoir oui Brusquet et souverainement jugé tous les gros points de droit par lui doctement déduits et mis en avant, allèrent-elles « se « pourmener, veoir et visiter tous le pallays; » et comme qui a bonne humeur a bon cœur, entre autres lieux, « estants en la Tournelle, et regardant du haut « des fenestres, les cours de la conciergerie, la royne « fist donner aux prisonniers la somme de cent livres. »

Le greffier en chef de la cour (avec tout le parlement peut-être) avait été témoin de cette séance bouffonne. C'est lui-même qui en consigna le souvenir dans son registre, à la suite du procès-verbal de la séance plus grave, mais moins amusante assurément, qui l'avait précédée. « Jen ay bien voulu (dit-il) faire mention ici, pour la mémoire de tel acte [1]. »

Je n'aurai plus à invoquer en faveur de Brusquet d'autorité aussi imposante que celle des registres d'un parlement. Il n'en faut pas moins continuer de recueillir les vestiges de son œuvre, partout où ils peuvent se rencontrer.

Un jour Henri était fort en peine sur le choix d'un habile capitaine pour faire le siége de la forte ville de Boulogne-sur-Mer (d'autres disent de Calais) : « Sire, dit Brusquet, qui était présent au conseil, — vous ne sauriez envoyer un plus propre et assuré personnage que certain conseiller du parlement, car il prend tout à belles mains. »

Voyant, une autre fois, des valets d'écurie bien *empêchés* à *seller* une mule qui ruait et cherchait à leur échapper : « Enfants, leur cria-t-il, plutôt que de vous opiniâtrer à pareille besogne, allez quérir le secrétaire de M. le chancelier ; il aura bientôt fait, puisqu'il *scelle* tout ce qu'on lui présente. »

Ses plaisanteries, au reste, n'étaient pas toutes sur le même ton. Un seigneur avait failli d'être tué par un des chevaux de la poste de Paris, qui lui-même s'était rompu le cou. « Foi de moi! répondit Brusquet sur les reproches qui lui étaient adressés à ce sujet : — ce fut

---

[1]. Floquet, *Histoire du parlem. de Rouen*; t. II, p. 198. — En 1837, le duc et la duchesse d'Orléans visitant le palais de justice de Rouen, M. Floquet, alors greffier en chef de la cour, leur demanda la permission de lire un extrait des registres du parlement. Cette lecture fut suivie d'un rire universel. Il est inutile d'ajouter que l'extrait se rapportait à l'audience si bien remplie par Brusquet.

la meilleure bête de mon écurie ! Je regrette qu'il soit mort ; car, vraiment, il n'a jamais fait ce tour là en toute sa vie. »

Quand les *sages* usaient souvent de plaisanteries que réprouvent nos mœurs actuelles, comment les *fous* auraient-ils pu s'en abstenir ? Il s'en trouve de ce genre au compte de Brusquet. Fallait-il les passer sous silence ? Ce livre n'étant destiné qu'à un nombre restreint de lecteurs, et, en même temps, ayant pour but de lever un coin du voile qui couvre encore l'histoire des mœurs dans le passé, nous n'avons pas cru devoir reculer devant quelques citations, malgré leur inconvenance pour le fond et pour la forme. Ici je transcris un passage des *Bigarrures* d'Étienne Tabourot : « Brusquet (les apophtègmes duquel, s'ils estoient par escript, surmonteroient en gaillardise de beaucoup ceux qui ont esté colligez par les latins), voyant qu'une dame estoit accouchée à la cour, acheta cinq ou six cens escus du palais, qu'il alla espancher parmi la rue, devant sa maison, criant : *Largesse ! largesse !* Et interrogé à quelle occasion, dit qu'il ne disoit pas largesse pour ces escus, mais largesse à cause que la nouvelle accouchée... »

Autre anecdote de même genre, conservée par l'auteur du *Moyen de parvenir* :

Brusquet venait de raconter à la reine l'histoire de ces ambassadeurs qui avaient présenté au pape chacun un plat de crème de leur pays quelque peu béotien. Un d'eux, ne voyant pas un seuil placé devant ses pieds, avait éprouvé un choc violent, qui avait eu pour effet de lui faire tremper sa barbe dans le vase découvert, et ses compagnons, persuadés que c'était par bienséance qu'il avait pris ce bain forcé, s'étaient empressés de se plonger aussi le menton dans la crème. « Et vous, Brusquet, — dit une des filles de la reine, après avoir entendu le récit du bouffon, vous n'avez pas ainsi blanchi votre barbe; mais votre mère qui était pauvre femme, vous l'a cousue de fil blanc. — Il est vrai, Mademoiselle, répliqua le malin personnage ; — (et lui montrant l'entrée de son chapeau), mais aussi votre mère vous en a laissé autant de décousu. »

« Laissant tout plein de bons tours qu'il a faits, pour estre trop communs, je vous en dirai un qui vous fera possible rire. C'est d'un conseiller du parlement de Paris, lequel ayant disné aux fauxbourgs, où Brusquet tenoit sa poste, s'adresse à luy, le priant de luy prester un de ses chevaux avec une housse, pour le conduire seulement jusques au palais, à cause qu'il se plaignoit bien fort. Brusquet, ayant perdu un procès en la cour, luy baille le meilleur de ses chevaux de poste. Le conseiller estant monté dessus, ayant sa grande robe, Brusquet fait sortir son postillon, lequel commença à corner et à poster, et le cheval du conseiller après, si bien qu'il fut impossible à ce Monsieur d'arrester son cheval qu'il ne fust à la prochaine poste : et je vous laisse à penser si Brusquet rioit à son retour, quand il le veid retourner tout à pied et tout fangeux [1]. »

Si Brusquet n'épargnait pas la magistrature, il ne

---

1. *Sérées de G. Bouchet* ; Rouen, 1635, liv. II, p. 633.

craignait pas davantage de s'attaquer à l'Église. A cet
égard, je citerai une anecdote racontée par Noel du
Fail : « Voulez-vous une moquerie qui rendit un évêque
de ce royaume, théologien pratique et expérimenté
plus en une demi-heure que s'il eût prêché cinq carê-
mes sans discontinuation et d'arrache-pied? Cet homme
de bien ne craignoit pas seulement la mort; mais aussi
se courrouçoit et passionnoit aigrement d'ouïr dire un
tel est mort, et falloit que ses serviteurs disent et est
malade, mais il se porte bien. Il estoit sur son retour de
la cour, se rafraichissant en un sien château, distant
une petite lieue de la ville où estoit son principal siège.
Brusquet, reconnu homme de singulier esprit, courant
la poste, s'avisa eslargir et prester de sa philosophie à ce
prélat. Et, descendu au chateau, fait la révérence,
gouste le vin, et conte en peu de mots ce qui s'estoit
passé en cour depuis son retour; remercie humblement
sa seigneurie ne pouvoir meshui demeurer avec lui,
pour avoir le soir à négocier en la ville, priant le maistre
d'hostel l'accommoder d'une lettre adressante au juge
pour lui fournir chevaux frais. Ce qu'estant fait, Brusquet y changea et l'adresse et le langage, contrefaisant
le seing de Monsieur le maistre, qui estoit aisé à faire
pour estre les lettres longues et gothiques, afin, dit
Érasme, se moquant aussi, que la noblesse usant de
tels longs caractères, soit vue ignorer les sciences et
disciplines, comme chose non à elle convenable. Et
arrivé qu'il fut à la ville, présenta ses lettres contrefaites
au grand vicaire, lequel, bien estonné, lut comme
Monsieur, par un désastre d'avoir esté harrassé en sa

litière, sur les chemins où autrement, venoit à l'heure présente de trespasser d'une apoplexie, sans pouvoir, ainsi que toujours il avoit souhaité, mourir avec ses bons et dévots diocésains. Et d'autant qu'il représentoit le chef de l'Église, estoit fort raisonnable, aussi qu'il en estoit prié par tous les serviteurs de la maison, venir au lendemain de grand matin avec son clergé en ordre, et cérémonies pertinentes, quérir le corps de leur bon maistre. Soudain le bruit épars en la ville, cloches de tonner, chapitre de capituler, déployer bannières, peintres aux éscussons et armoiries, menuisiers à la chapelle ardente, allumer torches, tendre la bière et cercueil épiscopal ; et Brusquet de rire et piquer par ces belles garigues de Provence. Et en cet équipage arriva la pompe funèbre et mortuaire sur les quatre heures du matin, au lieu où monsieur l'évêque dormoit à gogo et en toutes voluptés. Lequel éveillé en sursaut, et oyant chanter si dolentement, à pauses entrecoupées : *in exitu Israel de Ægypto*, appela tous ses gens, pour le secourir : se voua et donna à tout ce qu'il put de voyages, tant de çà que de là les monts, s'il en pouvoit réchaper. Puis, courbé et tremblant, vit par un treillis, au préjudice de ses vieilles persuasions et desseins, cette troupe et compagnie noire renforcer de litanies graves, hymnes désolés et tristes élégies, qui si bien résolurent et abattirent ses esprits, que l'évêché estoit vacant, n'eust esté en l'instant le jeu descouvert....[1] »

---

[1]. *Propos rustiq., baliverneries, contes et discours d'Eutrapel...*; 1842, p. 372.

Dans ses rapports avec d'autres bouffons, Brusquet n'avait pas toujours aussi beau jeu qu'avec le fou du roi d'Espagne ; mais il ne se laissait pas vaincre, même par les plus habiles. On en peut avoir la preuve d'Henri de Guise, plus tard surnommé *le Balafré*. Dans une lettre adressée à son père, le 27 avril 1557, ce prince, alors très-jeune encore, s'exprimait en ces termes :
« Brusquet a esté ce matin, à notre lever, je vous promets, plus plaisant que jamais, et Stic qui lui a fait la guerre : et si ne se feust bien contenu, il lui eut descousu ses chausses. »

Mais c'était là de la *petite guerre*; il eut à en soutenir une autre bien plus sérieuse.

Brantôme se plaît à nous montrer Brusquet aux prises avec le maréchal Strozzi. Je vais transcrire les longs détails qu'il donne à ce sujet :

« M. le mareschal de Strozze, dit-il, aymoit fort à se jouer avec Brusquet et luy faire la guerre et de bons tours ; aussy Brusquet luy rendoit bien son change, et luy en faisoit de bons.

« Le jour d'une bonne feste mondict sieur le mareschal estant comparu devant le roy, fort bien en point, et mesmes d'un beau manteau de velours noir en broderie d'argent à manches, ainsy qu'on portoit de ce temps, Brusquet, qui avoit envie de ce manteau, alla soudain faire provision en la cuysine du roy d'une lardoire et force lardons ; et ainsy qu'il entretenoit le roy, Brusquet luy larda quasy tout son manteau de ces lardons par derrière sans qu'il s'en advisast, et puis Brusquet tournant M. le mareschal par derrière vers le roy, lui dit : *Sire, ne voilà pas de belles aiguillettes d'or que M. le mareschal porte à son manteau?* — Ne faut point demander si le roy s'en mit à rire, et M. le mareschal aussy ; et sans se fascher autrement ni le frapper, car il ne frappoit jamais, et prenoit tout en jeu ce qu'il lui faisoit, mais ne faisoit que songer pour luy rendre, ne luy dict autre chose en son langage, sinon : « Va, Brus-« quet, et tu voulois avoir ce manteau : prends-le, et « va dire à mes gens qu'ils m'en portent un autre : mais « je t'assure que tu le payeras. »

« Au bout de quelques jours que Brusquet n'y pensoit pas, M. le mareschal le vint voir à son logis de la poste où il avoit esté plusieurs fois, et avoit bien veu, espié et recognu son cabinet où il mettoit sa vaisselle d'argent (car il en avoit, le gallant! force, moitié par dons qu'on luy faisoit, moitié par rapine qu'il faisoit aux princes et aux grands), et là mena avec luy un matois serrurier, si fin et habile à crochetter serrures, qu'il n'en fut jamais un tel. Il avoit esté curieux de le trouver par la ville de Paris, et l'avoit fait habiller comme un prince. Estant donc venu au logis de Brusquet, il se mit à deviser un peu avec luy, ayant embouché auparavant le dict serrurier ; et en se pourmenant dans la chambre du dit Brusquet avec luy, il fit signe au dit serrurier là où estoit le nid, et puis prit Brusquet par la main, le mena pourmener dans son jardin et voir son escuyerie, et laissa en sa chambre ses gentils hommes et des capitaines matois qu'il avoit empruntés, qui çà, qui là ; et leur ayant recommandé le jeu, il s'en alla. Les autres n'y faillirent point ; car en un tour de main le serrurier eut ouvert le cabinet, où ils prindrent ce qu'ils peurent. Et ayant poussé et resserré le cabinet fort bien, qui ne paroissoit qu'on y eust touché, sortirent les uns avec leur butin, les autres sans rien, pour accompaigner leur maistre, qui voyant que le jeu estoit bien faict, il s'en va et dict adieu à Brusquet sans vouloir prendre la collation qu'il luy présenta. Quelques jours après, le dict Brusquet vint au lever du roy, triste, morne et pensif, qui avoit descouvert son larcin, qui en fit ses plainctes au roy et à tout le monde, dont on fut bien marry. Mais M. le mareschal s'en mit à rire et à luy faire la guerre : que luy qui trompoit les autres avoit esté trompé. L'autre qui ne put jamais rire, car il estoit fort avare de nature, faisoit tousjours du marmiteux. Enfin M. le mareschal luy demanda ce qu'il luy vouloit donner, et qu'il luy feroit recouvrer ce qu'il avoit perdu ; il fit tant avec luy qu'en baillant la moitié de la vaisselle il quittoit l'autre ; mais M. le mareschal n'en retint que pour cinq cents escus, car il y en avoit pour deux mille. Il luy fit rendre tout, disant qu'il falloit donner le droit au serrurier et aux enfants de la Mathe qui avoient faict le coup : ce qu'il fit aussy tost ; et luy rendit tout son faict, fors ce qu'il donna aux Mathois qu'il avoit réservé en marché faisant. Et voylà Brusquet remis en joye jusques au rendre.

« Une autre fois, M. le mareschal estant venu au logis du roy en housse de velours, belle et riche de broderie d'argent, sur un beau coursier du Regne (cheval de Naples) qu'il n'eust pas donné pour cinq cens escus, car il en avoit tousjours de fort beaux, ainsy qu'il fut descendu, et qu'un de ses lacquays se tenoit devant la porte du logis du roy, attendant son maistre, Brusquet, sortant du Louvre, vit ce beau cheval, et alla aussy tost dire au lacquays que M. le mareschal luy mandoit d'aller querir quelque chose en son logis dont il s'estoit oublié; cependant qu'il luy laissast son cheval, et qu'il le garderoit bien. Ce lacquays ne fit point difficulté de luy donner, car il le voyoit ordinairement causer avec M. le mareschal. Cependant que le lacquays va en commission, Brusquet monte sur le cheval et le mene en son logis, luy fait couper le crin de devant aussy tost et la moitié d'une oreille, et le rend ainsi diforme, le desselle, luy oste la belle housse et l'harnois et la selle. Vient un courrier à quatre chevaux prendre la poste avec une grosse malle ; il le faict accomoder avec une selle de poste et un coussinet, charge la malle sur luy, faict bravement sa poste jusqu'à Longjumeau. Estant de retour, l'envoie en tel appareil à M. le mareschal, où estant, le postillon luy dict par le commandement de son maistre : « Monsieur, mon maistre se re- « commande à vous. Voylà vostre cheval qu'il vous « renvoye : il est fort bon pour la poste ; je le viens « d'essayer d'ici à Longjumeau ; je n'ai pas demeuré « trois quarts d'heure à faire sa poste : il vous mande « si vous luy voulez laisser pour cinquante escus, il vous « les envoyera. » — M. le mareschal voyant son cheval ainsy difforme, en eut pitié, et ne dict autre chose, si non : « Va, mene-le à ton maistre, et qu'il le garde « jusqu'au rendre. »

« Au bout de quelques jours M. le mareschal voulut aller trouver le roy en poste jusqu'à Compiegne, envoya querir vingt chevaux de poste, mandant à Brusquet qu'il les luy envoyast bons, autrement ils ne seroient pas amys, et surtout trois bons malliers. Il ne retient pour lui que sept et un mallier. Les autres qui estoient des meilleurs, les donna à quelques pauvres soldats des siens qui estoient à pied pour aller à l'armée, sans que le postillon s'en advisast, lui faisant accroire qu'ils venoient après ; et les deux bons malliers il les fit vendre à deux musniers du Pont-aux-Musniers pour porter la farine, qui les achéptèrent très volontiers, à cause du bon marché qu'on leur en fit : et quelques jours après, furent trouvés par les postillons en la rue, qui portoient de la farine. On les fit saisir par justice ; mais le procès cousta plus que ne valoient les chevaux. Quant aux autres chevaux que M. le mareschal avoit, il les mena jusques à Compiègne, tant qu'ils purent aller, et demeurèrent là outrés. Si bien que Brusquet achepta bien le cheval de M. le mareschal par telle perte ; et le tout se faisoit en riant jusqu'au rendre.

« Un autre jour, Brusquet alla prier M. le mareschal d'accord, et qu'ils fissent au moins trefves de ces jeux nuisans et d'importance, mais de legers et de nul mal, tant qu'on voudroit. Et pour en boire vin du marché, il le pria de vouloir venir un jour prendre son disner chez luy, et qu'il le traicteroit en roy ; qu'il y conviast seulement une douzaine de gallans de la cour, et qu'il leur feroit une très bonne chère. M. le mareschal ne faillit au jour compromis, et y mena son convoy. Quand ils furent arrivés, ils trouvèrent Brusquet fort empesché, qui vient au devant eux les bien recueillir, une serviette sur l'épaule, mesmes faire le maistre d'hostel. « Or, lavez les mains, Messieurs, dict-il, vous soyez les « très bien venus. Je vous vays querir à manger ; » — ce qu'il fit. Et, pour le premier service, il vous porta pour le moins, sans autre chose, une trentaine de pastés, qui petits, qui moyens, qui grands, qui tous chauds sentoient très bon ; car il les avoit faicts faire bien à propos touchant la sauce du dedans, sans y avoir espargné ny espice, ny canelle, non pas mesme du musque. Après qu'il eut assis ce premier mets, leur dict : « Or, « MM., mettez-vous à table, je vous vays querir le « reste ; et cependant vuidez-moi ces plats pour faire « place aux autres. » — Luy, estant hors de la salle, prend sa cappe et son espée, et s'en va droict au Louvre advertir le roy de son festin, et comme il avoit laissé ses gens bien estonnés à l'heure qu'il parloit. Or, dans ces pastés, aux uns il y avoit de vieilles pièces de vieux mors de brides, aux autres de vieilles sangles, aux autres de vieux contre-sanglons, aux uns de vieilles croupières, aux autres de vieux poitrails, aux uns de vieilles bossettes, aux autres des vieilles testières, aux uns de vieux pommeaux de selle, aux autres de vieux arçons ; bref, ces messieurs les pastés estoient remplis de toutes vieilles penailleries de ses chevaux de poste, les uns en petits morceaux et menusailles, les autres en grandes pièces en forme de venaison. Quand ces Messieurs furent à table, qui avoient tous grand faim, et s'attendoient à bien careler leur ventre, tous fort avidement se mirent à ouvrir ces pastés, qui fumoient et sentoient bon, et chascun le sien comme il vouloit. Je vous laisse à penser s'ils furent estonnés, quand ils virent ceste bonne viande si exquise. Encore dict-on qu'il y en eut quelques uns qui mirent quelques morceaux en la bouche de ces menusailles, pensant que ce fust quelques friandises; mais ils les ostèrent bientost, et de cracher. Enfin tous s'escrièrent : *Voicy des traits de Brusquet.* — Mais pourtant espéroient tousjours qu'après ceste baye il leur donneroit de la bonne viande. Cependant ils demandent à boire, dont on donna d'un vin le plus exquis qu'on eust sceu trouver, dans de petits verres, en façon d'ypocras, qu'ils trouvèrent si bon qu'ils en demandoient à en boire un bon coup; mais les serviteurs et postillons qui tous servoient à table avec leurs huchets, dirent que leur maistre avoit faict cela afin qu'ils dissent quel estoit le meilleur et quel ils vouloient, et qu'on en iroit querir de celuy qu'ils auroient choisy pour le meilleur. Cependant la compaignie cause et rit de ce traict; et ne voyant venir Brusquet, M. le mareschal demande où il estoit. On luy dit que le roy l'avoit envoyé querir à la haste, et qu'il avoit passé la porte. Cependant la compaignie s'enquiert si l'on n'avoit point autres choses : on leur fit response qu'on pensoit que non. Si bien qu'ils furent contraincts de se lever de table et aller à la cuisine. Ils ne trouvèrent âme vivante, et le feu tout mort, et les landiers froids comme ceux d'une confrairie. Ainsy Messieurs se résolurent et furent contraincts de desloger, de prendre leurs espées ou cappes, et aller chercher leur disner ailleurs, où ils pourroient; car il estoit plus de midy, et mouroient de faim.

« J'avois oublié que, quand le dit Brusquet porta ce premier service, il entra suivy de tous ses postillons (il en avoit plus de trente d'ordinaire), sonnans leurs huchets, comme s'ils fussent arrivés à la poste pour faire accoustrer leurs chevaux ; et, sonnans ainsy en mode de fanfare, entrèrent en magnificence. Lors aussy qu'il convia M. le mareschal avec sa trouppe, il luy dit qu'il luy feroit faire bonne chère, et n'yroit point prendre ny emprumpter rien ailleurs comme tant d'autres, sinon de ce qu'il prendroit sur luy et chez luy ; comme il leur dit vray, et leur sceut très bien remonstrer, quand il les vit devant le roy. Ce ne fut sans rire et se mocquer des festinés.

« Mais M. le mareschal qui en rioit le premier son saoul, la luy garda bonne ; car quelque temps après, il luy fit desrober un fort beau petit mullet allant à l'abreuvoir ; car il alloit tousjours attaché à la queue des autres chevaux de poste ; ce qui estoit fort aisé à faire. Aussy tost qu'il l'eust eu, aussy tost le fit accoustrer et escorcher, et en fit faire des pastés, les uns d'assiette, les autres à la sauce chaude, les autres en venaison ; et sur ce convia le dict Brusquet à venir disner avec luy l'asseurant qu'il le traiteroit bien, sans tromperie. Brusquet y va, qui avoit bonne faim, et qui mangeoit bien de son naturel ; se mit sur ce pasté d'assiette et de sauce chaude, à en manger son saoul, et puis sur celuy de venaison prétendue. Après qu'il fut bien saoul, M. le mareschal luy demanda : « Eh bien ! Brusquet, ne

« t'ay-je pas faict bonne chère ? Je ne t'ay pas trompé, « comme toy qui nous fis mourir de faim. » — Brusquet luy respondit qu'il estoit très content de luy, et qu'il n'avoit jamais mieux mangé. — « Or, lui répli- « qua M. le mareschal, veux-tu voir ce que tu as « mangé? » — Soudain il lui fait apporter la teste de son mulet sur la table, accomodée en forme d'hure de sanglier, et luy dit : « Tiens, voylà, Brusquet, la viande « que tu as mangée; tu recognois bien ceste beste ? » — Qui fut estonné ? ce fut Brusquet, dont il en rendit sur le champ si fort sa gorge, qu'il en cuyda crever, autant du mal de cœur qu'il en conceut, que du desplaisir d'avoir ainsy dévoré son pauvre petit mulet qu'il aimoit tant, et qui le menoit si doucement aux champs et à la ville et partout.

« Une autre fois la reyne eut toutes les envies du monde de voir la femme de Brusquet[1], que M. de Strozze luy avoit peincte fort laide, comme de vray elle l'estoit; et lui dit qu'elle ne l'aimeroit jamais s'il ne la luy menoit ; ce qu'il fit. Et la luy mena parée, attiffée, et accommodée ny plus ny moins comme le jour de ses nopces, avec ses cheveux ny plus ny moins respandus sous son chapperon sur ses espaules comme une espousée. Sur quoy il luy commanda de tenir toute telle mine ; et lui mesmes la tenant par la main, le mena ainsy dans le Louvre devant tout le monde, qui en creva de rire;

---

1. Selon M. d'Avannes (*Esquisses sur Navarre*, p. 189), Brusquet aurait pris femme à Evreux. Je n'en crois absolument rien. Ce détail, comme quelques autres, a été mis là uniquement pour intéresser le lecteur au petit *roman* que l'auteur a consacré à Brusquet.

car Brusquet aussy faisoit tout de mesme mine douce et affaitée d'un nouveau marié. Or, nottez qu'avant il avoit adverty la reyne que sa femme estoit si sourde qu'elle n'auroit nul plaisir de l'entretenir; mais c'estoit tout un, la reyne la vouloit voir, par la sollicitation de M. de Strozze, et parler à elle et l'entretenir de son mesnage et du traictement et de la vie de son mary. De l'autre costé, Brusquet avoit dit à sa femme que la reyne estoit sourde, et quand elle luy parleroit, qu'elle luy parlast le plus hault qu'elle pourroit, la menaçant si elle faisoit autrement. Outre cela, il l'instruisoit de mesmes de ce qu'elle diroit et feroit, quand elle seroit devant la reyne. Ne faut point doubter les instructions plaisantes qu'il luy donna, les quelles de poinct en poinct elle ensuivit très-bien; car elle estoit faicte de main de maistre. Quand donc elle fut devant la reyne, après luy avoir faict la révérence bien basse, accompaignée d'un petit minois bouffonnesque, selon la façon du mary, elle dit : *Madame la reyne, Dieu vous garde de mal !* — La reine commence à l'arraisonner et luy demander le plus hault qu'elle peut, quelle chère et comment elle se portoit. Son mary l'ayant laissée dès l'entrée de la porte, commence à parler et crier hault comme une folle : et si la reyne parloit hault, la femme encor plus ; si que la chambre en retentissoit si hault, que le bruict en resonnoit jusques à la basse-cour du Louvre.

« M. de Strozze là dessus arrivant se voulut mesler de luy parler ; mais Brusquet l'avoit advertie qu'il estoit aussy sourd, et plus que la reyne, et qu'elle ne parlast jamais à luy que fort près à l'oreille et le plus hault qu'elle pourroit. A quoy elle ne fallit à tout de poinct en poinct. Dont M. de Strozze, se doubtant des bayes accoustumées du dict Brusquet, ayant mis la teste à la fenestre, il vit en la basse cour un vallet de limier qui avoit sa trompe pendue au col. Il l'appella et luy bailla une couple d'escus pour sonner de sa trompette à l'oreille de la dicte femme, tant qu'il pourroit jusqu'à ce qu'il diroit *holà*. L'ayant donc fait entrer dans la chambre, il dit à la reyne : « Madame, ceste femme « est sourde, je m'en vays la guérir : » — et lui prend la teste, et commande audict vallet de sonner toutes chasses de cerf aux deux oreilles de la dicte dame ; ce qu'il fit. Et M. de Strozze la luy tenant par force tousjours, il y sonna tant qu'il l'estourdit si bien, et cerveau et oreilles, qu'elle demeura plus d'un mois estropiée de cerveau et de l'ouye, sans jamais entendre mot, jusqu'à ce que les médecins y portèrent remède, ce qui cousta bon. Et par ainsy, Brusquet qui avoit donné la peine aux aultres de crier si hault après sa femme sourde prétendue, il l'eut tout à trac et de mesmes à parler à elle : dont son mesnage ne s'en porta pas mieux, quand il luy commandoit quelque chose [1]. »

[1]. Brusquet n'a pas tiré cette facétie de son propre fonds; il a dû l'emprunter à un recueil des tours de Gonella, fou du prince Nicolas d'Este et de son fils Borso, duc de Ferrare ; — recueil arrangé et augmenté par Reynaldo de Mantoue, sous le titre de *Facecie del Gonella composte per maestro Francesco, dicto maestro Reynaldo de Mantua* (Bologne, 1506, in-4). On y trouve la scène de la double surdité simulée, — moins la conclusion par le cor de chasse, dont l'invention doit rester à l'honneur de Strozzi.

« Une autre fois M. de Strozze estant venu en poste à Paris la vigile de Pasques, et s'estant retiré à la desrobade en son logis au fauxbourg Sainct Germain, parce qu'il vouloit qu'on ne le vist ny qu'on le sceust en ville qu'après la feste : mais Brusquet l'ayant sceu par le moyen du postillon qui l'avoit mené, le jour de la bonne feste il va louer deux cordeliers pour ceste matinée, et leur ayant donné à chascun un bel escu, leur dit qu'il y avoit un grand gentilhomme au fauxbourg de Sainct Germain où il les meneroit, qui estoit un peu tenté du mauvais diable, si qu'il ne vouloit faire nullement ses Pasques, non pas seulement voir Dieu, ny ses ministres qui l'administroient; et pour ce, qu'ils feroient une œuvre fort charitable de l'aller visiter, luy porter et donner de l'eau beniste, et le consacrer, luy et son diable, de quelques bonnes et sainctes oraisons, suffrages et litanies. Les cordeliers s'accordent fort bien à tout cela, et marchent résolus avec Brusquet pour faire ce bon et sainct office. Et quoy que Brusquet leur eust remonstré que c'estoit un diable d'homme, et qu'ils avoient affaire encor, non avec un homme, mais avec un diable, ils respondirent qu'ils en avoient bien veu d'autres, et qu'ils ne le craignoient point. Brusquet donc, les ayant conduicts jusques à la porte de la chambre, sans aucun empeschement des serviteurs, car il les cognoissoit comme pain, et aussy qu'il leur avoit faict accroire que M. de Strozze luy avoit commandé les luy mener pour chose d'importance pour la quelle il se vouloit ayder d'eux, et aussy qu'il se sentoit attainct de quelque peché dont il se vouloit purger avec eux, et que personne n'entrast en la chambre sinon les deux cordeliers : par ainsy chacun se tint quoy, et Brusquet à la porte de la chambre. Quand ils furent donc entrés, vindrent au lict de M. de Strozze, qui lisoit en un livre. Eux, après luy avoir demandé comme il luy alloit du corps et de l'âme, il les advisa furieusement; et s'advançant sur le lict leur demanda ce qu'ils venoient faire là, et leur commanda aussy tost de vuider, car de son naturel il n'aimoit guères ces gens là. Mais eux se mirent à luy jetter force eau bénite, qu'il n'aimoit pas plus encore, et commencèrent après à faire leurs exorcismes et oraisons : à quoy M. de Strozze se voulant tourner pour prendre son espée du chevet de son lict, un cordelier s'en saisit, par l'advis de Brusquet qui leur avoit dict auparavant. Mais M. de Strozze s'estant levé et mis en place, se mit en devoir de recouvrer son espée. Il se fait un bruit, s'eslève un tintamare en la chambre, si que ses serviteurs y accoururent; et Brusquet lui mesmes le premier entre l'espée au poing avec sa main gauchère, fait du compagnon, crie : *holà, holà! secours, secours! me voici pour vous en donner.* — Et là dessus prend ses deux cordeliers et les emmène gentiment; et puis l'eau passe; et s'en va faire le conte au roy, qui ne sçavoit point la venue du dict M. de Strozze, qui la tenoit cachée. Et ainsy fut-elle publiée, ce qui ne fut sans rire. Et aussy tost fut envoyé visiter du roy, comment il se trouvoit des cordeliers, et s'ils luy avoient donné meilleure créance que devant.

« M. de Strozze, au bout de deux jours, s'en va plaindre à l'inquisiteur de la foy (qui estoit lors M. nostre maistre d'Oris [1], ou Benedicti, ou Divolet) de l'opprobre qui avoit esté faicte à Dieu, et de l'injure à luy; et mesmes pour s'ayder ainsy des ministres de Dieu et de l'esglise à s'en servir de risée, et du grand scandale qui en estoit cuydé arriver, car il avoit cuydé tuer ces gens de bien : et pour ce le prioit d'y avoir esgard, car c'estoit traict d'un hérétique (et Dieu sçait s'il se soucioit ny des cordeliers, ny de leur esglise, ny des inquisiteurs), et qu'ils en fissent raison, et qu'il s'en rendoit partie, ainsy qu'il s'en estoit plainct au roy, qui vouloit qu'on en enquist, et que le dict Brusquet fut apprehendé au corps ; ce que MM. les inquisiteurs, y allans à la bonne foy et sur le bon dire de M. de Strozze, firent ; et envoyèrent le prendre par sept ou huict sergens, et fut mené en prison, où il demeura quelques jours. On vouloit adviser à faire son procès ; mais M. de Strozze ayant le tout descouvert au roy, luy mesmes l'alla oster de prison avec un capitaine des gardes ; dont il en fut bien aisé ; car disoit-il qu'il n'eut jamais si belle peur, craignant ces messieurs les inquisiteurs plus que tous autres gens. Car, pour en parler au vray, telles gens sont dangereux, soit en bourdes ou à bon escient.

« Une autrefois, Brusquet estant allé avecques M. le cardinal de Lorraine à Rome, lorsqu'il y fut pour la rupture de la tresve [2], M. de Strozze attira un courrier

---

1. Matthieu Orry, jacobin. — V. Bèze, p. 20 et 57 de son *Hist. ecc.*, et du Cange, au mot *Inquisitores fidei*.
2. La trêve conclue le 5 février 1556 et rompue le 6 janvier 1557. En demandant au roi l'autorisation de se faire accompagner par

pour venir en poste porter les nouvelles de la mort de Brusquet, avec son testament qu'il avoit supposé et faict faux en disposant de ses biens : et prioit le roy de vouloir donner et continuer sa poste à sa femme, en ce qu'elle espousast ce courrier qui estoit à luy d'ordinaire et à son service, et non autrement. Ce que le roi accorda facilement en la faveur de mondict seigneur de Strozze. La femme ayant sceu la mort par le mesme courrier, et veu son testament, et sceu la volonté du roy sur la continuation de la poste et condition du mariage, après avoir célébré les obsèques de son mary et faict ses deuils, sollicitée de mariage par le dict courrier, se marie; et couche avec elle pour le moins un mois, et en tire d'elle de bons escus par bon contract de maryage : mais, sur ces entrefaictes, Brusquet, qu'on tenoit pour mort partout, fut bien esbahy; car il s'estoit fort bien porté en ses voyages : et bien cocu, et sachant que c'avoit esté une estrette de M. de Strozze, songea à luy rendre.

« Par quoy, un jour faict une lettre et dresse un pa-

Brusquet, dans cette circonstance, peut-être le cardinal de Lorraine voulait-il imiter le cardinal du Bellay, qui en un cas pareil, avait attaché à sa suite un autre bouffon plus fameux, François Rabelais, dont les facéties un peu hardies étaient loin d'avoir scandalisé le pape et le sacré collège.

Quoi qu'il en soit, s'il faut en croire Mélander, Brusquet eut beaucoup de peine à se décider à s'embarquer avec le cardinal de Lorraine. Celui-ci lui ayant affirmé qu'il n'y avait aucun danger pour eux, parce que la navigation devait se faire sous les auspices du Saint-Père, Brusquet aurait répondu : « J'ai souvent entendu raconter que le pape avait sous son autorité le ciel, la terre et le purgatoire, mais qu'il n'en était pas de même de la mer. Au diable donc si, pour lui, je me confie à un si capricieux élément. »

quet par la voye de l'ordinaire de Lyon, et mande à M. le cardinal Caraffe (qui l'aymoit fort et l'avoit veu à Rome et en France), comme M. de Strozze, mal content du roy, s'estoit desparty d'avecques luy si despité, qu'il avoit pris deux de ses gallères dans le port de Marseille, et s'en estoit allé pour le seur, trouver le Dragut en Alger, et là se renier et prendre le turban ; et pour ce, qu'il prist garde à luy et en advertist sa Saincteté ; car à sa partance il luy avoit ouy jurer qu'il s'en alloit prendre la ville et port d'Ostie et Civita-Vecchia, où dedans il avoit si bonne intelligence, qu'aussy tost là arrivé il les prenoit, et aussy Ancone ; et de là alloit piller l'église Nostre-Dame de Lorette, et la raser de fonds en comble ; et que devant peu il rendroit le pape bien estonné. M. le cardinal ayant eu cet advis, le confère avecques sa Saincteté ; et pour ce, en toute diligence advise à y pourveoir, se met en frais, y envoie gens et y donne ordre. Mais, après, ils sceurent qu'il n'en estoit rien, et que lors de la lettre il estoit à la prise de Calais (1558). Toutes fois nouvelles vindrent à M. de Strozze de ce que l'on avoit creu de luy en la chambre et palais du pape ; dont il n'en fit que rire et en accuser Brusquet.

« Pour fin je n'aurois jamais faict si je voulois conter les tours qui se sont passés entre eux ; car il y en a éu tant et tant qu'on n'en verroit jamais la fin. Que si M. de Strozze estoit fin et subellin, ingénieux et industrieux, Brusquet l'estoit autant en matière de gentillesse ; car il faut dire de luy que ça esté le premier homme pour la bouffonnerie qui fut jamais, ny sera, et n'en déplaise au Moret de Florence, fust pour le parler, fust pour le geste, fust pour escrire, fust pour les inventions, bref pour tout, sans offenser ny desplaire... »

Ce fut principalement sous le règne de Henri II, que Brusquet posa les bases de sa renommée, supérieure à celle de tous ses confrères passés, présents et futurs; mais il ne resta pas au-dessous de lui-même, sous celui de François II. On en pourra juger par la grosse mystification qu'il fit, un jour, en la ville de Romorantin, à un ambassadeur, envoyé de Venise vers le nouveau roi.

Je laisse encore la parole à Brantôme, malgré l'extrême crudité de ses expressions :

« C'estoit une regle infaillible pour le dict Brusquet, dit-il, que, quand venoit quelque grand seigneur ou ambassadeur à la cour, il l'alloit voir aussy tost pour en escroquer quelques bons brins d'eux; car il estoit très sçavant en ce mestier d'escroquer. Estant donc un jour allé voir M. l'ambassadeur, car plusieurs jours avant l'avoit-il veu, il le trouva qui estoit fort malade d'une colique venteuse, et le voulant faire rire, il ne put, car le mal le pressoit. Et M. l'ambassadeur luy ayant demandé une recepte, s'il n'en sçavoit point, luy dit que pour luy il n'en sçavoit point une meilleure qu'une dont il usoit fort souvent, car il y estoit fort subject, qui estoit : quand ce mal luy tenoit, il mettoit ung doigt fort advant dans le c.., et l'autre dans la bouche, et en remuoit souvent lesdicts doigts d'un lieu en l'autre; c'est-à-dire celui du c.. dans la bouche, et celui de la bouche au c..; si que, les remuant tousjours ainsy l'espace d'une demy-heure, les vents se dissipoient et en sortoient par les deux trous qu'on ouvroit ainsy souvent. M. l'ambassadeur le creut, y voyant l'apparence; et en fit l'essay une bonne demy heure, bien à bon escient. Je ne sçay s'il en guérit, mais je le vis venir dans la chambre du roy, qui en fit le conte à tous ces princes et messieurs qui en rirent beaucoup. »

Brusquet avait joui, sans trouble, de la faveur de Henri II et de François II. Il ne fut pas aussi heureux auprès de Charles IX, qui l'avait d'abord maintenu dans ses fonctions de bouffon royal. Ce fut aux querelles de religion qu'il dut sa disgrâce, et la perte d'une bonne partie de la fortune qu'il s'était acquise. Il fut soupçonné de protestantisme, et on l'accusa d'avoir soustrait, pour favoriser son parti, *force paquets et despesches du roy, défavorables aux huguenots*; mais, ajoute Brantôme, *ce ne fut pas tant luy comme son gendre; huguenot si jamais homme le fut*, sur qui il convenait de faire tomber l'accusation. Quoi qu'il en soit, ce fut là ce qui perdit Brusquet auprès de Charles IX et provoqua la dévastation et le pillage de sa maison aux premiers troubles de 1562. Plus tard, *le pauvre diable* fut obligé de sortir de Paris et de se réfugier successivement chez Mme de Bouillon, puis chez Mme de Valentinois, auprès desquelles il avait dû compter sur un accueil bienveillant, *en souvenance du feu roy Henri*. La première, fille de Diane de Poitiers et de Louis de Brézé, était d'ailleurs protestante. Toutefois, accoutumé à l'agitation de Paris et de la cour, il supportait impatiemment les loisirs de sa retraite forcée. Aussi ne tarda-t-il pas à essayer d'intéresser en sa faveur Strozzi, allié de la reine

Catherine et fils du maréchal. Il lui écrivit donc une lettre *très bien faicte*, qui depuis fut communiquée à Brantôme, et le supplia, *par la grande amitié que lui avoit portée son père*, d'avoir pitié de lui et de lui obtenir son pardon, *afin qu'il peust parachever le reste de ses vieux jours en paix et en repos*. Mais il ne vécut pas longtemps après. « Le chagrin, selon Dreux du Radier, n'étoit pas naturel à un homme qui avoit eu l'art de faire rire quatre rois et leur cour (Henri II, François II, Charles IX et le sérieux Philippe II). Sans doute cela prit sur son tempérament. Brusquet mourut chez Mme de Valentinois, et, suivant les apparences, au château d'Anet, près Dreux, en 1562 ou 1563. Qu'est devenue sa postérité, sa fille et son gendre ? C'est ce qu'il est peu important de savoir, et ce que l'histoire ne nous apprend point. En supposant que Brusquet eût 25 ans au camp d'Avignon, où l'armée du roi se retrancha en 1536, après la descente de l'empereur en Provence, il ne devoit pas être fort vieux en 1563... »

Les détails fournis par Dreux du Radier sont exacts, selon toute apparence ; mais les dates ne le sont pas. Comme on le verra plus loin, Brusquet était encore auprès de Charles IX en 1565. Il faut donc reculer de quelques années, et son départ et sa mort.

Brusquet, suivant le père Garasse, avait coutume de parler au roi « en le tutoyant par familiarité, à la vieille gauloise, et après lui avoir fait la grimace. »

La grimace de Brusquet nous rappelle le rechigneur ou grimacier du roi Jean.

Les gages de Brusquet, nous apprend M. Jal, étaient

de 240 livres tournois par an. Parfois aussi le bouffon recevait des vêtements. « Charles IX donna, en 1565, une grande fête, où, dans un tournoi, figurèrent presque tous les officiers grands et petits de sa maison, habillés de différentes façons pour cette circonstance; le compte de l'argentier (KK, 130) mentionne, p. 332, des « chausses de velours noir découpées à petites bandes « avec franges d'or doublées de tocque d'or, et bouil- « lonnées de taffetas noir, rayé d'or et d'argent pour « servir à Brusquet et à Batia. » Batia, ou mieux Bernard Abatia, n'était pas un fou, mais un médecin, astrologue du roi. »

Nous avons vu que les voyages tenaient Brusquet souvent éloigné de la cour. Pendant ses absences, la marotte ne restait pas en chômage auprès du trône; car Brusquet y avait un confrère également renommé pour porter avec distinction le sceptre de la bouffonnerie. Cet autre fou royal est nommé Thonin par M. Leber, qui ajoute : « Ce Thonin, figurant dans les registres de 1556, est sûrement le même que Thony, dont le nom se retrouve dans les comptes de 1569. »

M. Jal a remarqué ce bouffon pour la première fois, « dans le compte de l'argenterie du roi pour l'année 1559 (KK, 125), qui ne mentionne point Brusquet, ce qui n'a rien d'étonnant, ce fou étant valet de chambre et ayant des gages qui lui donnaient le moyen de s'entretenir, indépendamment des revenus de la poste et des sommes qu'il extorquait à ceux dont il avait su se faire craindre. — A la page 1315 du volume KK, 125,

10.

continue M. Jal, je lis : « ... Huict chemises dont y en a six pour Tony et deux pour La Farce, son gouverneur ; « — Pour une paire de chausses d'estainet noir dou-« blées de noir, pour Tony, la somme de cent sols tour-« nois ; — Trois aunes et un tiers de velours noir pour « faire un saye à Tony fol du dit seigneur ; — Pour un « feutre à quatre carres pointues pour le dit Thony. »

« Le compte de l'épargne pour 1560 (KK, 127) donne le véritable nom du gouverneur de Tony, dont le surnom était La Farce, à la page 2052, sous la date du 14 mai 1560 :

« A Guy de la Groue, nepveu de Loys de la Groue, « gouverneur de Thonin, fol du dit seigneur, la somme « de 69 livres tournois, pour les faire tenir à son oncle « au quel Sa Majesté en a fait don, pour lui aider à se « faire panser et guarir d'une maladie dont il y a long-« temps qu'il est détenu en la ville de Blois. »

Je noterai ici que le neveu du gouverneur malade devait, dès lors, remplir par intérim les mêmes fonctions auprès de Thony. Mais Louis de la Groue (d'autres ont écrit de la Proue) ne devait pas tarder à reprendre son poste. C'est ce que nous apprend l'analyse d'une pièce originale de la collection du baron de Joursanvault (1re partie du catalogue, n° 447). Voici en effet ce qu'elle porte : « Louis de la Proue, dit La Farce, gouverneur de Thonin, fou du roi, va avec le dict Thonin, trouver le duc de Lorraine de la part du roi. » (1560.)

Je rends la parole à M. Jal. « Cette même année, 1560, le roi, qui aimait apparemment beaucoup Tony, voulut avoir son portrait ; il le commanda à un bon peintre

de Blois, qui travaillait assez souvent pour lui. Celui-ci fit le portrait du fou en avril ou en mai, et on le lui paya le 8 juin, comme me l'apprend cette mention du vol. KK, 127, p. 2129 : « A Guillaume Boutelou painctre
« dudit seigneur demourant à Blois, la somme de 22 li-
« vres tournois pour avoir faict le portraict de Thony,
« fol dudit seigneur. »

« Au tournois de 1565, où nous avons vu que figure Brusquet, Tony parut aussi. Il s'y montra dans un costume à l'ancienne mode. Voici ce qu'à cet égard je lis dans le compte de l'argenterie pour 1565 (KK, 130) :
« Un quart et demi quart de velours vert pour servir à
« faire ung bonnet à la vieille françoise (à la vieille
« mode de France) pour servir à Thony. — Dix aunes
« de velours mi-parti pour servir à Thony, fol du dict
« seigneur, à luy faire grant saye traînant jusques à
« terre fait à la vieille françoise (c'était la saye ordi-
« naire au temps de Charles VI). — Deux aunes et de-
« mie de satin vert pour un pourpoint ; un tiers de ve-
« lours vert pour servir à lui faire des souliers à la vieille
« façon françoise (p. 167). — Trois paires de chausses
« d'estainet jaune, vert et rouge, faictes à la Suisse pour
« servir à Thony. » (P. 335.)

Il résulte des différents extraits qui précèdent que l'on écrivait indifféremment Thonin ou Thony. C'est ce dernier nom qui a prévalu.

Thony — (ce nom est un diminutif d'Antoine) — servit successivement Henri II, François II et Charles IX. Il est porté dans le compte de 1571, sous la qualité de *ci-devant fol du roy*, et dans celui de 1573, il est qualifié *feu fol du roy*. (Extraits des Comptes de l'épargne.) Il serait donc mort à la fin de 1572 ou au commencement de 1573, et il aurait perdu son emploi un an ou deux avant son décès. Suivant Brantôme, le roi aurait ordonné à Ronsard de faire l'épitaphe de Thoni; mais on ne la retrouve pas dans les œuvres de ce poëte.

C'est Brantôme, au chapitre : *Reprise de la vie d'Anne de Montmorency*, qui nous fournit, sur le petit fol Thony, les détails ci-après.

« Il avoit esté premièrement à feu M. d'Orléans, qui le demanda à sa mère en Picardie, près de Coussy, laquelle le lui octroya malaysement, d'autant, disoit-elle, qu'elle l'avoit voué à l'Église et le vouloit faire prestre, pour prier Dieu pour deux de ses frères qui estoient fols. L'un s'appelloit Gazan, et l'autre, dont ne me souviens pas du nom, fut à M. le cardinal de Ferrare. Et s'il vous plaist, voyez l'innocence de ceste pauvre mère, car le petit fol Thony estoit plus fol que les autres.

« Au commencement, il estoit un petit idiot, nyais et fat; mais il fut si bien appris, passé, repassé, dressé, alambiqué, raffiné et quintessencié par les nattretés, postiqueries, champisseries[1], gallanteries et friponne-

---

1. *Nattretés*, tours de vilain. Le *Roman de la Rose* dit :

> Dieu hayt avers et vilains naires
> Et les tient tous pour idolatres...

Postiqueries, tours de pages ou de laquais. *Poste* et *laquais* sont synonymes.

Champisseries, tours et pratiques de fils de femme de mauvaise vie. *Champi*, c'est comme qui dirait *né dans les champs*, à la manière d'un champignon et à l'aventure. (Buchon.)

ries de la cour, et leçons et instructions de ses gouverneurs la Farce et Guy[1], qu'il s'est faict appeler le premier fol du nom ; et, n'en desplaise à Triboulet et à Sibilot, il a esté tel que M. de Ronsard, par le commandement du roy, daigna bien employer sa plume pour faire son épitaphe, comme du plus sage personnage de France.

« Après M. d'Orléans mort, le dict Thony vint au service du roy Henri, qui l'ayma extresmement... »

Ce ne furent pas les seules bonnes grâces que *le petit fol* sut conquérir : il gagna complétement celles du connétable de Montmorency.

« Ce grand capitaine, rapporte Brantôme, avoit de grandes raisons et de beaux propos, quand il vouloit s'y mettre quelquefois, comme il faisoit, et le sçavoit faire et très bien discourir, fust à sa table ou après ; et disoit tousjours quelque bon mot joyeux, et aymoit à rire : et se plaisoit aussy bien qu'un autre aux fols qui donnoient du plaisir, jusques au petit fol Thony, qu'il aimoit naturellement, et le plus souvent le menoit disner avecques luy, et le faisoit manger sur une chaire ou escabelle devant et près de luy, et le traictoit comme un petit roy ; et si les pages et lacquais lui faisoient le moindre desplaisir du monde, il crioit plus et bien souvent les faisoit foitter : et ce petit fol estoit bien si nattre quelquefois, qu'il se plaignoit sans raison afin de

---

1. Le surnom de *la Farce*, donné à Louis de la Groue, le signale lui-même comme bouffon. D'ailleurs les *leçons et instructions* que mentionne Brantôme donnent à entendre, de leur côté, que les gouverneurs des fous ne devaient pas être étrangers à l'art de *follier*.

faire foitter les galans, dont il en rioit son saoul, car il se peut dire que jamais ne fut veu un si jolly petit fol, ny si agréable et plaisant...: M. le connestable l'aymoit pour l'amour que le roy l'aymoit, et aussy qu'il donnoit tous les plaisirs du monde; et aymoit M. le connestable, et l'appelloit son père, mais non pas tousjours; car mondict sieur le connestable disoit que, tout fol et fat qu'il estoit, il s'accommodoit, selon les saisons et le temps, aux corruptions de la cour, aussy bien qu'un autre plus habile; car, quand il voyoit quelqu'un en faveur à la cour, il le recherchoit et en faisoit cas; quand en deffaveur, il le quittoit aussy tost et tout à plat : et disoit M. le connestable l'avoir expérimenté en luy-mesme, lorsqu'il fut disgracié après la mort du roy Henry, et que c'estoit le plus fol courtisan qu'il vit jamais. Et le bon homme disoit cela en riant, et autant pour en passer son temps... »

Le souvenir de Thony est rappelé par le *Discours du vrai Mathaut, naguère retourné du purgatoire* (1616): « Je ne fus jamais Italien (y lisons-nous), encore que je sois un peu poltron, comme disoit ce bon compaynon de Thony, qu'il faut aller en Italie, pour apprendre à poltroniser. » — Notons encore que son nom joue un rôle principal dans une pièce en vers imprimée en 1589 : *Du coq à l'asne : sur les trajédies de France. Arnaud à Tony. Ensemble la response de Tony à Arnaud* (pet. in-8). — C'est là une petite plaquette qui a de la valeur pour les bibliophiles; car elle a été portée à 258 réaux, — environ 75 francs, — à la vente de M. de la Cortina.

La convenance de ne pas entrecouper les nombreux détails consacrés à Brusquet et à Thony m'a contraint de laisser dans l'ombre quelques autres bouffons des deux sexes qui jouèrent leur rôle à la cour, sous le règne de Henri II. J'y reviens ici, en m'appuyant sur les découvertes de M. Jal, à qui je laisse la parole.

« Au moment, dit-il, où Brusquet, livré par le connétable à la justice du prévôt du camp d'Avignon, fut sauvé par le dauphin, homme d'esprit qui faisait cas de la bonne plaisanterie, ce même dauphin, dont la maison n'était pas distincte alors de celle des ducs d'Orléans et d'Angoulême, avait, en commun avec ces princes, un fou, nommé Martin et dont le surnom était Le Bailli. Le compte de l'argenterie du roi pour l'année 1535 (KK. 91) contient, p. 239 verso, un article assez curieux à son sujet ; le voici dans son entier : « A ung
« fol nommé Maistre Martin, dict Le Bailli, de la mai-
« son de Messeigneurs les daulphin, ducs d'Orléans et
« d'Angoulesme, pour lui faire habillement pour son
« service, à ce qu'il soit plus honnestement habillé près
« et autour des personnes de nos dicts seigneurs, le
« tout suivant lettres patentes du roy nostre seigneur,
« données à Lyon le dix-huitiesme jour de juillet 1536 :
« dix aunes velours viollet en graine, douze chemises
« de toile de lin..., ung ordre — (parodie de l'ordre du
« roi —) doré de fin or de ducat, faicte exprès à cœurs
« lyés en las d'amour au bout de la quelle y a esté
« faicte une figure de diable de laiton doré aussi d'or
« de ducat, en lieu d'un sainct Michel, pour le service
« du dict fol porter dessus l'habillement cy-dessus...,

« deux paires de souliers de maroquin jaulne à pou-
« laines, etc... »

M. Jal continue : « Contemporaine du Bailli, vivait à la cour une folle à laquelle on avait donné le nom de Madame de Rambouillet. Le 17 janvier 1528, le roi fit compter « 20 livres 10 sols tournois pour subvenir à « ses nécessitez et affaires, à Jehanneton Guyotonne, « sœur de Madame de Rambouillet, folle. » (Menus plaisirs, KK, 100, fol. 32.)

Cathelot est une autre folle, du même temps, qui plusieurs fois changea de maîtresse à la cour. Avant 1529, elle appartenait à Marguerite de Valois, sœur de François Ier. Sous la date du 18 octobre de cette année, M. Jal a trouvé cette mention qui la concerne : « Une robbe pour la sœur de Cathelot, folle de Madame. » — Plus tard, on voit la même folle entretenue sur le fonds des dépenses attribuées à Éléonore d'Autriche, avant 1535. « Ainsi, dit M. Jal, dans un registre des dépenses de la cour pour l'année 1534. (Bibl. imp., ms. Saint-Germain, n° 22, vol. 52), je lis cette mention : « A « Françoise Girarde, gouvernante de Cathelot, folle de « la royne, la somme de neuf vingtz dix livres tour-« nois... à ce qu'elle feust plus soigneuse et curieuse « de la conduite, nourriture et bon traictement de la-« dite Cathelot, et aussi pour lui aider à s'en acquit-« ter. »

L'année suivante, on faisait faire à Cathelot un trousseau complet, et c'est vraisemblablement alors que la reine la donna à ses deux filles, Madeleine et Marguerite, — la première née le 10 août 1520, et la seconde le 5 juin

1523. — Suivant M. Jal, Cathelot ne vivait plus en 1556. Quant à ce nom, c'est un diminutif de Catherine, usité dans la Touraine et le Blaisois.

En cette même année 1556, la folle en pied à la cour était appelée La Jardinière. Le compte, à cette date, de l'argenterie de Catherine de Médicis contient plusieurs articles qui la concernent, ainsi : « une paire de souliers à doubles semelles pour servir à La Jardinière, folle d'icelle dame... » (p. 17). — La même folle continuera ses fonctions pendant le règne de François II (1559-60), et nous la retrouverons plus tard encore. « Au compte de l'argenterie du roi François II pour l'année 1559 (KK, 125), dit M. Jal, figure La Jardinière, pages 1344, 1349 et 1432. Un des achats faits pour elle, cette année, consiste en 300 peaux de « menu vair pour four-
« rer les queues de la robbe de La Jardinière, folle de
« la royne. » Cette pauvre fille, qu'on habillait si magnifiquement, avait pour gouvernante une femme nommée Charlotte Mariel (ou Marielle) que je vois nommée quelquefois dans le compte de l'épargne du roi pour l'année 1560 (KK, 127); ainsi, à la date du 17 juillet :
« A Charlotte Mariel, gouvernante de La Jardinière,
« folle de la royne, la somme de 13 liv. 16 s. pour lui
« aider à achapter une robe. » Plus loin : « A Charlotte
« Marielle..., pour lui aider à paier la pension et entre-
« tènement d'une sienne fille qu'elle tient en reli-
« gion... »

Et ce n'est peut être pas tout encore. En effet, le compte de 1458 contient cet article : « A Girard du Luc,
« chartier, la somme de 24 livres pour avoir conduit

« par pays, à la suitte de la royne, la chariotte de la
« folle de la dite dame et de sa gouvernante, ensemble
« leurs besongnes. » Je sais très-bien que cela peut
s'appliquer à La Jardinière ; mais peut-être aussi cela
désigne-t-il une autre bouffonne, Jacquette, par exemple, dont je parlerai plus loin.

François II n'avait guère eu le temps de créer de nouveaux fous. Il s'était contenté de garder ceux que lui
léguait son prédécesseur et qu'il transmit bientôt à son
héritier Charles IX.

Ce dernier roi, au contraire, ne s'en était pas tenu à
Thony et à Brusquet. Il eut encore *le greffier de Lorris*,
qui figure au compte de 1561. Ce fou était mort en 1566,
car on lit à cette date : « Le greffier de Lorris, *en son
« vivant fol du roy.* » Il eut quelque renommée dans
son temps et son nom était devenu proverbial. Il en est
souvent question dans les facéties du xvie siècle. *Le
Triomphe de l'abbaye des conards*, imprimé à Rouen en
1587, en parle encore, plus de vingt ans après sa mort :
« Les griffes du comte Huon de Bordeaux, y est-il dit,
« estiméez par le greffier de Lorris à dix-huit mille de
« quarts de ducats d'or. »

En 1566, apparaît Étienne Doynie avec le titre de fou
de Charles IX. Il succède vraisemblablement au greffier de Lorris. Puis le compte de 1567 mentionne des
Rosières, sous la même qualification, peut-être en
remplacement de Maître Étienne, qui n'aurait pas été à

la hauteur de ses fonctions, ou qui aurait encouru la disgrâce royale.

Comment se fait-il qu'un prince à qui des Rosières, Étienne Doynie, le greffier de Lorris, Brusquet et Thony avaient mission de *désopiler la rate*, comme on dit vulgairement, n'ait pas reculé devant les horreurs de la Saint-Barthélemy? Il est vrai que la reine mère, Catherine de Médicis, le tenait un peu sous sa férule ; mais elle-même n'avait-elle pas à son service des bouffonnes chargées de refouler les humeurs noires qui pouvaient assiéger son esprit?

Ces bouffonnes, nous l'avons déjà vu, étaient La Jardinière, que je retrouve mentionnée dans le compte de 1564, avec le titre de folle de la reine, et Jacquette que les comptes de 1568 désignent comme plaisante de la reine, puis ceux de 1570 à 1576, avec la qualification de folle.

Il y avait aussi, d'ailleurs, des baladins à la cour de Catherine, sans préjudice des nains, des naines, de la Turque, de la More, d'un perroquet et d'une guenon.

Je n'ai plus à revenir sur les nains et les naines, et je ne sais quelles étaient les fonctions de la Turque et de la More. Je me borne à transcrire deux articles de comptes à leur nom : 1° « 1557... A Caterine la Turque et la More un escu sol dont la reine leur a fait don pour aller à la foire Saint-Germain. » 2° « 1558... A Catherine et la More, vi sols pour payer leur confesseur et donner à celui qui les sert à table. »

Le perroquet et la guenon figurent au compte de

1558. « A un garson qui a apporté le perroquet de ladite dame (la reine) de Beauvais à Saint-Germain, v s. viii den. — Pour une quaisse à mettre la guenon de ladite dame, avec une boulle pour l'attacher, iii liv. tournois. »

Quant aux baladins, ils m'entraînent dans une nouvelle digression..., à la suite de M. Jal.

Suivant lui, ces baladins, ou balladins, comme on l'a aussi écrit, — étaient alors les danseurs de profession et les maîtres à danser. « Je ne sais, dit-il, à quelle époque précise les rois eurent, parmi leurs *officiers* ou gens ayant offices et charges dans leurs maisons, des danseurs ou baladins; je vois qu'avant 1559 cet emploi existait déjà; car les comptes de la maison du roi François II (archiv. imp. KK, 138) contiennent, sous la date de 1559, deux articles, l'un de 80 livres, l'autre de 90, attribués à « Marc Antoine, balladin, pensionnaire en la « maison du roy. » A ce moment-là, un certain Virgile Bracesque (Bracesco), italien, était titré : Baladin de Sa Majesté. Je vois dans le registre de 1559, que le 14 janvier il reçut 100 livres pour ses gages d'une demi-année. Virgile continua son office sous Charles IX, jusqu'à l'année 1572 au moins (KK, 134)... Virgile était le maître à danser de François II et de son frère... Il se maria en 1566 .. Outre son baladin..; le roi entretenait un baladin attaché à l'éducation de ses pages, et un autre qui montrait la danse à deux princes de ses parents... »

M. Jal continue autant que possible la liste des baladins de la cour, jusqu'en 1670. C'est vers ce temps que leur ancien nom se changea en celui de maître à danser, et, sous cet intitulé, il consacre à ces officiers spéciaux un second article, dans la suite de son dictionnaire.

Brusquet avait pu être abandonné à lui-même : Sibilot, le premier fou que se donna Henri III[1], dut être confié à un gouverneur. Les comptes des dépenses royales de 1580 à 1588 mentionnent, pour une pension annuelle de 20 écus, *Guy de la Groue, gouverneur ayant la charge de Sibilot.*

C'est déjà un indice peu favorable. Le nom de *Sibilot* indique, à son tour, un personnage qu'il faut classer parmi les idiots plutôt que parmi les badins.

En plusieurs lieux de France, en effet, les oisons sont appelés *sibilots*. Cette expression s'est employée aussi comme synonyme de sot. Dans cette acception, elle vient, suivant Mesnage, du fou de Henri III; mais Le Duchat prétend que c'est le fou qui l'a empruntée aux descendants des sauveurs du Capitole, « à cause de sa simplicité ou niaiserie qui tenoit de celle d'un oison. » Il serait peut-être difficile de constater si c'est le fou qui a transmis son nom au volatile ou le volatile au fou. Contentons-nous de rappeler qu'il fut donné à l'un des deux, à cause de son sifflement caractéristique, qui, en latin, se traduit par *sibilum*. On pourra d'ailleurs, si l'on veut, supposer, avec le bibliophile Jacob, que le poëte *royal* Daurat ou Dorat, qui se faisait appeler *Auratus*, et qui baptisa

---

[1]. Il était attaché à la cour dès l'année 1578, d'après les comptes de cette date.

tous ses amis à la latine, avait peut-être été le parrain du fou de Henri III.

Souvent les écrivains du XVIe siècle avaient employé le nom de Caillette pour désigner quelque personnage sans cervelle. Sibilot jouit du même privilége. Agrippa d'Aubigné appelle *petit Sibilot* M. de Candale, qui, par amour pour la duchesse de Rohan, avait embrassé le protestantisme. Il se sert encore de cette expression dans sa *Confession de Sancy*. Guillaume Bouchet, qui écrivait ses *Sérées* vers le même temps, parle d'un *plaisant Sibilot* qui, s'étant présenté de nuit à la porte de Poitiers, et ceux qui la gardaient lui ayant demandé comme il s'appelait, dit en riant qu'*il ne s'appelait*, et continua de répondre sur ce ton aux questions qu'on lui adressait.

Les auteurs de la *Satire Ménippée* ont prêté au recteur Rose (dans sa harangue aux états) une phrase où figure Sibilot et qui montre qu'un fou en titre d'office était alors considéré, pour ainsi dire, comme une partie intégrante de la royauté, un joyau principal de la couronne. Suivant l'orateur, il n'aurait *manqué au duc de Mayenne que les hoquetons et Sibilot pour être roi.*

Ce passage semblerait indiquer, d'ailleurs, que le fou royal vivait encore en 1593. Toutefois il avait cessé de vivre en 1589[1]. Dans son livre *De justa Henrici III abdi-*

---

1. Il est possible que Sibilot ait fini par une mort violente. Voici ce qu'on lit dans les extraits des comptes de dépenses de Henri III, de 1580 à 1588 : « à Massac, médecin, demeurant à Orléans, la somme de 50 escus, pour avoir esté plusieurs fois en diligence et sur chevaulx, par commandement dud. seigneur (le roi), faire pan-

catione, qui appartient à cette même année, le ligueur Boucher, en parlant de lui, emploie l'expression *nunc defunctus*.

Le même écrivain fait un portrait horrible de Sibilot, un portrait tel, que, s'il était ressemblant, il faudrait tenir ce bouffon pour un monstre de nature, au physique et au moral. Mais comment ajouter foi au témoignage d'un pamphlétaire aussi violent que le curé de Saint-Benoît? D'ailleurs le portrait qu'il donne du roi lui-même, plus affreux encore, permet de douter de la fidélité de l'autre.

Je reproduis la citation empruntée par M. Leber au texte de Boucher : « Hoc Henrici ingenium ut fuerit... ostendit nuper impurissimæ bestiæ, ac truculentissimi monstri Sibilotti spectaculum, quo cum nihil aspectu fœdius, nihil ad ebrietatem ac libidinem projectius, ad blasphemiam atrocius esset, ab hoc, si superis placet, rabiosi canis instar spumas emittente, lupi in morem ululante, oculis igneis ac furentibus, defluente ex ore sanie, scipione durissimo obvium quemque feriri ac fugari, in regiâ, in foro, in publico, effusus risu lætabatur. » — (Ce que fut ce Henri, on en peut juger par cette brute impure, par cet épouvantable monstre de Sibilot : quoiqu'il n'y ait rien de plus horrible que cet être, rien de plus enclin à l'ivrognerie et à la débauche, de plus porté à se souiller de blasphèmes, il affichait une joie bruyante en le voyant, le bâton à la main, l'écume à la

---

ser Sibillot, d'une blessure qu'il a eue. » (*Archiv. curieuses de l'hist. de France*, t. X, p. 432.) Ce payement appartient à l'année 1588.

bouche comme un chien enragé, les yeux enflammés et furieux, bavant la sanie, assaillir soit dans le palais, soit sur la place publique, et mettre en fuite tous ceux qui se présentaient à sa rencontre.)

« Eh bien! ajoute M. Lebér, le bon curé de Saint-Benoît aurait passé toutes ces fantaisies à son roi; ce qu'il ne lui pardonne pas, c'est d'avoir livré des religieuses nues comme la main, à la brutalité de ce monstre difforme, blasphémateur, ivrogne, loup, hagard, furieux, enragé : tel, en un mot, qu'a pu le faire le miroir de l'auteur. »

Il est évident que Boucher a quelque peu chargé le portrait de Sibilot. Il convient de reconnaître toutefois que ce fou était, à l'occasion, passablement agresseur ; mais alors ce n'était pas d'un bâton qu'il se faisait une arme, c'était de son sceptre professionel. Ouvrez l'*Antichoppinus*; vous y verrez, en effet, que, lorsqu'il lui prenait fantaisie de faire des siennes, il n'épargnait à personne les coups de sa marotte, si ce n'est au roi son maître, qu'il avait l'instinct de respecter.

Henri III, qui, comme le dit le bibliophile Jacob, avait tant de penchant pour les choses bizarres, extraordinaires et frivoles, qui adoptait les modes les plus extravagantes, qui s'occupait de ses chiens, de ses perroquets[1], de ses pénitents blancs et de ses mignons, plutôt

1. Ce n'était pas là toute la ménagerie destinée à distraire Henri III. Ce prince avait aussi des lions, des ours, des taureaux... Mais il ne montra pas toujours pour eux les mêmes sentiments de

que des affaires du gouvernement, — ne pouvait s'en tenir à un seul fou. Il eut donc encore une folle, la première folle de roi en France, et il fut, en outre, le premier maître couronné du brave Chicot, plus particulièrement connu sous le règne de Henri IV.

On possède un certain nombre de détails sur Mathurine, la folle que je viens de désigner. Il semblerait qu'elle avait voué sa marotte à l'Église catholique, quelquefois prise à partie par ses prédécesseurs de l'autre sexe. Quelque étrange que paraisse un pareil apostolat, l'histoire la signale, en effet, comme ayant converti plusieurs huguenots *avec ses bouffonneries*. La *Confession de Sancy* nous la montre en concurrence avec le jeune du Perron, auquel elle dispute la conversion de Bernard de Vignoles, qui s'était fait catholique pour épouser Marguerite de Balagny, veuve en secondes noces du seigneur de Montluc.

C'est au chapitre I du livre II de la Confession de Sancy que Mathurine est mise en scène avec le frère du célèbre cardinal du Perron. Ce chapitre est intitulé : « Dialogue de Mathurine et du jeune du Perron. » Il n'est pas hors de propos d'en extraire quelques passages comme

bienveillance. « Le 21ᵉ de janvier 1593, rapporte l'Estoile, le roy s'en revint au Louvre, où arrivé il fit tirer à coups d'arquebusades les lions, ours, taureaux et autres semblables qu'il souloit nourrir pour combattre avec les dogues, et ce à l'occasion d'un songe qui lui estoit advenu, par lequel luy sembla que les lions, dogues et ours le mangeroient et dévoreroient. Quelques-uns de ses serviteurs luy dirent sur ce sujet, que ce n'estoient pas ces lions ou ces animaux là qui luy en vouloient, mais les grands seigneurs du temps, qui estoient contre son estat et contre son service. »

premier élément d'appréciation pour ce qui concerne le caractère de la folle royale.

« Mathurine sortoit de faire leçon à Vignoles, chez Madame de Montluc : du Perron alloit faire la sienne ; qui changea de couleur à la veue de Mathurine, passa la main sur son front chauve, puis commença :

« DU PERRON : Et à vous, belle dame. On m'a dit que vous vous vantez partout que vous avez converti S. Marié du Mont [1].

« MATHURINE : Et qui seroit-ce donc, mon bel amy ?

« DU P. : Par ma foy, il y auroit bien de l'apparence, vous estes une belle théologienne.

« MATH. : Oui, comme s'il falloit convertir les gens par la troulogie. C'estoit du vieux temps, quand on faisoit à la pareille. Hé ! pauvre Job, te souvient-il pas qu'il me le promit la nuit, et que j'en allai donner la bonne nouvelle à ton frère, si matin, que je trouvay là la Delacour, qui sortoit de sa chambre.

« DU P. : Tout beau, Madame la galande, parlez-vous ainsi d'un tel prélat ?

« MATH. : O mon amy, cela n'empesche point la conversion, tesmoin la Chesnaye, qui pour estre venu trop matin, vit un chaperon dans les sacrées besognes de ton frère.

« DU P. : Laissons là les sottises ; car je me fascherois, en continuant propos. Je ne dis pas que S. Marie ne t'eust promis la nuit ; mais le jour précédent, j'avois précédé à l'instruction, témoin trois charges de

---

[1]. Henri Robert Aux-Epaules, baron de Sainte-Marie du Mont.

livres, qui furent portées chez Madame la marquise.

« MATH. : Et penses-tu que je ne sache pas à quel jeu vous jouastes, au lieu de disputer? Mon amy, ce fut moi qui entrai partout, et qui entray la première en familiarité avec lui ; je lui appris le pont du coil, le coil du pont : je lui mis la main à la braguette, aussi privément que je fis à toi à nostre première connoissance. Tu ne l'as accosté de deux mois après moi : pour le moins ai-je l'honneur de t'y avoir appelé, vieux pelé...

« DU P. : Par Dieu, tu es une meschante langue... Et pour toy, comment oses-tu parler, qui couches avec les laquais, pages et suisses? Tu as donné un chancre au Pont du Courlay, et à Engoulevent la vérole, enfin au baron de Vignoles, en traitant de nos conversions. Le pis est que tu es bougresse; car tu as gaigné le cheval et ta robbe de velours verd figuré, en payement du pucelage de ton petit... à M. le Grand, sans rien nommer. Tu es laide comme un diable, la tête mole comme un sibilot, tondue, puante par les aisselles, et par les pieds. Va au diable, tu me feras rendre gorge... »

Le portrait n'est pas flatté ; mais il serait possible qu'il péchât par un peu d'exagération en laid. Bientôt, toutefois, nous verrons qu'à certains égards il ne manque pas de ressemblance.

Quoi qu'il en soit, au reste, nous allons retrouver Mathurine encore mêlée à d'autres événements historiques, qui ne pouvaient manquer de sauver son nom de l'oubli.

« Lorsque Henri IV racheta sa couronne au prix d'une messe, et occupa sa capitale sans coup férir, durant la nuit du 22 mars 1594, il se rendit, après le *Te Deum*, au Louvre qu'il n'avait pas revu depuis la Saint-Barthélemy, et il rentra, les larmes aux yeux, dans cet antique palais de ses prédécesseurs, naguère encore rempli des menées incendiaires de la Ligue ; tout à coup vint à sa rencontre, sur l'escalier, la folle Mathurine, qui était restée dans le Louvre comme pour le garder à ses rois, et qui accourait avec joie pour saluer son maître; ainsi que le chien d'Ulysse dans l'*Odyssée*. Une folle de cour, voilà donc quel avait été le représentant de la royauté des Valois aux états de la Ligue[1] ! »

Un peu plus tard, au mois de décembre de la même année, nous voyons reparaître Mathurine, à l'occasion d'un autre événement marquant.

« Le mardi 27 de ce mois, comme le roi revenant de son voyage de Picardie, fust entré tout botté dans la chambre de Madame de Liancour, ayant autour de lui le comte de Soissons, le comte de S. Pol et autres seigneurs, se présentèrent à Sa Majesté pour lui baiser les mains, Messieurs de Ragni et de Montigni. Ainsi qu'il les recevoit, un jeune garçon, nommé Jean Chastel, âgé de 19 ans ou environ, fils d'un drapier de Paris, demeurant devant le palais, lequel avec la troupe s'estoit glissé dans la chambre, et avancé jusques auprès du roy, sans estre apperceu, tascha avec un couteau qu'il tenoit d'en donner dans la gorge de Sa Majesté : mais pour ce que le roy s'enclina à l'heure pour relever ces seigneurs qui lui baisoient les genoux, le coup porta

---

1. Bibliophile Jacob; *Dissert. sur les fous.*

au lieu de la gorge, à la face, sur la lèvre haute, du costé droit, et lui entama et coupa une dent. A l'instant le roy qui se sentit blessé, regardant ceux qui estoient autour de luy, et ayant advisé Mathurine sa folle, commença à dire : Au diable soit la folle, elle m'a blessé. Mais elle, le niant, courut tout aussi tost fermer la porte, et fust cause que ce petit assassin n'eschappast; le quel ayant esté saisi, puis fouillé, jetta à terre son cousteau encore tout sanglant : dont il fut contraint de confesser le fait sans autre force [1]. »

Mathurine était sur un bon pied auprès de Henri IV, ainsi qu'on en pourra juger par l'anecdote suivante, racontée par l'Estoile :

Le 19 septembre 1596, « le roy disna aux Thuileries avec Mathurine, la quelle moyennant 500 escus qu'on luy promist, fist parler au roy, encore qu'il l'eust très-expressément defendu, Mademoiselle de Planci, femme du controleur des debets, de la quelle le mari estoit appelant de la mort, pour avoir rompu les coffres de son beau-père où estoient les déniers du Roy... » Cette entrevue, ménagée par la folle, ne fut pas infructueuse. Henri IV, touché des douleurs de la suppliante, lui accorda la grâce, que déjà il avait refusée « à de bien grands seigneurs de la cour. »

Il y a quelque apparence que c'était un peu l'habitude de Henri IV de tenir la folle près de lui pendant ses repas. Du moins on pense que c'est elle que Pierre Colins, lorsqu'il alla faire hommage au monarque pour

---

1. *Journal de Henri IV*; 1732, p. 64.

la terre d'Enghien, dit avoir vue à la table royale. (*Hist. des choses les plus mémorables…*, p. 729.) Mais elle était le jouet de la valetaille à la cour comme à la ville, et les petits enfants couraient après elle dans la rue, en criant : « Aga ! Mathurine la folle ! »

Du Perron lui reproche de nombreuses vilenies, et il est assez vraisemblable que ce n'est pas sans raison.

Après la mort de Henri IV (1610), Mathurine continua de jouer, auprès de Louis XIII, le rôle de folle du logis, et nous voyons, dans le *Sommaire traité des revenus et dépense des finances de France…*, publié en 1622 par Nic-Rémond, qu'à cette époque elle figurait encore à la cour avec une pension de 1,200 livres.

Le livre si connu des *Caquets de l'accouchée*, imprimé en 1623, met en scène Mathurine la folle, et, à cette occasion, un anonyme fit paraître contre cet ouvrage une brochure intitulée : *les Essais de Mathurine*, dont le début nous la dépeint de la manière suivante :

« Quand je considère ma vie, lui fait-on dire, je la trouve assaisonnée de beaucoup d'utilitez, encore que, passant par les rues, les petits enfans clabaudent après moi : *Aga ! Mathurine la folle !* Il est vrai que je suis un peu entachée de cette maladie-là ; mes sens peuvent estre quelque petit rancés, et mon imagination tant soit peu moisie et disloquée. Cela m'est survenu des reliques d'un coup de carabine que je reçus en l'esprit à certain bâlet de caresme-prenant. Baste ! Si je suis folle, c'est à l'occasion, la quelle j'ai sceu empoigner si bravement, qu'il m'en revient tous les ans plus de vingt et treize jacobus de rente foncière, sans compter le tour du baston. Il y en a qui pensent estre d'estoffe de Milan et abiles-gens, qui sont plus sots que je ne suis beste de plus de trois demy-septiers. Considerez (s'il vous plaist) que je passe mon temps gaillardement et sans mélancholie. S'il me tourne sur l'ennuy, je vais visiter ma bonne amye, qui me fait manger de la souppe à l'hissope toute de graisse et du lard jaune comme fil d'or, et au bout de la carrière mon paillard escu, avec le : *jusqu'au revoir, Mathurine.* Mais aussi je suis toujours preste à ses commendemens et au service des gallands hommes ; paix ou guerre, à toute heure, mon harnois est en estat... »

On comprend ce que l'auteur de la brochure veut plus particulièrement faire entendre par le mot *harnois* ; mais il faut y voir encore autre chose. En effet, Mathurine était une espèce d'amazone, qui courait par les rues, armée de pied en cap. C'est à quoi fait allusion l'auteur d'une autre publication, mise également sous le nom de la folle et intitulée : *Le feu de joye de M*^{me} *Mathurine, où est contenu la grande et merveilleuse jouissance faicte sur le retour de M*^{o} *Guillaume, revenu de l'autre monde.* (Paris, 1609.) « J'ay tousjours monstré, lui fait-il dire, que j'estois une autre Pallas, que d'une main je portois la lance et l'estoc, et de l'autre l'olive... »

Dans une autre pièce dont elle est aussi l'héroïne (*La Sagesse approuvée de M*^{me} *Mathurine*; 1608, in-8º), il est également parlé de ses airs de virago :

Quelque ignorant dira : mais cela n'est pas beau,
Contre l'ordre commun, voir porter un chapeau,

Une épée, un pourpoint, fi, le fait est infâme ! —
Las ! s'il sçavoit sonder la vertu aux efforts,
Il verroit que d'un homme elle tient tout le corps,
Fors le bras seulement qu'elle tient d'une femme.

Elle porte un chapeau comme une sage donc;
Elle porte un tranchant comme une autre amazone :
Signal très-asseuré d'un esprit courageux.
Pentasilée estoit au premier Alexandre;
Mathurine au dernier sacrifie sa cendre.
Juge, lecteur, qui est la plus digne des deux.

Mathurine avait été une ennemie jurée de la Ligue : on peut supposer que c'est pendant les agitations de cette époque qu'elle prit l'habitude de l'accoutrement guerrier.

Les trois écrits que je rappelais tout à l'heure, ne sont pas les seuls qui aient été placés sous le patronage de son nom. J'en rappellerai d'autres encore, en parlant de maître Guillaume, et ici j'indique le suivant :

La cholère de Mathurine, contre les difformes réformateurs de France, S. L., 1615, pet. in-8, avec la figure de Mathurine sur le titre.

Ajoutons que l'on a appelé *Mathurinade* une sorte de satire burlesque qui avait cours alors. C'est ce que M. Édouard Fournier, dans une note de l'édition elzévirienne des Caquets de l'accouchée, a constaté, d'après le *Remerciement de la voix publique au roy pour la disgrâce de M. de la Vieuville*.

L'emploi du nom de Mathurine pour désigner les

écrits satiriques en style à la Scarron, ne semble-t-il pas donner à entendre ce que, pour le fond et pour la forme, pouvaient être ses propres facéties?

Mathurine avait cessé de vivre en 1627. L'*Apologie pour Balzac*, publiée à cette date, l'établit d'une manière précise. « En vérité, y est-il dit, c'est une estrange chose que ces grands personnages, qui ont esté nourris toute leur vie avec les perroquets et tous les singes du Louvre, et qui ne sont pas moins de la cour que n'en estoit *feu* Mathurine, et qu'en sont les nains de la reine-mère, n'aient point appris, dans les cabinets, à escrire correctement. »

Outre que ce passage nous indique approximativement l'époque de la mort de Mathurine, il montre aussi que la folle de la cour y figurait sur la même ligne que les animaux ajoutés à la domesticité de la maison du roi. Il est vrai qu'elle partage cette position avec de *grands personnages*, qui, certainement, n'en étaient pas moins fiers de l'éclat de leur blason.

Pendant bien longtemps, le souvenir de Mathurine lui survécut à la cour. Sous le ministère de Mazarin, peu s'en fallut qu'on n'eût recours à son nom pour populariser la nouvelle de l'assassinat de Monaldeschi par les ordres de Christine et pour forcer cette reine, virago comme la folle, mais de pire espèce qu'elle, de quitter Paris, dans le cas où elle n'aurait pas craint d'y venir. La révélation de cette particularité historique est due à un voyageur hollandais qui se trouvait alors en France et dont les *Mémoires*, conservés à la bibliothèque de la Haye, ont fourni quelques extraits fort intéressants à

M. Achille Jubinal, dans ses *Lettres à M. de Salvandy* (1846, in-8). Voici celui des extraits qui se rapporte à cette particularité :

« Le 5ᵉ (décembre 1657), nous apprismes que l'on avoit préparé icy (à Paris) un joly escrit pour en régaler la reine Christine, si elle y feust venue ; il devoit porter pour titre : la Métempsycose de la reine Christine. On y eust vu quantité de jolies choses, et entre autres belles âmes qu'elle avoit eues, on lui donnoit celle de Sémiramis, qui se travestissoit si bien, et qui, tantost homme, tantost femme, jouoit toujours des siennes, et surtout lorsque, faisant appeler jusques à de simples soldats pour coucher avec elle, elle les faisoit poignarder au relevé, de peur qu'ils ne s'en vantassent. La dernière âme qu'on lui donne est celle de Mathurine, cette gentille folle de la vieille cour. Mais à présent qu'elle ne viendra point, cet escrit est supprimé, monseigneur le cardinal ayant fait dire à l'auteur de la laisser en paix. Si elle fust venue, on l'auroit publié pour l'obliger à quitter un lieu où on la dépeignoit de si vives couleurs. »

Christine parut pourtant à Paris, mais elle y resta si peu de temps que, — circonstance heureuse pour la mémoire de Mathurine, — on ne crut pas devoir revenir à l'idée du pasquil qui ressuscitait la folle inoffensive dans la personne d'une reine d'un tout autre caractère.

J'ai déjà nommé *Chicot*, dont le règne, comme prince de la folie, commença sous Henri III.

Ce mot était vraisemblablement encore un sobriquet. La langue française l'a conservé avec la signification de

« reste d'arbre, — petit morceau de bois rompu, — reste d'une dent rompue. » Dans le patois gascon, *chic* signifie un objet de mince valeur ; en espagnol, *chico* veut dire petit. Le nom professionnel de Chicot semblerait donc être une allusion à sa taille exiguë ; mais nous verrons qu'il n'en était pas moins *vaillant*, ainsi que le qualifie Brantôme.

Chicot était un gentilhomme gascon, qui aurait pu vivre honorablement de son domaine. S'il faut en croire le *Perroniana*, sa mère qui lui reconnaissait plus d'esprit qu'à ses frères, avait toujours prévu qu'*il s'avancerait*. Toutefois, élevé dans la maison de Brancas-Villars, ce fut à la carrière des armes qu'il confia d'abord son avenir, et, quand il fut entré dans une voie nouvelle, comme *il aimoit beaucoup à se battre*, selon l'expression de l'historien de Thou, il persista jusqu'à la fin à se mêler activement aux événements militaires. D'ailleurs son penchant naturel était vivement soutenu par une haine implacable qu'il gardait au duc de Mayenne, *pour avoir esté battu par lui.* « Il avoit un continuel dessein de mourir ou de tuer celui-ci, dit d'Aubigné, et en recherchant cette occasion, s'estoit fait tuer entre les jambes cinq chevaux en deux ans. »

Chicot avait d'abord servi chaudement la faction de Lorraine. En 1572, il prend part aux massacres de la Saint-Barthélemy avec un de ses frères, ce capitaine Raymond, qui depuis fut tué au siége de la Rochelle, dans une escarmouche, *où il faisoit très mal et du poltron*. Brantôme nous le représente, dans cette horrible saturnale du catholicisme, aidant à briser la porte de l'appartement du comte de la Rochefoucault, que son frère, le même Raymond, allait égorger tout à l'heure, peut-être, comme le dit le bibliophile Jacob, « en représailles de quelque punition infligée à l'insolent bouffon. »

Chicot était-il dès lors engagé sous la bannière de la folie salariée? C'est fort douteux [1]. Au moins est-il certain qu'il occupa cet emploi sous le règne de Henri III. Dans un extrait des comptes de dépenses de ce roi, de 1580 à 1588, se trouve la mention suivante : « Pour sept aulnes de taffetas noir pour faire accoustrement à Chicot, bouffon du roi, XXIII l. t. [2]. »

Selon le bibliophile Jacob, Chicot « n'eut pas sans doute le *chaperon* et les insignes de cet office. » L'article de compte que je viens de signaler semblerait indiquer le contraire. Toutefois sa fréquente participation aux combats laisse entrevoir que le plus souvent, peut-être, c'était l'armure de fer qui chargeait ses épaules. Peut-être aussi n'était-ce qu'*à ses heures* qu'il payait sa dette de folie. On pourrait jusqu'à un certain point tirer cette induction des mots *bouffon quand il voulait*, appliqués par d'Aubigné à notre personnage, à moins qu'il ne faille y voir préférablement l'indication que

---

1. M. Jal, s'appuyant sur Brantôme, dit que Chicot se donna à Charles IX en 1572.

2. *Archives curieuses, de l'histoire de France*, t. X, p. 428. — Un article du compte de 1584, cité par M. Jal, porte ce qui suit : « A Chicot qui servira ordinairement, 400 livres tournois; » mais ce n'est pas comme bouffon qu'il reçoit ce traitement, c'est comme premier porte-manteau de Henri III. Là, en effet, se trouve une liste de ces officiers et Chicot y est placé en tête.

Chicot n'était pas une cervelle à l'envers, mais un *fou sage*, un badin comprenant la portée de ses saillies ; ce qu'en effet on ne peut pas contester qu'il fût.

Triste fou pour les pages accoutumés à faire les porteurs de marotte victimes de leur impitoyable malice ! Aussi voyons-nous que Henri III leur avait ménagé une compensation, en leur donnant un baladin pour les distraire[1]. Ce fut d'abord Jean-Pierre Gallin. Ce *balladin des paiges de la chambre du dit seigneur* reçoit, d'après le compte que j'ai déjà cité, « la somme de LX escus sol, en considération des services qu'il a faits tant à Sa Majesté qu'à ses prédécesseurs roys, et pour luy aider à s'en aller en la ville de Milan, dont il est natif... » A son départ, il avait pour remplaçant Francisque de la Serre, aux gages de cent livres.

Il est fait mention d'un tour de Chicot dans les *Mémoires* de Sully.

Au commencement de 1585, Henri III, qui ne s'était pas encore déclaré pour la Ligue, voyant que le duc d'Elbeuf remuait pour elle en Normandie, avait donné l'ordre à M. de Joyeuse de se diriger avec des troupes sur cette province. Celui-ci s'était arrêté à Rosny, où Sully se trouvait, et il était descendu au château, tandis que M. de Lavardin, qui l'accompagnait, avait pris son logis à l'extrémité du bourg. Dans le but de divertir la compagnie, Chicot, qui faisait partie de l'expédition, s'imagina de mander à M. de

---

1. Nous avons vu que les baladins étaient alors les maîtres de danse.

Lavardin, qu'il appelait *la folle*, que Sully, « ce diable de huguenot, s'étoit saisi de M. de Joyeuse par intelligence avec les Ligueurs. » En conséquence, il l'invitait à venir promptement avec sa troupe au secours du prisonnier. Aussitôt, voilà Lavardin qui fait armer tout son monde et qui, en toute hâte, accourt au château, où il arrive fort à propos, mais pour se voir impitoyablement plaisanté de s'être laissé duper par Chicot, faute d'avoir réfléchi que la prétendue trahison, malignement signalée par le bouffon, n'avait pas la moindre vraisemblance.

Nous retrouvons Chicot sur la scène historique en 1587, à l'occasion du festin que le duc d'Épernon donna aux capitaines des Reîtres, dans sa maison de Marsigny-les-Nonains, après qu'un traité eut été signé entre le baron de Donaw, leur chef, et ce duc, pour délivrer la Beauce de ces hôtes incommodes. Selon l'auteur du *Discours sur les faits advenus en l'an* 1587 (Paris, Bichon, 1587), Chicot aurait dit alors à Donaw « qu'il n'avoit mangé allouette en Beauce qui ne lui eût cousté un reistre ; » — paroles reproduites par Mézeray dans son Histoire de France.

L'année suivante, lorsque le duc de Guise se rend auprès du roi qui va le faire assassiner, il passe non loin du fou royal, occupé à fourbir une vieille lame sur les degrés de l'escalier : « Que fais-tu là, Chicot? » lui demanda quelqu'un de l'escorte du duc. — « Ah ! *j'aiguise!* » répondit-il. — Était-ce, comme l'ont dit des écrivains qui ne reconnaissaient pas Chicot pour fou de Henri III, un avertissement de se tenir sur ses gardes, donné au prince de Lorraine, et qui ferait croire que l'ancien acteur de la Saint-Barthélemy n'était pas encore complétement détaché du parti lorrain ? Il serait possible. Toutefois, on peut bien aussi ne voir dans l'acte de Chicot et dans sa réponse, qu'une allusion à un fait prochain, sans autre arrière-pensée que de donner, après l'événement, une haute idée de sa perspicacité.

Brantôme (*Dames galantes*, discours IV) raconte ceci à l'adresse de Chicot : « J'ay connu une grande dame de la cour qui avoit la réputation de se faire entretenir à son liseur et faiseur de leçons ; si bien que Chicot lui en fit un jour le reproche publiquement devant Sa Majesté et force autres personnes de sa cour, lui disant si elle n'avoit pas de honte de se faire entretenir (disant le mot) à un si laid et vilain masle que celuy-là, et si elle n'avoit pas l'esprit d'en choisir un plus beau. La compagnie s'en mit fort à rire et la dame à pleurer, ayant opinion que le roy lui faisoit jouer ce jeu, car il estoit coustumier de faire jouer ces esteufs. »

Une brochure, intitulée « Henri IV à Neufchâtel, » rapporte, d'après l'Estoile, quelques paroles de Chicot, dont je n'ai pas tenu note, en consultant le *Journal* du chroniqueur. C'est donc de cette brochure que je tire la citation suivante :

« Le roy (alors Henri IV) aimoit Chicot tout fol qu'il estoit et ne trouvoit rien mauvais de tout ce qu'il disoit; qui estoit cause qu'il s'esgaroit en mille folies. Quand le duc de Parme vinst pour la seconde fois en France, en cest an 1592, il (Chicot) dit au roy devant tout le monde :

« Monsieur mon ami, je vois bien que tout ce que tu
« fais ne te servira de rien à la fin, si tu ne te fais ca-
« tholique. Il faut que tu voises à Rome, et qu'estant là
« tu bougeronnes le pape, et que tout le monde le voie ;
« car autrement ils ne croiront jamais que tu sois catho-
« lique. Puis tu prendras un beau clistère d'eau bénite,
« pour achever de laver tout le reste de tes péchés. »
— Il lui dit un jour : « Penses-tu pas, Monsieur mon
« ami, que la charité que tu as à l'embrassement de ton
« royaume doit excéder toute charité chrestienne ? De
« moi, je tiens pour tout asseuré que tu donnerois à un
« besoin les huguenots et papistes aux protonotaires de
« Lucifer, et que tu fusses paisible roi de France. Aussi
« bien dit-on que vous autres rois n'avez guère de re-
« ligion qu'en aparence. » — Et une autre fois : « Pour
« mon Dieu, Monsieur mon ami, gardez-vous de tum-
« ber entre les mains des Ligueurs ; car vous pourriez
« tumber entre les mains de tel qui vous pendroit
« comme une andouille, et puis feroit escrire sur vos-
« tre potence : *A l'escu de France et de Navarre, céans à
« bon logis, pour y demeurer à jamais.* Cela est dange-
« reux pour le passage des vivres. »

En supposant qu'il l'eût osé un sage aurait-il exprimé
des pensées plus vraies ? Aussi le roi pensait-il à
lui quelquefois, comme on en trouve un exemple,
en 1594, dans le compte de l'argenterie : « Cinquante
escus en marchandises, y est-il dit, dont le roy
a faict don au cappitaine Chicot. » Mais ce devait
être le dernier témoignage de la faveur royale en sa
faveur.

Au siége de Rouen, en 1592, Chicot, passé, comme on l'a vu, au service de Henri IV, s'était inutilement acharné, auprès de son nouveau maître, à chercher une occasion de se prendre corps à corps avec son mortel ennemi le duc de Mayenne ; mais s'il ne réussit pas de ce côté, il se distingua sur un autre point par une action d'éclat, qui, toutefois, devait avoir pour lui de funestes conséquences. Pendant l'attaque, par le roi, du quartier du comte de Chaligny, de la maison de Lorraine, son ardeur ne s'était pas démentie, et, dans la déroute des ligueurs, il parvint à se rendre maître de la personne du comte lui-même, qu'il présenta bientôt à Henri IV, en lui disant : « Tiens, je te donne ce prisonnier qui est à moi. » Ces paroles ne laissèrent aucun doute au comte de Chaligny sur la qualité de celui entre les mains duquel il avait remis son épée. Furieux de l'avoir rendue à un bouffon, il la ressaisit aussitôt et en frappa celui-ci à la tête. Peut-être la violence du coup empêcha-t-elle Chicot de penser à frapper à son tour ; au moins, s'il faut en croire de Thou, retrouva-t-il toute sa présence d'esprit pour accabler son prisonnier de plaisanteries et de bons mots.

C'était rentrer dans son rôle... Mais la blessure était grave et il fallut emporter Chicot au Pont-de-l'Arche, pour lui donner les soins que réclamait sa position.

Dans la chambre où l'on avait placé le blessé, « il y avoit un soldat mourant. Le curé du lieu vint pour le confesser, mais il ne le voulut pas absoudre, parce qu'il étoit au service d'un roi huguenot. Chicot se leva du lit en furie et outragea le curé de fait et de paroles[1]. » — « Ce fut là, dit le bibliophile Jacob, son dernier acte de bouffon et de royaliste. » En effet, il ne tarda pas à mourir. Quand il expira, il y avait quinze jours qu'il avait reçu son coup d'épée.

Les auteurs de la *Satire Ménippée* font allusion à l'événement qui priva Henri IV de son fou, lorsqu'ils disent : « Haut et puissant comte de Chaligny, qui avez cet honneur d'avoir M. le lieutenant (Mayenne) pour cadet, prenez votre place, et ne craignez plus Chicot, qui est mort. »

Une circonstance qu'il importe de noter dans la vie de Chicot, c'est qu'il s'enrichit à dire aux grands leurs vérités. Les écrivains de son temps s'accordent tous à le représenter comme un homme d'esprit ayant son franc parler avec tout le monde.

Chicot, après sa mort, a servi de manteau à un écrivain qui ne voulait pas se nommer. Ainsi on publia sous son nom : «Les paraboles de Cicquot, en forme d'advis, sur l'estat du roy de Navarre : *Paris, jouxte la copie imprimée à Lyon*, 1593, pet. in-8 ; » — facétie politique assez rare contre Henri IV et sa religion.

Son nom de fou y est accompagné du prénom de Jean.

Le nom du bouffon royal avait déjà figuré au bas d'un autre écrit contre Henri III. Dans l'*Advertissement et premières escritures du procès contre Henri de Valois* (pour raison de l'assassinat du duc et du cardinal de

---

1. Note de Dupuy, dans la *Satyre Ménippée*.

Guise) : 1589, — le *Mémoire* est signé : *Cicquot*, tandis que le préambule a pour signature : *Pierre du Four l'Evesque*[1].

Celui-ci ne portait pas la marotte de bouffon officiel : c'était un fou qui courait les rues de Paris et servait de plastron aux laquais et aux enfants. On retrouve son nom, employé comme pseudonyme, en tête de la pièce suivante : « Mémoire à ceux qui vont aux estats, par M. Pierre du Four l'Evesque. 1588. » Dans le même temps, un autre idiot, nommé Michon, joua le même rôle que ce dernier.

Alexandre Dumas a fait intervenir Chicot dans deux de ses romans.

Un coup d'épée avait privé Henri IV de son premier fou ; un coup de hallebarde devait lui en donner un autre.

Celui-ci, d'abord apothicaire à Louviers, se nommait Guillaume Marchand ou Le Marchand[2]. Pour se distraire des ennuis de l'officine, il avait pris plaisir à meubler son esprit des facéties entassées dans *les Évangiles des Quenoilles*, recueil du XIVe siècle, qui avait repris une

---

1. Il est à remarquer que cet *Advertissement*, qui n'est rien autre chose qu'une satire, a été réimprimé, par les soins de Le Duchat, comme une pièce sérieuse du procès contre les assassins du duc de Guise.

2. Dans le *Perroniana*, son nom est écrit Le Marchand. — Dans le *Voyage de maistre Guillaume en l'autre monde*, on lui prête, sur son compte, les paroles suivantes : « Maistre Guillaume, marchand de Louvier, fils de maistre Guillaume Marchand, apoticaire cent ans devant la création des terres réformées... » (P. 9.)

nouvelle vogue dans le XVIᵉ. — Chaud partisan de la Ligue, il avait aussi recherché souvent les occasions d'entendre ses prédicateurs, Rose, le petit Feuillant, Feuardent, et leurs sermons, moins trivialement comiques que ceux des Maillard et des Ménot, mais encore plus bizarres, avaient ajouté à son premier fonds une nouvelle dose de richesse baroque, et, de plus, quelque disposition aux excentricités du mysticisme. Tout cela, jeté pêle-mêle dans une tête naturellement légère, en avait fait un quasi-visionnaire, et, en même temps, un jovial compagnon, une espèce de *boute-en-train*, fort en renom parmi ses compatriotes.

Lorsque la ville de Louviers fut prise sur les ligueurs en 1591, Marchand reçut à la tête un coup de hallebarde qui lui lésa le cerveau et rendit sa raison plus fragile qu'elle ne l'avait jamais été. *On le donna alors au jeune cardinal de Bourbon, qui s'en divertissoit, ainsi que les personnes qui venoient chez lui.* C'est vraisemblablement à la mort de ce prince, en 1594, qu'il passa au service d'Henri IV [1] et qu'il reçut la survivance de Chicot. Pour le décider à occuper ce poste, peut-être n'avait-il fallu rien de moins que l'abjuration du roi ; car il avait conservé son aversion pour les protestants, et, en mémoire des troubles que la Réforme avait entraînés en France, il ne

---

[1]. Un quatrain, composé à l'occasion de la mort du cardinal, constate que Guillaume était toujours resté à son service :

> Les Durets et maistre Guillaume
> Ont perdu leur maistre à ce coup ;
> C'est à eux de dire un sept pseaume,
> La France ne perd pas beaucoup.

se servait jamais du verbe *réformer* que dans la signification de *ruiner*.

Peut-être cette facétie politico-religieuse lui avait-elle été inspirée par l'anagramme *en congratulation de la paix de l'an* 1570, adressée par Étienne Pasquier « au roy Charles, pour monstrer combien les guerres civiles estoient détestables et que ce n'estoit toujours que *ruine*, voire en *réunissant* les villes, qui follement s'estoient distraites de son obéissance :

Qui voudra *réunir* avec *ruiner* mettre,
Il verra qu'il n'y a transport que d'une lettre,
Et qu'en réunissant vos villes ruinez,
Et qu'en les ruinant vous les réunissez :
Car dans un *réunir* le *ruiner* se treuve,
Dont vos pauvres sujets ont fait dernière épreuve. »

En arrivant à la cour, l'ancien ligueur de Louviers allait se trouver en présence de Mathurine, qui, elle, était ennemie déclarée de la Ligue. Ce pouvait être là une cause sérieuse de mésintelligence entre eux, et, par contrecoup, un empêchement à l'exercice consciencieux de leurs fonctions ; mais, sur ce point, ils montrèrent plus de sagesse qu'on eût pu en attendre, peut-être, de beaucoup de gens, beaucoup mieux partagés, à leurs propres yeux, sous le rapport de la raison. La pièce, intitulée *Le feu de joie de Mathurine*, signale que le meilleur accord ne cessa pas d'exister entre les deux dignitaires à marotte, et nous nous plaisons à rappeler cette circonstance, qui témoigne en faveur de leur caractère.

Il avait été inutile de forger pour Guillaume Marchand un sobriquet, comme pour la plupart de ses prédécesseurs. Le prénom qu'il avait convenait à son rôle; car, dit Pasquier, dans ses *Recherches de la France*, « nous avons deux noms, des quels nous baptisons en communs propos ceux qu'estimons de peu d'effet, les nommant Jean ou Guillaume. » Puis il rappela que le drapier dupé par l'avocat Patelin est mis en scène sous le nom de *Guillaume*, et il ajoute : « Dans le temps où cette farce fut composée, on se mocquoit des Guillaumes. » — Marchand *resta* donc *Guillaume comme devant*, mais exclusivement Guillaume; appellation qui fut toujours précédée, au reste, de la qualification de *Maître*, sans doute en souvenir de ses débuts dans la docte corporation (*in docto corpore*) des *Fleurant* et des *Diafoirus* de l'époque. C'est peut-être aussi à cause de son nom de famille et de sa première profession, qu'il s'intitulait *Chevalier des chiffres*.

On avait donné à Maître Guillaume pour armoiries deux flacons mi-partis, l'un de blanc, l'autre de clairet, et, pour devise : *tout est de caresme-prenant*. Il appelait le roi son ami. Continuellement en guerre avec les pages et les laquais, il prétendait qu'au rebours des hommes qui sont l'œuvre de Dieu, ils ne pouvaient, eux, être que l'œuvre du diable, et, tenant toujours sous sa robe un bâton court qu'il nommait son *oisel*, il ne se faisait faute, à l'occasion, de les assommer de coups et de crier au meurtre, comme si c'était lui que l'on frappait. Ce n'était pas seulement à la cour qu'il en advenait ainsi. Notre homme était souvent à divaguer par la ville, et là encore le même jeu se renouvelait quelquefois. Mais, dans tous les cas, c'était souvent à son désavantage que tournaient ses taquineries et celles dont on le harassait; car, en ce temps-là surtout, un homme dans la situation de maître Guillaume avait, en définitive, des chances nombreuses de payer les frais de la guerre.

S'il faut en croire le *Perroniana*, Maître Guillaume avait conservé un reste de bon sens naturel, et une certaine vivacité d'esprit. Quand on l'interrogeait malicieusement sur le compte de quelque personnage, il avait des réponses *admirables* et de certaines expressions qui lui étaient naturelles et *à lui seulement*.

Ses malices, au reste, se maintenaient dans de justes bornes. A ce sujet, voici comment s'exprime l'auteur de *la Remonstrance de Pierre du Puis sur le Reveil de Maistre Guillaume* : « Ce qu'il disoit estoit tellement environné de griblettes, d'excuses et d'exceptions que l'on ne pouvoit luy rien reprocher, si non qu'il mordoit en riant. »

Toutefois, à la cour, on ne le considérait que comme un digne successeur de Triboulet, et lorsque l'on tenait quelque propos déraisonnable en présence de Henri IV, ce prince avait coutume de renvoyer l'interlocuteur à Maître Guillaume[1], dont les facéties et les procédés, d'ailleurs, étaient souvent d'assez mauvais aloi. On en pourra juger par les exemples suivants :

Rencontrant, un jour, le pourvoyeur du cardinal

---

1. Un député de Bretagne continuant une longue harangue, malgré un premier avertissement d'abréger, Henri IV, à bout de patience, l'arrêta enfin par ces paroles : « Vous direz le reste à Maître Guillaume. » (*Diction. des mœurs des Franç.*, au mot *harangue*.)

de Bourbon, qui chevauchait, suivi d'un troupeau de moutons destinés à la maison de son maître, il l'appelle dès lors *le grand moutonnier de Colchos*, qui garde ses moutons à cheval. Ce mot a été enregistré avec soin dans le *Perroniana*; mais vaut-il cette naïveté d'un jeune berger normand, qui, fatigué de suivre journellement à pied le troupeau confié à ses soins, s'écria avec une parfaite bonhomie : « Quand donc serai-je riche, pour garder mes moutons tout à g'val ! »

Le comte de Soissons lui avait ordonné de mettre bas ses chausses devant une compagnie de dames, de s'accroupir en remuant le derrière, et... « surtout, avait ajouté le comte qui par cette grossièreté donne une triste idée de sa délicatesse et des mœurs de son temps, — surtout, sous peine du bâton, ne t'avise pas de me nommer. Si l'on te demande qui t'a appris cela, tu répondras : *c'est ma mère !* » — Maître Guillaume, on le pense bien, ne fut pas plus scrupuleux que le noble personnage. Il se met à l'œuvre, et les dames de se récrier et de l'interpeller pour connaître l'instigateur de cette impudence : C'est le comte de Soissons, » — répond-il aussitôt. — Mais l'air menaçant du comte lui rappelle le reste de la leçon : « Eh ! non, non, reprend-il avec assurance; je me trompe : c'est sa mère qui lui a appris cela ! »

On n'a pas enregistré cette double réponse de Maître Guillaume pour en faire honneur à ce qui pouvait lui rester d'esprit naturel; loin de là ! Mais ne serait-ce pas à tort ? De la part de Caillette, il eût été hors de propos d'y chercher malice ; avec Maître Guillaume, il faut y reconnaître, croyons-nous, une finesse de Normand qui fait la bête pour renvoyer impunément au comte la responsabilité de sa leçon.

Le cardinal du Perron, qui alliait un peu le rôle de bouffon à celui de prince de l'Église, se vante, dans le *Perroniana*, en parlant de Maître Guillaume, de l'avoir *fait capot*. Voici dans quelle circonstance :

Toujours sous l'empire de ses vieilles exagérations religieuses, Maître Guillaume tombait quelquefois dans des visions étranges. Un jour, il se persuada qu'il avait été dans l'arche de Noé[1] avec sa femme et ses enfants (car il était marié, dit le bibliophile Jacob, et il songeait à perpétuer son nom et sa race) : « Vous nous la baillez bonne, interrompit le cardinal. Il n'y avait dans l'arche que huit personnes : Noé, sa femme, ses trois fils et les trois femmes des fils. Vous n'étiez pas Noé ? — Certes non, » répondit maître Guillaume. — « Vous n'étiez pas sa femme ? — Je ne le pense point. — Vous n'étiez pas non plus un des fils de Noé ? — Assurément, pas davantage. — Auriez-vous été une des femmes des susdits fils ? — Je m'en souviendrais, ce me semble. — Eh bien ! reprit le cardinal, vous n'étiez pas dans l'arche, ou vous êtes une bête ; car, à l'exception des huit personnes dessus nommées, il n'y avait que des bêtes dans l'arche. » — Maître Guillaume s'arrêta indécis ; il répliqua pourtant : « Quand on

---

1. Une satire de 1631 lui fait dire « qu'il se souvient du déluge et de son grand oncle Noé, qui étoit dans l'arche, comme il se souvient de sa première chemise. » — Voy. *Couversat. de M*e *Guill. avec la princesse de Conti aux Champs Elysées.*

parle des maîtres, on passe les domestiques sous silence ; j'étais un des domestiques de Noé. » — L'expédient ne parut pas heureux et le roi l'en plaisantait quelquefois, en lui reprochant, d'ailleurs, de se laisser *déferrer* trop facilement.

Guillaume disait encore qu'il était descendu aux enfers. Il y avait combattu Pythagore ; mais, dans le détail de ses visions, il insistait principalement sur ce qui intéressait ses passions personnelles, et il *daubait* sans trop de ménagement tous ceux qui lui déplaisaient.

J'ai dit que notre bouffon avait été un assez chaud ligueur ; il paraît toutefois que ses anciennes impressions se modifièrent auprès de Henri IV. « Le vendredi 29 du mois de septembre (1606), dit l'Estoile, vinrent nouvelles de Rome que l'onziesme de ce mois le pape avoit fait huict cardinaux, *coronatorum ducenta millia indè lucratus*, dit l'avis. De ces huict il n'y en avoit point de François, dont on disoit que le roy avoit esté mal content ; mais Maistre Guillaume dit que Monsieur son bon ami s'en soucie si peu, qu'il en a trop d'un, qui ne lui fait que rompre la teste, et à ses cours de parlement, qui s'en trouvent si empeschez qu'ils n'en sçavent que faire. »

Guillaume était, d'ailleurs, un homme dont la conduite ne manquait pas absolument de dignité. Si Jacques Bonhomme lui dit : « Tu caymandes de porte en porte, de palais en palais, des seigneurs de la cour, humant l'odeur et la fumée de leurs marmites bouillantes, passant par devant leurs cuisines, des quelles tu es assez souvent chassé...; » — s'il ajoute : « J'ai plus de réputation entre les bons François, que toi avec ta casaque rouge plissée à la turquesque [1]...; » — par contre, l'auteur du *Voyage de Maistre Guillaume en l'autre monde* lui prête les paroles suivantes : « Je ne cours point en manière de beatifollerie, comme vous autres, de taverne en taverne, de maison en maison..., et comme un béatifique bourgeois de Louviers doit faire, je sers M. mon ami et Madame mamie, en esprit pacifique et en homme déifique ; je conduis au matin M. mon ami à la messe, où je ne cause comme ces personnes desbauchées qui mettent Dieu au dernier chapitre de leur mémoire ; je vais avec Madame mamie le samedi à Saint-Victor, cependant que vous courez l'aiguillette d'un costé et d'autre, cherchant diversité de ratteliers à la manière des asnes de Myrrebeau, qui ne sont contentes de la lottie d'avoine que l'on despart aux hostelleries bien réglées. »

Il paraîtrait même qu'il était quelquefois homme d'utile conseil : « Ce bon personnage, lui fait-on encore dire dans le même écrit, m'avoit autrefois connu au siége de Mommelian en Savoye, où je conseillai au comte de Brandis de penser mieux à ses affaires qu'il n'a pas fait. »

Selon Dreux du Radier, « Maître Guillaume survécut quelques années au roi, puisqu'on lui fait dire dans la *Chronique des favoris*, qu'il avoit grande envie de se venger du connétable de Luynes qui lui avoit rogné sa pension. Cela suppose qu'il vécut jusque vers l'an

---

1. Discours de M⁰ Guill. et de Jacq. Bonhomme, p. 1.

1617. Du Perron, qui en parle comme d'une personne morte, mourut lui-même en septembre 1619. « Mais la *Biographie universelle* rejette cette date, et le bibliophile Jacob ajoute : « Ce fou d'office mourut vers 1605, quoique la *Chronique des favoris*, publiée contre le connétable de Luynes vers 1624, nous montre Maître Guillaume disant au roi : « Par ma féé ! monsieur mon bon
« ami, j'aurois grande envie de lui larder les fesses (au
« connétable) à grands coups d'épingles, pour me ven-
« ger de la pension qu'il m'a rognée pour agrandir
« son beau frère de Mons. » Il ne faut tirer aucune induction de cette phrase, qui est purement épigrammatique, puisque le duc de Luynes est censé enrichir son beau-frère avec les dépouilles d'un fou. »

Est-ce bien là toutefois un jugement qui doit rester sans appel ? Nous ne le croyons, ni pour la date de 1617, ni pour celle de 1605, et M. Edouard Fournier nous fournit l'indication la plus positive à cet égard.

Voyez sa première note de la page 263 de la nouvelle édition des *Caquets de l'accouchée* : après y avoir énoncé qu'en 1622 [1] Mathurine avait encore, à la cour, maître Guillaume pour collègue en folie, il démontre l'exactitude de cette assertion, par ces quelques mots sans réplique : « Auprès de l'article qui concerne Mathurine dans le *Sommaire traité des revenus*, etc... de N. Rémond (Paris, 1622, *ad finem*), se trouve celui-ci pour les appointements de maître Guillaume, le fou en titre

---

1. C'est « en 1620 » qu'il aurait fallu dire ; car si le livre est daté de 1622, c'est du budget de 1620 qu'il s'occupe. Quoi qu'il en soit, la Chronique des favoris demeure justifiée.

d'office : « A maistre Guillaume, par les mains de Jean
« Lobeys, son gouverneur, dix-huit cents livres. »

Ainsi Guillaume avait survécu à Henri IV ; ainsi il était passé au service de Louis XIII, et il avait continué de *follier*, à la cour et à la ville, plus longtemps qu'on ne l'a cru généralement.

Ainsi encore l'état de sa cervelle ne permettait pas qu'on le laissât sans gouverneur, dans l'intérieur du palais du moins.

Maître Guillaume a été souvent nommé dans les écrits du temps. Mais son nom devait être plus particulièrement immortalisé par suite de l'emploi que l'on en a fréquemment fait, même encore après sa mort, comme pseudonyme, pour un nombre assez considérable de libelles, la plupart en style burlesque [1]. Grâce à ces écrits, le bouffon royal devint, en France, aussi populaire que Pasquin pouvait l'être à Rome. On en fit une espèce de *père Duchêne* de ce temps, et il devint par là comme « le premier instituteur de la Fronde, » ainsi que l'a fait observer le bibliophile Jacob, avec raison à certains égards.

Il n'est peut-être pas sans intérêt de grouper les pièces publiées sous le nom ou à l'occasion de Maître Guil-

---

1. On lit dans un sonnet à l'adresse de Maître Guillaume :

> Ce resveur feinct en discours lanternois,
> Nous faisant voir le tric et trac de France,
> Monstre qu'il n'est resveur qu'en apparence,
> Mais en effect un dessalé matois...

Je vois là une allusion aux brochures qu'on lui a prêtées, plutôt qu'à son esprit naturel.

laume. Voici l'indication de celles dont j'ai pu recueillir les titres[1] :

I. Catalogue ou inventaire des livres trouvés dans la bibliothèque de Maistre Guillaume. 1605, in-8.

C'est une liste de 170 écrits imaginaires, dont les titres sont autant d'épigrammes très-piquantes contre les plus grands seigneurs et les plus nobles dames de la cour de Henri IV. Exemples : « Le Livre de la libéralité écrit en lettres d'or par M. de Rosny, dédié au roi ; — l'Embrasement de Sodome et Gomore en vers françois, par le sieur de la Bourdezière, dédié à M. de Sourdis ; — les Sept livres de la chasteté faits par la Varenne, dédiés à Madame de Retz ; — les préceptes de production, autrement de maquerellage, composés par Madame de Villers, commentés par de Madame de Vitry... »

Nous avons vu, indiquée sous le nom de Maître Guillaume, « la Bibliothèque de Madame de Montpensier, » pièce satirique contre les gens de cour, publiée d'abord en 1587, réimprimée quelque temps après, avec des additions, et reproduite enfin dans le tome II du *Journal de Henri III*, p. 47, édition de 1744. C'est vraisemblablement le *Catalogue... de Maistre Guillaume* qui a provoqué cette indication erronée.

Le même *Catalogue... de Maistre Guillaume* a été

---

[1]. Si je suis parvenu à réunir un si grand nombre de numéros, je le dois au concours amical de M. Léopold Marcel, de Louviers, qui possède, dans sa bibliothèque, une bonne collection de pièces au nom de Guillaume.

réimprimé à la suite des *Aventures du baron de Féneste* (1729), avec les trois numéros suivants :

II. Remarques sur l'inventaire des livres trouvés dans la bibliothèque de Maître Guillaume.

III. Les commandements de Maistre Guillaume (en vers).

IV. Notes sur les commandements de Maître Guillaume.

Je pouvais ne pas citer ici les *Remarques* et les *Notes* qui sont postérieures aux écrits qu'elles commentent ; quant aux *Commandements*, au nombre de vingt-neuf, leur tendance est à la fois religieuse, politique et facétieuse. Voici le premier, ainsi que les deux derniers :

> Hérétique point ne seras
> De fait ni de consentement...
>
> Pages, laquais fouetter feras,
> Puisqu'ils me font tant de tourment.
>
> Maistre Guillaume tu croiras
> Et tu feras très-sagement.

V. Les cent sortes de vins de court selon le goust de Maistre Guillaume. 1605, pet. in-8 de 14 pages.

VI. La Response de Maistre Guillaume au soldat françois, faicte en présence du roy, à Fontainebleau, le huictiesme septembre mil six cent quatre. (S. l.), 1605, in-12, — et dans le II volume des *Aventures du b. de Féneste*.

La pièce, prise à partie dans cette Réponse, est : « Le Soldat françois, » par Pierre de l'Hostal, s. l., 1604, in-12.

VII. Response ou discours faict sur la Response de Maistre Guillaume... faict à Saint-Germain des Prez, ce xxvi janvier. S. l., 1605, in-12.

VIII. La Réplique modeste. Sur la Response de Maistre Guillaume au Soldat françois. Avec le jugement intervenu entre les parties. A l'honneur du roy, de la royne, du prince dauphin et de la noblesse. S. l., 1605, in-12.

IX. Appointement de querelle faict par Mathurine entre le soldat françois et maistre Guillaume. S. l., 1605, in-8.

Les quatre précédentes brochures ont été réimprimées, avec d'autres pièces, sous ce titre : « Le Soldat françois, ensemble maistre Guillaume : la Response au dit maistre Guillaume ; la Replique modeste; l'appoinctement faict par Mathurine.... ; et autres responses et discours sur le mesme sujet. Le tout reveu, corrigé et mis en meilleur ordre qu'auparavant. Avec les portraits des personnages au devant de chacun discours. S. l., 1605, in-12. »

X. La grande dispute du Soldat françois, et de maistre Guillaume, contre Mathurine. Ensemble leurs responses. Jouxte la copie imprimée à Paris, 1605, in-8.

XI. Le Lunatique à Maistre Guillaume. S. l. n. d., in-12.

« Je ne voudrois pas, lui dit l'auteur, être comme toi aux gages de Henry IV ; il n'a desjà que trop de fous à nourrir. »

XII. La victoire du soldat françois contre maistre Guillaume. S. l., 1606, in-12. — Autre édition : S. l. n. d., in-8.

XIII. Le Triomphe de Maistre Guillaume contre la victoire du soy-disant soldat françois. S. l., 1606, in-12.

XIV. L'anti-Thersite ou Response à maistre Guillaume, adressante au Roy. 1606, in-12.

XV. La Rencontre merveilleuse de Piedaigrette avec Maistre Guillaume revenant des Champs Élyzée. Traduit du Chaldéan en françois. S. l., 1606, in-12.

XVI. Avis de Maistre Guillaume à Sa Sainteté, sur le différend qui est entre elle et les Vénitiens. 1607, in-12. — Autre édition « jouxte la copie imprimée à la Rochelle, » de 24 pages.

XVII. Rencontres de maistre Guillaume en l'autre monde. Paris, 1609, in-8.

XVIII. Suite des rencontres de Maistre Guillaume en l'autre monde. *Paris, P. Ramier,* jouxte la copie ci-devant imprimée, *S. l.*, in-8; — *Paris, P. Ramier,* 1609, in-8, — et *S. l.,* 1609, in-8.

« On y trouve de très bonnes choses sur le fait des monnoyes. Le dialogue roule entre Me Guillaume et M. Turquant. » (Bibl. hist. de la France, n° 19905.)

Cet écrit a pour épigraphe les quatre vers suivants :

> L'on me fait mort,
> Mais c'est à tort ;
> Car ma folie
> Demeure en vie.

XIX. Le testament et dernière volonté de Maistre Guillaume. 1609, in-8.

XX. Les lamentables regrets de Mathurine sur la mort de Maistre Guillaume. 1609, in-8.

XXI. La Joyeuse arrivée et retour de Maistre Guillaume. 1609, in-8.

XXII. Le Retour de Maistre Guillaume. 1609, in-8.

XXIII. Le Feu de joie de Madame Mathurine, où est contenu la grande et merveilleuse jouissance faicte sur le Retour de Maistre Guillaume, revenu de l'autre monde. *Paris,* 1609, in-8.

Les cinq derniers numéros ont été réunis dans une même brochure, avec pagination suivie, chacun portant son titre particulier; mais sans titre général, 1609, pet. in-8. Ils s'y trouvent dans l'ordre ci-dessus. *Le feu de joie* commence à la page 55.

XXIV. Discours faict par Maistre Guillaume. 1609, in-8.

XXV. La Boutade de Maistre Guillaume contre les tiltres du roy d'Angleterre, qui se dit roy de France. *S. l.*, 1609, in-8.

XXVI. Apologie de l'édict des monnoyes ou Réfutation des erreurs de Maistre Guillaume et de ses adhérens. (Par Louis de Chabans, sieur du Maine.) *Paris, vefve N. Roffet*, 1610, in-8.

XXVII. L'Anti-Guillaume pour respondre au libelle d'un certain réformateur. *S. l, n. d.*, in-8.

XXVIII. Le Passe-temps de Maistre Guillaume. *S. l.*, 1611, in-8 de 10 pages.

XXIX. Les Regrets lamentables de Maistre Guillaume, sur l'assassinat du grand Henry IIII. *Lyon, C. Iardet*, 1611, in-8.

XXX. Advis de Maistre Guillaume nouvellement retourné de l'autre monde, sur le sujet de l'Anti-Coton, composé par P. D. C., c'est-à-dire Pierre du Coignet, jadis mort et depuis naguères resuscité. 1611, pet. in-8 de 67 pages.

Nous avons déjà vu les faiseurs de pasquils envoyer Maître Guillaume en l'autre monde, uniquement pour avoir occasion de revenir sur ce que nous appellerions aujourd'hui les faits accomplis. Après la mort de Henri IV, il était plus que jamais à propos de recourir à la même fiction.

XXXI. Le voyage de Maistre Guillaume en l'autre monde vers Henry-le-Grand. *Paris*, 1612, in-8 de 72 pages.

L'auteur fait dire à Guillaume : « Tout passe par l'estamine mal percée de ces personnes à riottes, de ces gens malostrus qui veulent faire les controsleurs généraux de l'assiette des maisons ; et quand, faute de matière sortable à la portée de leur cervelle, vous les voyez courir après le pauvre maistre Guillaume, comme pages mal habillés, et quand je suis absent de la compagnie, ils se ruent sur ma friperie, comme si je n'avois rien cousté à nourrir à mon ami. »

XXXII. La Maladie de Maistre Guillaume, morfondu au voyage de l'autre monde, revenant voir Monsieur son bon ami, avec une remarque extraordinaire de M. son médecin, en la pratique de sa guérison. *Paris, par Fleury Bourriquant*, 1612, in-8, — et : *Lyon*, 1612, in-8.

XXXIII. Les Estreines de Maistre Guillaume.

> Proche de ces isles lointaines
> Où les seuls bouffons sont admis,
> Je vous envoie ces estreines ;
> Faites en part à vos amis.

Imprimé à Nostre-Isle, 1712, pet. in-8.

XXXIV. La Response de Guérin à Maistre Guillaume et les resjouissances des Dieux sur les heureuses alliances de France et d'Espagne. *Paris, par J. Millot et J. de Bordeaux*, 1612, pet. in-8 de 20 pages.

Guérin était le fou de la reine Marguerite, femme de Henri IV.

XXXV. Response et réprimande de Maistre Guillaume sur la malefaçon du fléau des putains et courtisanes. *Paris, chez Abraham Lefebvre*, 1612, in-12.

XXXVI. Le Resveil de Maistre Guillaume, aux bruits de

ce temps. S. l., 1614, pet. in-8, — et trois autres éditions avec la même date.

XXXVII. La Remonstrance de Pierre du Puys sur le Resveil de Maistre Guillaume. *Paris, P. Bardin, 1614, in-8.*

Pierre du Puits était un fou qui courait les rues comme Guillaume et Mathurine, mais sans avoir de titre officiel. La *Remonstrance* le représente comme ayant « l'esprit relevé jusques en l'antichambre du troisième degré de la lune. » Bruscambille, dans ses *Paradoxes* (Paris, 1622) l'appelle « M⁰ Pierre du Puy, archifol en robe longue, » et, selon Desmarais (*Défense du poëme épique*), il aimait à se montrer portant un vieux chapeau au pied gauche en guise de soulier. — On retrouve le nom de Pierre du Puis (avec celui de Turlupin) à la fin du *Tocsin des filles d'amour* (Paris, 1618), et sur le titre de cette pièce : *Le passetemps de P. du Puis sur la deffaicte de la Coyonnerie* (Paris, Jos. Bouillerot, 1647).

XXXVIII. Satyre de Maistre Guillaume (en vers). *S. l.*, 1614, pet. in-8 de 14 pages.

Dans le *Recueil A, B..., Z* (Paris, 1745, 24 t. en 12 vol. in-12), on retrouve (t. Q, p. 207) cette même pièce avec le titre suivant : « Satire de Maître Guillaume contre ceux qui déclamaient contre le gouvernement en 1614. »

XXXIX. La Consolation des malcontents, par Maistre Guillaume. Dédié au roy son amy. *Jouxte la copie imprimée à Paris, par P. Menié,* 1614, in-8.

XL. Sentence arbitrale de Maistre Guillaume sur les différends qui courent. 1614, in-8 de 5 pages.

XLI. La nouvelle lune de Maistre Guillaume sur l'heureux retour de Messeigneurs les princes. 1614, in-8 de 14 pages.

XLII. Magistri Guilelmi ad Adrianum Behotium, canonicum ecclesiæ rothomagensis, cousinum suum, de suo censura contra animadversiones Dionysii Bouthillerii ad regulam *de infirmis resignantibus*, admonitio macaronica. *Lutetiæ*, 1614, in-8.

XLIII. Extaze propinatoire de Maistre Guillaume, en l'honneur du Caresme-prenant. (En vers.) *Paris, s. d.*, in-8.

XLIV. Almanach des abusés de ce temps, composé et diligemment calculé par le scientifique docteur Maistre Guillaume; avec la pronostication de Maistre Gounin. *Paris, N. Alexandre*, 1615, in-8.

XLIV bis. Discours de Maistre Guillaume et de Jacques Bonhomme, paysan, sur la deffaicte de 35 poules et le coq, faite en un souper par trois soldats. 1614, in-8 de 9 pages.

XLV. Advis de Maistre Guillaume sur la prétendue souveraineté du Pape en ce royaume. (En vers). 1615, in-8 de 7 pages.

XLVI. Les articles des cayers généraux de France présentés par Maistre Guillaume aux Estats. (En vers.) 1615, in-8 de 15 pages.

Pièce satirique contre les trois états et les dames.

XLVII. Lettre de Guillaume-sans-Peur aux desbendez de la cour. 1615, in-8 de 14 pages.

Contre les détracteurs du gouvernement et en faveur de l'alliance avec l'Espagne.

XLVIII. Lettre de Maistre Guillaume envoyée de l'autre monde aux princes retirés de la cour. *Paris, J. Millot*, 1615, in-8.

Le prétendu Guillaume les invite à la paix.

13.

XLIX. L'alphabet moral de maistre Guillaume, aux François, pour leur servir d'instruction au temps qui court. (En vers.) 1616, in-8.

L. Maistre Guillaume au marquis d'Ancre. 1616, in-8 de 14 pages.

LI. Pasquil ou Coq-à-l'asne de Maistre Guillaume pour balleier les ordures de ce temps. (En vers). 1616, in-8.

LII. Le Retour de la paix ou dialogue sur la mort du Mareschal (d'Ancre). 1617, in-8.

Au-devant de cette pièce est une méchante planche où Maître Guillaume est représenté coiffé d'une barette et vêtu d'une robe qui ne descend qu'aux genoux. — Dans le catalogue Aug. Veinant (IIe partie, n° 897), le titre de la pièce est plus développé, et le lieu ainsi que l'imprimeur sont indiqués : *Rouen, D. Geuffroy.*

LIII. La lettre de Maistre Guillaume envoyée à MM. les Parisiens (sur la mort du maréchal d'Ancre). *Paris, E. Perrin*, 1617, in-8, — et *Lyon, prins sur la copie imprimée à Paris*, 1617, in-8. — 12 pages.

C'est par cette pièce que l'on sait que Guillaume était marié ; du moins l'auteur lui met dans la bouche quelques paroles concernant sa femme.

LIV. Le Grand triomphe de Maistre Guillaume sur les affaires de ce temps. *Rouen, J. Besongne*, 1617, in-8.

LV. Le Voyage de Maistre Guillaume touchant le marquis d'Ancre. *Paris, par J. Sara*, 1617, in-8, — et *Lyon, prins sur la copie imprimée à Paris*, 1617, in-8.

LVI. La Descente du marquis d'Ancre aux enfers, son combat et sa rencontre avec Maistre Guillaume. *Paris, Abraham Saugrain*, 1617, in-8 de 7 pages.

LVII. La Guerre de Charon et Misoquin, voulant passer

l'Achéron par force; le secours que lui presta Briseloix ou la Paulette. Rapporté par Maistre Guillaume. *Paris, par A. Cheriot,* 1618, in-8.

LVIII. Les Obsèques et funérailles de Maistre Guillaume, ensemble le desbat intervenu en ses pompes funèbres, faites le troisiesme jour d'octobre 1618, en l'église Sainct-Germain de l'Auxerrois : le tout recueilli par le baron de Fœneste. *Paris, J. Chemin,* 1618, in-8.

Ces funérailles de notre fou ne sont encore qu'une fiction.

LIX. Le Resveil de Maistre Guillaume ; avec sa remonstrance aux séditieux. *Paris,* 1619, in-8. — *Paris,* 1620, in-8. — *Lyon, jouxte la copie imprimée à Paris,* in-8.

LX. La Rencontre de Maistre Guillaume et un messager de fortune, parlant des affaires de ce temps. S. l., 1620, in-8.

LXI. Les Bigarrures de Maistre Guillaume envoyées à Madame Mathurine, sur le temps qui court. (En vers.) 1620, in-8 de 16 pages.

LXII. Le Pétard d'éloquence de Maistre Guillaume le jeune. A MM. Les rebelles de la Rochelle..., 1621, in-8 de 23 pages, — et *Montauban, par J. d'Olivier, s. d.,* in-8.

On y fait dire à Guillaume le jeune : « feu mon père, M. Maistre Guillaume le vieux... ».

LXIII. Discours nouveau de la grande science des femmes, trouvé dans un des sabots de maistre Guillaume. 1622, in-8.

L'Estoile, dans son *Journal,* mentionne cette pièce sous la date du 13 mars 1607 ; ce qui indique une édition antérieure à celle de 1622.

LXIV. Le Tableau des ambitieux de la cour nouvellement tracé du pinceau de vérité, par Maistre Guillaume à son retour de l'autre monde (en vers). 1622, in-8

Cette pièce n'est pas autre chose que la première satire de l'*Espadon satyrique* par le sieur d'Esternod.

LXV. Révélation de Maistre Guillaume, estant une nuict au grand couvent des Cordeliers de Paris. Paris, s. d. (1622), in-8.

LXVI. Songe de Maistre Guillaume ; avec un récit général de tout ce qui s'est passé dans Montauban. S. l., 1622, in-8.

La Bibliothèque historique de la France, n° 21459, mentionne ces deux dernières pièces sous le même titre : « Songe et révélation de Maître Guillaume; in-8. »

LXVII. Le Repentir du sieur de Vatham, avec la lanterne de Maistre Guillaume, qu'il a apporté des régions de la lune par laquelle il conduit les fols au bon chemin. *Paris, Fleury Bourriquant, s. d.*, in-8 de 16 pages.

LXVIII. Le Retour du dernier voyage de Maistre Guillaume de l'autre monde, ce qui s'y est passé durant son séjour, les mémoires au vray qu'il en a rapportés, et les rencontres qu'il a faites à son arrivée à Paris. S. l., 1623, in-8, — et s. l., 1624, in-8.

LXIX. La Métempsycose, ou seconde vie de maistre Guillaume au monde; avec l'intrade, ou première partie de ses visions. Dédié au Roy. S. l., 1625, in-8.

LXX. Advis de Maistre Guillaume nouvellement retourné de l'autre monde, jadis mort et depuis naguères resuscité. 1631, in-8.

LXXI. Conversation de Maistre Guillaume avec la princesse de Conty, aux Champs-Élysées, envoyée à Mlle Salvage, femme de chambre de la reine, mère du Roy, par Maistre Phelipe, gouverneur de Maistre Guillaume. *Paris, par J. Maillet*, 1631, in-4 de 116 pages.

Cette pièce, qui a eu une autre édition, a été attribuée à Mathieu de Morgues.

LXXII. Rencontre de Maistre Guillaume avec le mareschal d'Effiat. 1632, in-8.

Ajoutons, pour terminer, que c'est encore sous le nom de Maître Guillaume, que Régnier fit d'abord courir sa XIV⁰ satire. Plus que jamais c'est le cas de dire que l'on faisait trop d'honneur à l'ex-apothicaire de la ville de Louviers.

Au reste, sinon comme auteur, du moins comme vendeur, — Guillaume n'était pas étranger à ces publications. Lui-même, moyennant finance, en distribua un certain nombre sur le Pont-Neuf. Toutes celles qui parurent de son vivant, ne se répandirent pas assurément par ses mains; mais on sait qu'il en fut ainsi pour un certain nombre. C'est ce que nous apprend l'Estoile, dans son *Journal*, à la date du 16 septembre 1606 : « J'ai baillé ce jour à Maistre Guillaume, dit-il, de cinq bouffonneries de sa façon, qu'il portoit et distribuoit lui-mesme, cinq sols, qui ne valent pas cinq deniers, mais qui m'ont fait plus rire que dix sols ne valent [1]. »

L'Estoile ne peut se tromper sur le rôle de notre bouffon comme *vendeur*; mais ne serait-ce pas à tort qu'il le signale comme *auteur* des brochures qu'il débitait? Parmi celles que j'ai rencontrées, il n'en est pas une où je ne crois avoir remarqué le cachet d'une origine étrangère. Ce ne serait pas, j'en conviens, un motif pour que toutes fussent dans le même cas. Quoi

---

[1]. Les deux éditions du Journal de l'Estoile que j'ai consultées ne contiennent pas cette indication. Si je ne me trompe, je l'ai prise dans un des volumes annotés par M. Ed. Fournier pour la Bibliothèque elzévirienne.

qu'il en soit, si Guillaume vendit des bouffonneries réellement *de sa façon*, j'aurais quelque disposition à supposer qu'il y aurait lieu, en général, de les chercher parmi les pièces plaisantes de l'époque, complétement anonymes, plutôt que parmi celles qui se publièrent sous son nom.

Dans la bibliographie qui précède, j'ai mentionné deux portraits de Maître Guillaume. Celui qui accompagne le *Retour de la paix* a été l'occasion d'une note assez curieuse d'une des bonnes éditions de la *Confession* de Sancy ; je transcris cette note : « Guillaume y est représenté coiffé d'une barette, et, au-dessous, d'un bonnet à pointes qui lui couvrent les oreilles. Ses manches ne sont guère moins longues que sa robe, qui ne lui va que jusques aux genoux. Ses gants sont fourrés dans la ceinture de sa robe, et il a les mains pendantes et nues, avec toute la contenance d'un homme simple. La figure ne luy donne pas un poil de barbe : aussi dit un livre de ce temps là qu'il n'en avoit non plus que la papesse Jeanne, et que même il étoit triste et ridé. (*Passe-partout des Jésuites*, 1606, p. 116, et *Rappel des Jésuites*, 1678, p. 117.) — Ce qui pourroit faire croire qu'il étoit eunuque, et cependant il étoit marié. »

Les reines, dit M. Leber, ne se contentaient pas de *plaisanter* [1] ; il leur fallait une part plus égale des plai-

---

[1]. On a peu de renseignements sur les folles domestiques en général. Il eût été possible cependant d'en signaler plus que je ne l'ai fait dans le texte de ce livre. Ainsi, en 1453, la duchesse de Bretagne, Isabeau, avait une folle nommée Françoise. On connaît aussi

sirs du roi... Nous porterons sur la liste des fous de ces dames Guérin, bouffon de la reine Marguerite, femme de Henri IV, dont il est question dans une facétie de 1623. *Guérin, jadis plaisant de la reine Marguerite,* comparaissant devant le lieutenant du petit criminel, demande à être payé de ce qui lui est dû par la succession de sa maîtresse, afin de pouvoir garnir son lit de paille fraîche, et aller s'habiller à la friperie avec sa femme. Mais le juge lui répond : « Retirez-vous, Guérin, et allez vendre des pommes, puisque vous avez vendu la soutane de velours que la reine Marguerite vous avoit donnée. (*Estats tenus à la Grenouillère,* p. 25 et suiv.) »

Sauval, dans son livre des *Galanteries des rois de France* (1724, t. III, p. 70), parle de ce bouffon, *qui prenoit la qualité de maître des requêtes de la reine Marguerite et de son orateur royal.* « Il portoit, ajoute-t-il, une robe de velours, une soutane de satin noir avec un bonnet carré. Ce bouffon, tous les jours, ne manquoit pas de monter sur le théâtre que la princesse avoit fait dresser dans son palais du faubourg Saint-Germain, à l'un des bouts de la grande salle. Comme elle prenoit grand plaisir à l'écouter, il n'épargnoit pas les mots les plus infâmes. Il continua à faire ce beau métier tant qu'elle vécut; il en fut assez mal récompensé : il mourut de misère. »

la fameuse folle de la même cour, Madame de Toutes-Couleurs. Brantôme mentionne Mlle Sevin, la folle de la reine de Navarre, sœur de François Ier, et la signale pour l'emploi de l'expression *fringuer sur les lauriers,* dans le sens de *far l'atto venereo...* etc.

Les *Lettres de Malherbe* (p. 327) nous apprennent que Guérin dirigeait les ballets de la cour.

Les fous des reines n'étaient pas, comme on vient de le voir, plus réservés dans leurs facéties que ceux des rois. Brantôme, dans ses *Femmes galantes*, nous en fournit une nouvelle preuve. Élisabeth, fille de Catherine de Médicis et reine d'Espagne (en 1559), avait un fou, nommé Legat, dont l'humeur grivoise ne connaissait aucun frein. Un jour qu'écartant un peu les jambes, elle disait qu'elle voudrait toucher d'un pied le palais de Madrid, et de l'autre celui de Valladolid, le gaillard s'empressa de répliquer : « Et moi je vouldrois estre au beau mitan, *con un carajo de bourrico para encargar y plantar la raya.* » — L'anecdote, au reste, pourrait bien être contestée, car on la retrouve attribuée à d'autres personnages par Tallemant des Réaux. Celui-ci met *l'écart* sur le compte de Catherine de Médicis, et le bon mot (plus piquant, parce qu'il est moins ordurier), sur le compte de Bassompierre [1]. — Quoi qu'il en soit, l'historiette dans laquelle Legat joue le rôle que nous avons vu, fût-elle apocryphe, par cela seul que Brantôme a cru pouvoir la recueillir, elle devient un élément irrécusable d'appréciation. L'aurait-il rapportée, si elle eût été en dehors des traditions du genre, s'il n'eût pas été dans les habitudes des bouffons de profession de ne reculer devant aucune espèce de plaisan-

---

1. « La reine mère disoit : *J'aime tant Paris et tant Saint-Germain que je voudrois avoir un pied à l'un et un pied à l'autre. — Et moi*, dit Bassompierre, *je voudrois donc être à Nanterre; c'est à mi-chemin.* » (Tallemant, 1840, t. IV, p. 204.)

teries ?. La suite de cette notice fera suffisamment connaître, d'ailleurs, que les bouffons en général étaient accoutumés à prendre d'assez grandes libertés.

Une publication de l'année 1605, qui a pour titre : *le Lunatique à Maître Guillaume*, — lui dit : « Tu fais bien de ne pas aimer les protestants...; car s'ils estoient crus..., on reformeroit tout le monde, la cour et le bordeau ; on regleroit la cuisine et les larrons ; on retrancheroit les fous et les bouffons. Eh ! pauvre Mathurine, pauvre Engoulevent, pauvre maître Guillaume, et tous tant que vous estes de fous à chaperon et sans chaperon, où seroient vos pensions désormais!... »

Dreux du Radier et le bibliophile Jacob se sont autorisés de ce passage pour comprendre Angoulevent, bien qu'il ne fût pas fou en titre d'office [1], dans leurs recherches sur les bouffons qui jouissaient réellement de ce titre. Nous imiterons d'autant plus volontiers cet exemple, que les nôtres ne sont pas restreintes dans les mêmes limites. D'ailleurs, si Angoulevent n'était pas de la cour, il savait s'en rapprocher à l'occasion. « Le

---

1. M. Jal, au contraire, lui attribue cette qualité : « Chicot, dit-il, eut pour successeur Nicolas Joubert, sieur d'Angoulevent, qui avait pris le titre de Prince des Sots. On le voit mentionné, en 1595, dans le compte de l'argenterie du roi (KK, 148). L'article qui le concerne est inscrit en ces termes : « Cinq aulnés de velours de couleur dont « Sa Majesté (Henri IV) a faict don à un nommé Angoulevant pour « lui faire habillement. » — Je ne crois pas pouvoir tirer la même induction de cet article de compte. Je n'y vois qu'une libéralité sans attribution de titre et dans le genre de celles dont il a été cité différents exemples à diverses époques antérieures.

Jeudi 22 janvier 1604, dit Pierre de l'Estoile, comme le père Cotton accompagnoit le roy sortant du Louvre, Engoulevent, qui se rencontra là, commença à crier : Vive le roy et le père Cotton ! Sur le quel un gentilhomme qui accompagnoit Sa Majesté, deschargea sur l'heure un grand coup de baston, pour apprendre à ce maistre fol de donner un compagnon au roy, dont il fut bien ri. »

Angoulevent, dont le véritable nom était Nicolas Joubert, avait le titre de *prince des sots* de la basoche, dont il exerçait les burlesques fonctions. Il est plus particulièrement connu par un procès devenu *célèbre* et qui fut définitivement jugé par le parlement de Paris en 1608.

En sa qualité de prince des sots, Angoulevent avait une loge à l'hôtel de Bourgogne, droit d'entrée par la grande porte, et préséance aux assemblées des maîtres, administrateurs et comédiens de cet hôtel. Des engagements pris par lui n'ayant pas été remplis, un créancier fit saisir cette loge. Angoulevent ne manqua pas de former opposition, devant le prévôt de Paris : sa loge, disait-il, dépendance de son domaine, n'était pas saisissable ; quant à la contrainte par corps que le créancier n'avait pas oublié de revendiquer, il la repoussait en opposant son *titre de prince*.

Le prévôt donna gain de cause au défendeur par une sentence en forme, qui ne paraît pas être connue, mais dont les dispositions furent reproduites dans une pièce facétieuse du temps, généralement regardée comme le texte original, mais portant bien plutôt le caractère d'un travestissement de ce texte. — Quoi qu'il en soit, appel de la part du créancier évincé, et obligation pour la cour de parlement de déposer pour un instant sa gravité ordinaire. Heureusement, c'était le temps du carnaval et les *causes grasses* étaient de circonstance. L'affaire fut appelée le jour même du mardi gras de l'année 1608. Maître Peleus, avocat d'Angoulevent, avait beau jeu pour égayer la magistrature et l'auditoire : à peine parvint-il à masquer la sécheresse de sa lourde érudition par quelques traits plaisants et par cet aveu, peu favorable à son client, « que celui-ci étoit né et nourri au pays des grosses bêtes, qu'il n'étudia jamais qu'en la philosophie des Cyniques..., que c'étoit une tête creuse, une concourde éventée, vuide de sens comme une canne, un cerveau démonté qui n'avoit ni ressort, nie roue entière dans la tête. »

Angoulevent gagna encore sa cause, et, bientôt après (19 juillet de la même année), un autre procès contre les comédiens de l'hôtel de Bourgogne qui lui contestaient *la principauté des sots et les droits appartenants à icelle*.

Ce serait peut-être l'occasion de dire quelques mots de la confrérie de la sottise, dont Angoulevent était le prince, et des autres associations bouffonnes que l'on retrouve dans toutes les parties de la France ; mais je ne dois pas perdre de vue que ces *recherches* sont exclusivement consacrées à la *folie* individuelle, aux personnages *folliant*, au profit d'un auditoire plus ou moins nombreux, soit par infirmité d'esprit, soit par tempérament, soit par telle autre circonstance dont les causes restent cachées dans les mystères de la vie humaine.

Parmi ces personnages, souvent heureux, peut-être, et qui, pendant une longue suite d'années, ont pu, surtout, paraître nés pour le plaisir des autres, une mention ne peut être refusée au célèbre Bluet d'Arbères, de nos jours connu seulement des bibliomanes ; je l'emprunte à la *dissertation*, déjà si souvent citée par nous, du bibliophile Jacob.

« Angoulevent avait un rival formidable dans Bernard Bluet, comte de Permission, lequel, natif d'Arbères, au pays de Gex, était venu chercher fortune en France et implorer le *grand empereur Théodose* (Henri IV); mais le roi, qui se fût ruiné à vouloir pensionner tous les fous de son royaume, n'accorda pas de charge à marotte aux sollicitations de ce bouffon, qui avait porté la livrée du duc de Savoye et qui ne l'avait quittée que pour échapper aux mauvais traitements que le duc lui fit éprouver. Bluet d'Arbères fut donc réduit, pour ne pas mourir de faim, à mettre sa folie aux gages du public, et il parcourait les rues en colportant des feuilles volantes qui contenaient des prophéties, des prières et des extravagances aujourd'hui plus inintelligibles que jamais ; quand ces feuilles d'impression formèrent la matière de plusieurs volumes, il les réunit sous ce titre unique : *Recueil de toutes les œuvres de Bernard Bluet, d'Arbères, comte de Permission, chevalier des ligues des treize cantons suisses, et le dit comte de Permission vous avertit qu'il ne sait ni lire, ni écrire, et n'y a jamais appris, mais par l'inspiration de Dieu, et la conduite des anges, et pour la bonté et miséricorde de Dieu; et le tout sera dédié à haut et puissant Henri de Bourbon, roi de*

France, grand empereur Théodose, premier fils de l'Église, monarque des Gaules, le premier du monde par la grâce, bonté et miséricorde de Dieu; le premier jour de mai 1600. — Cet étrange recueil, qu'on ne possède pas complet et qui se composerait de plus de 173 parties, était vendu par le comte de Permission lui-même, qui marchait fièrement, vêtu de *bocasin incarnadin*, et coiffé d'un chapeau à plumes, avec l'épée au côté et le poignard à la ceinture. Il vivait encore en 1606, puisqu'il publia cette année-là son *Testament*, aussi singulier que les autres pièces de ses œuvres, et il eut, avant ce temps-là, une querelle très-vive avec le sieur d'Angoulevent, comme on peut le supposer d'après *la surprise et fustigation d'Angoulevent, poëme héroïque adressé au comte de Permission par l'archipoëte des Poispilés,* 1603, in-8. Nicolas Joubert répondit à cette attaque, et Bluet répliqua sans retard : ce fut un échange de méchants vers et de pitoyable prose, auxquels succédèrent peut-être les horions. Ces deux fous se disputaient certainement la *principauté de sottie*, ou du moins le pavé de Paris, qu'ils battaient sans cesse en tous sens pour recueillir plus d'aumônes que d'applaudissements. Ils moururent enfin de misère, l'un et l'autre, en désespérant de l'avenir de la folie; mais déjà de plus grands fous avaient imaginé de commenter les œuvres du comte de Permission pour y découvrir la pierre philosophale! »

Combien d'autres personnages faisaient dès lors concurrence aux fous en titre d'office! Pendant le siége de Rouen, en 1591, au camp de Darnétal, un conseiller au parlement de Normandie, Jacques Moynet, sieur de

Taucourt, n'avait-il pas servi de bouffon au maréchal de Biron et à l'armée royale [1]?

Louis XIII avait toujours quelque fou à ses côtés [2], et le contact de cette sorte de gens était antipathique au vieux Sully. « Sire, dit un jour au nouveau roi le fidèle ministre de Henri IV, lorsque le roi votre père de glorieuse mémoire me faisait l'honneur de me consulter sur les affaires de son royaume, il commençait par faire retirer les bouffons et les baladins. »

Le premier fou qui dut à ce monarque son entrée à la cour, se nommait Marais. Tallemant des Réaux, qui lui consacre quelques détails, lui attribue une facétie trop grossière pour ne pas inspirer le dégoût. Toutefois c'est un trait de mœurs que je ne me crois pas en droit de retrancher de ce livre. Cet avertissement formulé à l'*intention* des *raffinés* de la civilisation, je transcris textuellement les termes de l'auteur des Historiettes. « Il y a deux choses à votre métier dont je ne me pourrois acco-

[1]. *Hist. du Parlem. de Rouen*, t. IV, p. 101.
[2]. Outre ses fous, Louis XIII avait près de lui, pour ses amusements, un *saulteur*, le sieur Dupré, qui, pour salaire, recevait 800 livres, en 1621. — Les comptes de la même année mentionnent aussi Jacques Abraham, oiseleur et siffleur de linottes, qui recevait 200 livres. M. Jal nous indique que ce siffleur était déjà à la cour en 1614 : « A Jacques Abraham, chiffleur d'oyseaux du roy, 60 l. t. pour l'aider à l'entretenir à son service; 9 janvier 1614. » — M. Jal ajoute : « L'office de ce précepteur des serins et autres petits oiseaux qu'on élevait pour le plaisir du roi, fut supprimé apparemment quand les pies-grièches remplacèrent à la cour les oiseaux des Canaries si longtemps hôtes du palais, car je ne vois plus le siffleur mentionné dans les registres des comptes de la maison de Louis XIII.»

moder, disoit Marais à son maître. — Hé quoy ? — De manger seul et de chier en compagnie. »

Tallemant ajoute ceci : « Louis XIII, rebuté des débauches de Moulinier et de Justice, deux des musiciens de la chapelle, qui ne le servoient pas trop bien, leur fit retrancher la moitié de leurs appointements. Marais leur donna une invention pour les faire rétablir. Ils allèrent avec lui au petit coucher danser une mascarade demi-habillés. Qui avoit un pourpoint n'avoit point de haut-de-chausses. « Que veut dire cela ? » dit le roy. — « C'est, Sire, répondirent-ils, que des gens qui n'ont « que la moitié de leurs appointements ne s'habillent « aussi qu'à moitié. » — Le roy en rit et les reprit en grâce. »

Voici un autre renseignement que fournit Tallemant des Réaux sur notre personnage : « Feu M. d'Épernon étant chez le feu roi, le roi dit à Marais, qui contrefait tout le monde : « Fais comme fait M. d'Épernon quand « il est malade. — Holà ! aucuns, faites-moi benir « Vlaise » (c'étoit son bouffon). — « Monseigneur, nous « ne saurions. — Comment, à un homme de ma condi- « tion... ! — Il est mort, il y a deux mois. — Faites-le « venir nonobstant toutes choses. » — M. d'Épernon rioit du bout des dents. Le roi sort. Marais lui voulut faire des excuses. « Non, non, lui dit-il, je ne vis jamais « meilleur bouffon que vous [1]. »

Un bouffon se croire obligé de *faire des excuses* à l'occasion de ses plaisanteries ! C'en était donc fait de

---

1. *Historiettes*, t. X, p. 77.

l'indépendance de la profession, et, par suite, de la profession elle-même. Au reste, la mort de son maître n'arracha pas Marais à sa gaieté. Sous le règne de Louis XIV, il conservait toute sa réputation d'habile *copieur*; mais continua-t-il d'occuper sa position officielle auprès du nouveau roi? C'est ce que je n'ai pu découvrir.

Il paraît même que, sous Louis XIII, il avait éprouvé une interruption dans l'exercice de ses fonctions officielles, et voici à quelle occasion. Ce prince voulut un jour s'amuser à lui faire la barbe. Marais, après avoir soutenu patiemment l'épreuve de l'opération, qui fut longue et douloureuse, compta quinze sols en liards et en deniers, et les donna au roi. Celui-ci s'étant pris à dire que ce n'était point assez : « Je vous donnerai trente sols; répliqua Marais, *quand vous serez maître.* » — Cet à-propos spirituel, répandu à la cour, ne fut pas du goût du chatouilleux cardinal de Richelieu : le bouffon aurait été congédié [1]. Il y a quelque apparence que c'est la mort du ministre-roi qui le rendit à sa première position.

Marais paraît avoir eu certaines relations avec l'*illustre* François Malherbe. C'est à la prière du bouffon que le poëte composa, sur la mort de Marguerite Gallois, femme de François Pommeret, le sonnet célèbre commençant par ce vers :

Celle qu'avoit hymen à mon cœur attachée;

---

[1]. Voir, aux *Mém. de l'acad. de Troyes,* la lettre de Grosley aux auteurs du *Journal encyclopédique...*

sonnet dont Balzac admirait tant la fin, et qui continue d'orner, dans l'église de Poissy, le tombeau de cette dame.

Louis XIII eut un autre bouffon qui se nommait Jean Doucet. C'est encore Tallemant des Réaux qui nous le fait connaître. « Le feu roi, dit l'auteur des *Historiettes*, trouva un paysan naïf, dans je ne sais quel village, vers St-Germain ; il s'en voulut divertir et le fit approcher. « Hé « bien, Monsieur, lui dit cet homme, les blés sont-ils « aussi beaux vers chez vous qu'ils sont vers chez « nous ? » — Le roi le prit en affection, et le mena à St-Germain. Là, il se mit à jouer à *la pierrette* avec lui, et lui gagna dix sols, ce dont l'autre pensa enrager. Le roi en étoit si aise qu'il porta ces dix sols à Ruel, pour les montrer au cardinal. Un jour le roi lui donna vingt écus d'or; il les prit, et, frappant sur son gousset, il disoit : « i vous revanront, sire, i vous revanront ; vous « mettez tant de ces tailles, de ces diébleries sur les « pauvres gens! » On lui fit faire une *innocente* [1] d'écarlate avec de l'or; et on le renvoya à son village, d'où il venoit voir le roi deux fois la semaine. Une fois il vint sans *innocente*, et dit pour raison qu'il étoit fête, et que quand il alloit à la messe, on ne faisoit que regarder son clinquant, et on ne prioit point Dieu. La famille de cet homme eut quelque petite gratification du roi. Je pense qu'il mourut en même temps que son maître.

1. Une *innocente* était une espèce de robe de chambre à usage de femme. (*Dict. de Trévoux*.)

Ses neveux qu'on appelle les *Jean Doucet*, ont voulu prendre sa place, mais ce sont de méchants bouffons. »

Comme on le voit par les détails qui précèdent, Jean Doucet ne fut pas précisément *fou en titre d'office*. Il n'était pas attaché, en permanence, à la maison royale, et il n'exerçait ses fonctions qu'à des jours déterminés. Quoi qu'il en soit, Jean Doucet appela une certaine illustration sur sa famille. Sous Louis XIV, on parlait encore de ses neveux; mais, il est vrai, ce n'était guère pour les comparer aux célébrités de la profession. Ils figurent dans la pièce patoise fort naïve dont voici le titre : *La conférence de Janot et de Piarot Doucet, de Villenoce, et de Jaco Paquet, de Pantin, sur les merveilles qu'il a veues dans l'entrée de la reine, ensemble comme Janot lui raconte ce qu'il a veu au* Te Deum *et au feu d'artifice*. Paris, 1660, in-4. — Il faut ajouter que le nom des *Jean Doucet* était devenu proverbial en mauvaise part. Mme de Sévigné leur compare Racine et Boileau, lorsque ces poëtes suivaient le roi à l'armée, en qualité d'historiographes. « Ils font leur cour par l'étonnement de ces légions si nombreuses et des fatigues qui ne sont que trop vraies; il me semble qu'ils ont assez l'air de deux *Jean Doucet* [1]. »

Au bon temps de Marais et de Jean Doucet, le vrai roi était le cardinal de Richelieu. Ce n'est donc pas un hors-d'œuvre de rappeler ici que ce premier ministre

---

[1]. *Lettre à Bussy-Rabutin*, du 18 mars 1678. — V. aussi *Historiettes*, t. X, p. 167.

avait aussi ses bouffons; mais il ne les entretenait pas à titre de fous officiels, et il était d'ailleurs mieux partagé que le roi nominal. Ses deux principaux pourvoyeurs de facéties étaient : un académicien, François Métel de Boisrobert, et un noble prélat Jean-Pierre le Camus, évêque de Belley[1]. Le premier avait sans doute la préférence; aussi quand le cardinal se plaignait de sa santé au médecin Citois, celui-ci lui ordonnait-il souvent *un quart d'heure de Boisrobert,* comme il eût fait d'une dose de rhubarbe ou de séné; mais l'académicien, malgré ses efforts, restait-il impuissant à provoquer le rire, l'*éminentissime* ne le ménageait pas plus qu'un autre : « Ah ! mon Dieu ! le méchant bouffon ! disait-il ; mais ne sauriez-vous me faire rire ? » — Et alors, c'était le prélat que l'on appelait en toute hâte.

Ces bouffons libres et d'un ordre plus relevé que les anciens étaient nombreux à cette époque. « Bautru, comte de Serrant, qui ne tarissait pas en fines reparties, fit pendant cinquante ans, dit Costar, « les délices de
« tous les ministres, de tous les favoris et généralement
« de tous les grands du royaume, et n'a jamais été leur
« flatteur. » Tallemant des Réaux ajoute à cet éloge :

---

1. Un autre prélat jouait le même rôle auprès de Richelieu : c'était M. de Raconis, évêque de Lavaur. « Le cardinal, rapporte Saint-Simon, lui donnoit de temps en temps un texte bizarre pour prêcher devant lui sur le champ, dans une chambre où il s'enfermoit exprès. Ce docteur, qui était payé pour faire rire le cardinal, disoit cent impertinences... Et comme le cardinal donnoit ordre qu'on ne l'appelât pour aucune chose que ce fût, il disoit en riant : « On croit « que nous traitons ici des affaires les plus importantes de la religion. »

« On a remarqué que toute la race des Bautru est natu-
« rellement bouffonne. » Le parasite Montmaur, l'athée
Desbarreaux, le burlesque d'Assoucy, le petit Scarron
et le Gascon Cyrano de Bergerac, mettaient leur esprit
à la torture pour prêter à rire aux riches et puissants
protecteurs qui les pensionnaient en reconnaissance de
leurs épîtres et de leurs dédicaces [1].

Beaucoup de ces bouffons ne s'élevaient pas au-dessus des *turlupinades* :

> . . . . . . A la cour les turlupins restèrent,
> Insipides plaisants, bouffons infortunés,
> D'un jeu de mots grossier partisans surannés ..
>
> (BOILEAU.)

« Le roi des Turlupins, dit le *Longueruana*, étoit
M. d'Armagnac, grand écuyer de France. Ayant trouvé
un jour M. le duc (Henri-Jules), depuis prince de Condé,
il lui demanda pourquoi on disoit *guet-à-pens* et non
pas *guet-à-d'Inde* ; — par la même raison, répondit le
prince, qu'on ne dit pas M. d'Armagnac est un *Turlu-
chesne*, mais un *turlupin*... [2] »

A la ville, il en allait de même qu'à la cour. Là aussi

---

1. Biblioph. Jacob; *Dissert.* etc.

2. Tel fut longtemps l'empire des pointes, qu'«un nommé Favereau, homme d'esprit d'ailleurs, dit l'abbé de Marolles, avait fait graver à grands frais, par les meilleurs maîtres de son temps, plusieurs figures en taille-douce, qu'il vouloit accompagner de discours amoureux et moraux, et de sonnets, lesquels il vouloit porter au nombre de cent, pour appeler son livre l'*Ouvrage des cent Sonnets*, faisant allusion au mot *sansonnets*. » (Mém. III, 275.)

Quel malheur, pour les amateurs de singularités, que Favereau soit mort avant d'être arrivé à son chiffre!

il y avait des hommes de bonne volonté dont les saillies passaient du huis clos dans le domaine public. Je pourrais citer divers noms plus ou moins célèbres ; il suffira de rappeler celui de Santeuil, le chanoine de Saint-Victor, si connu par ses hymnes. Ce n'était pas seulement par ses étonnantes distractions qu'il prêtait à rire : il *cultivait* les bons mots et les malices de tous genres. — Un personnage le voyant arrêté devant une porte, lui demande ce qu'il fait là : « Je compte combien de cocus passeront dans un quart d'heure ; tu es le vingtième. » — A un gentilhomme qui se plaignait d'un moine, il disait : « Quoi ! un homme de votre âge ne connaît pas les moines ! il y a quatre choses dans le monde dont il faut se méfier : du devant d'une femme, du derrière d'une mule, du côté d'une charrette, et d'un moine de tous les côtés... » — etc.

A côté des divertisseurs libres des hauts personnages, on en distinguait encore d'autres, de diverses conditions, qui, sans être précisément des fous gagés, en remplissaient à peu près le rôle : par exemple, c'était, comme le dit le bibliophile Jacob, d'après Tallemant des Réaux, — Lisette, filleule de la princesse de Conti, « pauvre fille qui se mit à imiter Mathurine, et qui, « sous prétexte de folie, portoit des poulets ; » c'était le poëte Neuf-Germain, qui étalait partout sa longue *barbasse* et sa figure hétéroclite ; c'était maître Claude, argentier de l'hôtel de Rambouillet ; espèce de niais prétentieux, débitant mille âneries avec un sang-froid imperturbable ; c'était Silésie, autre domestique de M. de Rambouillet, espèce de « fou sérieux, qui ne

« trouvait aucune difficulté à l'Apocalypse, et forgeait
« les plus belles étymologies du monde, etc. »

Tallemant range Silésie et maître Claude parmi les fous *domestiques* de l'hôtel de Rambouillet. Je ferai plus particulièrement connaître le second, dans la suite de cet ouvrage, par la citation de quelques-unes de ses naïvetés ; mais je ne puis résister à la mauvaise pensée de prendre ici, pour texte d'une nouvelle digression, le rimeur Neufgermain, que Tallemant qualifie *le fou externe de l'hôtel Rambouillet*.

Dreux du Radier, dans la liste sommaire des poëtes royaux ou de la cour, qu'il commence à Alain Chartier pour la conduire jusqu'aux *poëtes de l'académie formée sous Richelieu*, comprend Louis de Neufgermain.

Villon et Boisrobert, qu'il nomme aussi, avaient plus d'un point de contact ave les morosophes ou fous-sages ; Neufgermain n'était pas sans un certain air de famille avec les Caillette et les Triboulet. Il se donnait lui-même, à la tête de ses *poésies et rencontres*, imprimées dans le format in-4, en 1627, le titre de POETE HÉTÉROCLITE *de Monseigneur frère unique de Sa Majesté* (Louis XIII). Cette plaisante qualité lui est aussi attribuée dans le *privilége* : « Notre amé Louis de Neufgermain, dit le roi, nous a fait remontrer qu'il désiroit faire imprimer pour la seconde fois la première partie et aussi la deuxième partie d'un livre intitulé : *Les poésies et rencontres du sieur de Neufgermain, poëte hétéroclite de notre très-cher frère unique le duc d'Orléans*. »

« Jamais officier ne remplit mieux ses fonctions, dit Dreux du Radier, et quelque impertinentes qu'on puisse se figurer les poésies de Neufgermain, on est surpris que l'imagination est encore bien au-dessous de la réalité... Sa méthode était de finir ses vers par les syllabes divisées du nom qu'il employait en entier au dernier vers; voici un exemple des mieux tournés et des plus raisonnables adressés à Mademoiselle Zamet, depuis marquise d'Antin :

> Le marquis d'Antin se friza,
> Pour dîner avec Mahomet,
> Et puis après il s'aviza
> De louer la belle Zamet.
>
> Ses beautés si fort il priza,
> Que jusques au ciel il la met;
> Et tant à causer s'amuza
> Qu'il ne dîna pas pour Zamet.
>
> Un jour qu'elle s'adoniza,
> Mars la vit, qui nihil timet;
> Il entre et téméraire oza
> Dire : Je veux aimer Zamet.
>
> Mais tôt il sortit de caza,
> De peur d'avoir sur son sommet
> D'une pique, dont lors friza
> Palas la tresse de Zamet...

Il ne se contentait pas d'extravaguer en français; veut-il s'escrimer sur le nom du célèbre chancelier Oxenstiern, qu'il appelle Occenster, il dit en latin :

> Gallus cantat hocericoc,
> Lætus quod fortis et placens
> Virtutes tuas Jupiter
> Rex noster amet Occenster...

Il y a sept strophes de même facture, puis cinq autres sur *Occenstierna*.

Le roi qui n'avait rien de mieux à faire, et le cardinal de Richelieu, malgré ses importants travaux, s'amusaient à lui donner des mots qu'ils supposaient les plus propres à mettre son esprit à la torture. Un jour il reçut l'ordre de *travailler* sur le nom du cardinal *Alexandro Bichi*, prononcé *Biqui*, et c'est ainsi qu'il s'y prend :

> Nous louons un Alexandro ;
> Mais mort, ne lui fut fait *obi*,
> Si l'on en fit, ne sais pas *qui*,
> Le grand Alexandro *Biqui* [1].

Ces concurrences de divers genres laissent entrevoir de plus en plus que l'âge d'or des fous domestiques était passé. Toutefois nous en avons encore quelques-uns à faire connaître, et c'est notre grande révolution qui, seule, aura été assez puissante pour en clore définitivement la liste.

Boileau dit, dans sa première satire :

> Un poëte à la cour fut jadis à la mode ;
> Mais des fous d'aujourd'hui c'est le plus incommode,
> Et l'esprit le plus beau, l'auteur le plus poli,
> N'y parviendra jamais au sort de l'Angely...

[1]. Pour cette époque, je ne puis omettre de mentionner ici un bouffon d'un autre genre, qui, s'il ne parut guère à la cour, y jouit au moins d'un titre grotesque : c'est Paul Scarron. Grâce à la protection de Mademoiselle de Hautefort, il avait été présenté à la reine, et celle-ci lui permit de se nommer son malade en titre, emploi dont on sait qu'il s'acquitta avec toute la conscience imaginable, mais sans qu'on puisse en tenir compte à sa bonne volonté.

Ce L'Angely peut être considéré comme un fou d'office, vraisemblablement pourvu de pension du roi, en cette qualité.

Quelle était son origine ? — On a dit qu'il était d'une « famille noble, mais pauvre, qui, après que le bouffon eut fait fortune, se fit réhabiliter. » Aucune preuve, toutefois, n'est donnée à l'appui de cette assertion; M. Jal, au contraire, le rattache à une famille de position modeste.

« J'ai trouvé, dit-il, des l'Angely qui me semblent être proches parents de notre fou. Sur les registres de Saint-Germain, de Saint-Sulpice et sur ceux de Saint-Nicolas-des-Champs, — on voit que je ne me suis pas épargné pour me mettre sur la trace de cette famille inconnue; — j'ai découvert deux Philippe et un Jean Langely. Leur nom est écrit Langelli, Langelly, Langely, Langeli, mais jamais L'Angely, comme il l'est dans les Satires de Boileau et page 410 du *Menagiana* de 1693, qui, page 378, l'écrit : Angely. Ce n'est pas là une difficulté sérieuse pour qui sait combien se souciaient peu de l'orthographe des noms propres les prêtres rédacteurs des anciens actes de l'état civil. Le premier Philippe Langeli, celui du moins que me signale l'acte le plus ancien, était un maître tailleur d'habits, qui demeura d'abord dans le quartier de Saint-Germain-l'Auxerrois, où, de 1600 à 1606, il eut quatre enfants au moins. Dans le baptistaire de l'un d'eux, Anne (11 avril 1601) Philippe Langely est dit : *tailleur d'habits suivant la cour*. Il alla demeurer alors rue Saint-Martin (registre de Saint-Nicolas-des-Champs, 21 mars 1607) ; je le retrouve avec sa femme, Marguerite Coquelin ou Goquelin, au faubourg Saint-Germain, où il eut un fils nommé Guillaume, le 1er décembre 1614, et un autre garçon nommé Pierre (25 mars 1619). (Reg. de St-Sulp.) L'un des deux pourrait être notre L'Angeli. — Un jeune Langeli épousa Barbe Bolley, dont il eut deux enfants : Jacques en 1613, et une fille en 1616. — Un second Philippe Langeli avait épousé Catherine Bauger, qui, le 18 juin 1612, mit au monde une fille nommée Étiennette, tenue à Saint-Sulpice, par « Estienne de Luppe, « fils de M. Pierre de Luppe, *escuyer de M. le prince* « *de Conty.* » — Le nom de Langeli n'est pas assez commun pour qu'on puisse croire que les trois hommes dont il vient d'être question fussent étrangers les uns aux autres. Frères ou cousins, mais très-probablement parents, le hasard seul ne les avait pas réunis au faubourg Saint-Germain... Mais lequel de Jacques, fils de Jehan Langeli, ou de Guillaume, ou de Pierre, fils du tailleur Philippe Langeli, fut le bouffon Langeli ? Je ne puis le dire. »

On vient de voir qu'un des Langeli, ci-dessus rappelés, avait des relations à l'hôtel de Condé, puisque le fils de l'écuyer de François de Bourbon, prince de Conti, était parrain de sa fille. C'est évidemment par suite de ces rapports, que le fils d'un des Langeli, Guillaume, Pierre ou Jacques, « put être introduit dans la maison où grandissait le duc d'Enghien, et comment il y fut admis en qualité de valet d'écurie. »

Telle fut en effet la première position du L'Angely dont parle Boileau. Le jeune Louis II de Condé, dit M. Jal,

« l'amena à l'armée en 1643, le trouva satirique, spirituel, le traita bien, en fit son bouffon et peut-être aussi un peu son ami. » Toutefois, s'il faut s'en rapporter au *Longueruana* (1ʳᵉ partie, p. 97), chez son premier maître, L'Angely ne se livrait pas impunément à ses libertés de langage. Rochefort, valet de chambre du prince, était chargé de le fustiger, « quand il s'échappoit, comme il lui arrivoit souvent. »

On a dit que le prince de Condé donna L'Angely à Louis XIII, qui en fit son fou en titre d'office. « Il suffirait, dit M. Jal, pour réfuter cette assertion, de faire remarquer que L'Angely était avec M. le Prince à Rocroy, c'est-à-dire après la mort de Louis XIII, et qu'il suivit son maître pendant les folles campagnes de la Fronde. Il est évident que L'Angely n'appartint au roi qu'après 1660, quand Condé fut raccommodé avec la cour. Il ne fut donc jamais le fou de Louis XIII. »

Le fait est que, même en 1650, septième année du règne de Louis XIV, il n'est pas encore porté sur « l'Estat général du payement que le roy ordonne estre fait à ses officiers par son trésorier général... à commencer du 1ᵉʳ jour de janvier 1650, et finissant jusqu'à ce que S. M. en ait fait autre nouvel estat. » Dans cette pièce, p. 35, je ne trouve que les nains Claude Noël et Louis Puisson, dit Balthazar, aux gages de 300 livres chacun. Deux autres états analogues pour la maison de la reine et pour celle du duc d'Anjou, imprimés en 1653 avec le précédent, ne mentionnent ni nains ni bouffons.

Au reste, ce ne serait pas là un argument irréfragable; car, quoiqu'il soit bien certain que L'Angely a fait partie de la cour de Louis XIV, à aucune époque, comme l'affirme M. Jal, les registres de dépenses, pour ce règne, ne le signalent comme *partie prenante*. Sans le faire porter sur l'état de sa maison, le roi « l'entretint, le rangea au nombre de ses commensaux et lui ouvrit la voie à la fortune. »

Louis XIV se plaisait à l'avoir auprès de lui. On sait que le bouffon assistait régulièrement au dîner royal et qu'il se tenait derrière le fauteuil du monarque, comme dans une forteresse inexpugnable, « d'où il lançait impunément la moquerie à pleines mains sur les assistants. »

Ses traits étaient piquants et acérés, et tout le monde le redoutait. « J'étois un jour, dit Ménage, au dîner du roi, où étoit aussi l'Angely, à qui je ne voulus point parler, afin qu'il ne dît rien de moi. »

Le comte de Bautru, dont nous avons déjà rappelé l'esprit bouffon, était toujours en guerre avec le fou royal, qui ne l'aimait pas et ne lui épargnait pas ses rudes coups de langue. « Un jour, rapporte le *Menagiana*, l'Angely étoit dans une compagnie où il y avoit déjà quelque temps qu'il faisoit le fou : M. de Bautru vint à entrer ; sitôt que l'Angely l'eut aperçu, il lui dit : « Vous « venez bien à propos, Monsieur, pour me seconder, « je me lassais d'être seul. »

Le comte de Nogent, frère de Bautru, et qui, selon Tallemant des Réaux, *avoit fait profession de bouffonnerie*, reçut de l'Angely un aussi rude coup de boutoir. C'était au dîner du roi : « Couvrons-nous, dit un jour le bouffon au comte, cela est pour nous sans conséquence. »

Bautru avait été piqué au vif par la plaisanterie à son adresse; mais encore la supporta-t-il avec assez de philosophie. Le comte de Nogent, au contraire, prit avec une amertume extrême la comparaison qui l'atteignait personnellement. Ménage assure qu'il en « eut un tel « chagrin, que cela ne contribua pas peu à le faire « mourir. »

Brossette, dans ses notes sur Boileau, insinue que l'Angely était réellement fou ; mais il ajoute qu'*il avoit de l'esprit*. Les autres écrivains qui ont parlé de lui, notamment Ménage, le représentent comme un bouffon jouissant de toutes ses facultés intellectuelles. Quant à son esprit, il était incontestable. Toutefois on n'en a recueilli qu'un petit nombre de témoignages.

C'est lui qui disait qu'il n'allait pas au sermon parce qu'il n'aimait pas le brailler, et qu'il n'entendait pas le raisonner.

« L'Angely, raconte Tallemant des Réaux, étant entré un matin chez Mgr l'archevêque de Harlay, on lui dit, à l'antichambre, que Monseigneur étoit malade. Il attendit et vit sortir de la chambre une jeune fille habillée de vert. Enfin il entra et Monseigneur lui dit qu'il avoit eu trois ou quatre évanouissements, la nuit. « C'est « donc cela, dit-il, que j'en ai vu passer un habillé de « vert! » Monseigneur ne répondit rien, et lui donna quatre louis d'or pour boire, crainte des évanouissements. »

En se faisant craindre des uns, l'Angely avait trouvé

le secret de se faire aimer des autres, *et tous lui donnaient de l'argent,* dit Brossette, principalement peut-être ceux qui avaient intérêt à acheter son silence; de sorte qu'il amassa environ 25,000 écus. « De tous nous autres fous qui avons suivi le parti de M. le prince, disait Marigny, un des bouffons du cardinal de Retz, il n'y a que l'Angely qui ait fait fortune. »

« On ne sait, dit le bibliophile Jacob, à quelle époque il mourut, ou du moins déposa son sceptre de fou du roi. Boileau, dans sa satire des *Adieux à Paris*, composée vers 1661, enviait presque le sort de l'Angely.... »

Cette citation de la date de 1661 semble indiquer que la vie du bouffon royal s'était prolongée jusque-là. Il vécut encore plus tard, si l'anecdote rapportée par Tallemant est vraie, puisque Harlay de Chanvalon a été promu à l'archevêché de Paris en 1670.

L'Angely n'avait pas renoncé volontairement au sceptre de la bouffonnerie. Suivant Brossette, *ses railleries piquantes* avaient fini par le faire chasser de la cour.

Il a été le dernier fou de roi en France[1]; après lui,

---

[1] Il y eut pourtant à la cour de Louis XIV un littérateur, qui, du moins par circonstance, y occupa la position de fou royal : c'était Dufresny.

Au souper qui suivit la prise de Lille, Louis XIV ordonna à Dufresny de chanter quelque hymne de victoire; le poëte entonna sa chanson gaillarde des vendanges, qui fut très-applaudie. « Quel est donc ce beau garçon? » demanda une dame au grave Vauban. — « Ce beau garçon, répondit-il, c'est le fou du roi. » — « Vauban l'a dit, ajouta le roi qui avait entendu; souviens-t'en toujours, Charlot, tu es le fou du roi. Un fou n'est pas trop pour tant de sages. »

Il fallait beaucoup d'esprit pour dérider la majesté de Louis XIV. Dufresny en avait assez pour un pareil rôle, et l'on en peut juger par on n'en vit plus qu'à la solde de divers membres de la famille royale.

Le dernier nain de cour avait précédé dans la tombe le dernier fou royal. Le livre curieux et rare intitulé : *État général des officiers domestiques et commensaux de la maison du roy, de la reine et de M. le duc d'Anjou...* (Paris, le Ché, 1653, in-8) fait mention de deux nains de cour, Claude Noël et Louis Puisson[1], dit Balthazar, à 300 livres chacun de gages annuels. De ces deux nains, il n'en restait plus qu'un quelques années après, et Puisson, mort en 1662, ne devait avoir qu'un successeur, le nommé Lutel, qui paraît avoir été admis en 1664 et être mort en 1668[2].

les fortes sommes qu'il tira du roi pour satisfaire à ses insatiables fantaisies. Après son premier mariage, il voulait quitter la cour. « Mais qui est-ce qui me fera rire de bon cœur? » répliquait le roi... Puis reprenant : « Oui, oui, va-t'en; mais quand tu n'auras plus d'argent, souviens-toi de moi. J'espère par là te voir encore assez souvent. »

On sait que Dufresny descendait de Henri IV et de la *belle jardinière*. Il avait 16 ans, lorsque le marquis de Nangis trouva moyen de l'introduire à la cour, vers 1664.

1. M. Jal écrit : *Roger Noël* et *Louis Pinson*, — et il ajoute que ce dernier, qui d'abord avait appartenu à Louis XIII, était au service d'Anne d'Autriche en 1642.

2. Les 3 nains cités ici ne sont pas les seuls pour cette époque. Les registres des paroisses de Paris en on fait connaître d'autres à M. Jal: d'abord Edme Sornet, mort en 1643, — puis Pierre Dumont marié en 1626 et qui se qualifie « un des nains du roy. » — Une naine de Mademoiselle d'Orléans mourut en 1653, d'après Loret (*Muse historique*). — Le prince Henri II de Condé avait un nain Jean Verjus, natif de la Charité-sur-Loire et mort en 1658...

En dehors de la cour, M. Jal cite encore : Jacob, nain de l'abbé de Lyonne, mort en 1682, et don Pedro, nain du marquis de Boufflers, mort en 1680. (*Dictionn. critique.*)

Principalement pour ce qui concerne la vieille tradition des fous, faut-il s'étonner qu'elle ait presque achevé, dès lors, de tomber en désuétude ?

« Le titre de fou du roi, dit Dreux du Radier, perdoit *de son lustre*, à mesure que l'esprit s'étendoit, et que les plaisirs de la cour devenoient plus vifs et plus ingénieux. Le bal, les spectacles, le jeu réglé, des voyages brillans, la galanterie et le commerce des dames, des repas somptueux, un luxe élégant et délicat, écartèrent ces sombres plaisirs, le triste amusement de rechercher des ressources contre l'ennui dans les plaisanteries d'un malheureux privé de l'usage de la raison, et qu'on trouvoit d'autant plus agréables qu'elles étoient moins d'accord avec le bon sens. »

Les mêmes causes n'avaient pas été moins puissantes contre les facéties des fous-sages eux-mêmes, dont on peut apprécier la valeur par les exemples cités, et qui, en général, par cela seul qu'il *fallait* les produire, et toujours, avaient de nombreuses chances d'être souvent fort peu facétieuses. D'ailleurs, comme le fait très-bien observer le bibliophile Jacob, « Les flatteurs de cour avaient usurpé la place des fous d'office, qui n'eussent pas osé faire la grimace au soleil de Louis XIV ; les grands seigneurs, tels que le duc de Roquelaure et le comte de Bussy-Rabutin, qui se hasardèrent à railler la gloire du roi, furent envoyés en exil ou enfermés à la Bastille. » Les grelots de la folie pouvaient-ils intervenir comme intermède des cantates triomphales de Quinault et de Lully ? Il ne restait plus aux bouffons qu'à se tapir dans quelque coin écarté du palais, qu'à se réfugier auprès de quelques membres plus ou moins éminents de la famille royale.

Ainsi, sans parler des poëtes, des abbés et des valets qui se partagèrent, jusqu'en 1789, la tâche de faire rire leurs augustes patrons, nous trouvons d'abord auprès du duc d'Orléans, frère de Louis XIV, la vieille Hebert, qu'on nommait *la folle de Monsieur*; et Maranzac, auprès de *Monseigneur*, fils du même Louis XIV.

« Maranzac, mort octogénaire vers 1735, était un officier de chasse et une sorte de fou fort stupide du Dauphin, fils de Louis XIV. Après la mort du Dauphin, en 1712, madame la duchesse de Bourbon-Condé, bâtarde du roi, le prit à son service et des trois princes ses enfants... Je me souviens d'avoir ouï dire, en 1742, à l'abbé de G. que Madame la duchesse s'amusoit tellement de l'esprit balourd de son Maranzac, qu'elle l'auroit préféré à Fontenelle et à Fénélon. »

Nous devons ces détails à *Jamet* le jeune qui les a consignés au verso du titre de son exemplaire du *Maranzakiniana*, car, malgré sa stupidité, Maranzac a été l'occasion d'un livre, dont nous allons donner la description :

MARANZAKINIANA. *De l'imprimerie du Vourst, l'an* 1730, *et se vend chez Coroco, vis-à-vis les Cordeliers,* in-24 de 55 pages, dont les 7 premières et les 2 dernières ne sont pas chiffrées.

Jamet, qui a ainsi développé le titre (*ou les Pensées naïves et ingénieuses du sieur Maranzac recueillies par Madame la Duchesse et l'abbé de Grécourt*), ajoute, dans la note déjà citée : « La naïveté et l'ingénuité de ce personnage amusoit beaucoup cette dame, et elle chargea le fameux sotadique abbé de Grécourt, son poëte à gages, et qui logeoit chez elle, de recueillir ce *sotisiana*, qu'elle imprima elle-même, avec Grécourt, à son imprimerie du palais de Bourbon. On en tira peu d'exemplaires ; ils sont de toute rareté : on en a vu vendre un deux louis. »

Le même écrivain, au tome II de ses *Stromates*, page 1741, dit encore que Lancelot en avait acheté un exemplaire soixante-douze livres « d'une femme de garderobe de Madame la Duchesse, à son départ de Paris, en allant dire adieu à Grécourt. »

« Le *Maranzakiniana* est, ajoute M. Ch. Nodier, une vraie caricature des *Ana*. C'est un recueil de balourdises et de non-sens qui sont, en général, plus hétéroclites que plaisans ; leur sel consiste le plus souvent dans un déplacement d'idées qui produit les rapprochemens de mots les plus bizarres. On en jugera par quelques exemples que je choisirai avec précaution ; car le franc parler de Maranzac est grossièrement obscène, et l'interprète que le choix de Madame la duchesse lui avoit donné n'étoit pas homme à purifier son langage.

— « Maranzac se trouve mal étant à table et se lève ;
« on lui en demande la raison : Monseigneur, dit-il,
« je n'y puis plus tenir ; j'ai un torticolis horrible dans
« le ventre. » —

— « Il tire six coups de fusil à la chasse du sanglier,
« et les manque tous ; outré de colère : Morbleu ! dit-

« il, je ne sais sur quelle étoile j'ai marché aujour-
« d'hui. » —

— « Il dit que les fenêtres d'une certaine maison
« sont si grandes, que le vent y entre à plein collier. » —

— « Les bas de castor d'Orléans sont faits de poil de
« chèvre et de soie. » —

— « Il connaît l'archevêque de Narbonne par théo-
« rie. » —

— « Au bout de cinq heures et trois quarts, le san-
« glier n'étoit pas plus fatigué que s'il n'étoit pas sorti
« de sa chambre. » — ... [1].

Assurément, Madame la duchesse était plus *amusable* que Louis XIV.

J'emprunte encore à M. Leber la citation suivante au sujet d'un autre fou princier : « *Ce reste de barbarie*, dit-il, qui, selon Voltaire, *a duré plus longtemps en Allemagne qu'ailleurs*, faisait encore les délices d'un prince français après le long et glorieux règne de Louis XIV. Voltaire oublia, ou, peut-être, il ignora que le comte de Toulouse eut, comme son père, un fou en titre, et qu'un seul trait de la vie de ce fou, effaçant le prince, suffirait pour venger l'espèce entière des mépris dont nous la couvrons. — L'anecdote est inédite et piquante, mais elle ne m'appartient pas ; c'est tout ce que je puis dire en ce moment. »

On trouve dans le catalogue de la bibliothèque Leber,

---

[1]. *Mélanges tirés d'une petite bibliothèque*; Paris, 1829, p. 40 et suiv.

sous le n⁰ 2578, une note qui se rapporte, en partie, à cette indication. L'auteur y mentionne, en effet, « *une lettre autographe* (marque d'une extrême bonté) *de M. le prince de Broglie*, à son adresse, contenant *l'anecdote singulière et inconnue*, annoncée, mais non rapportée dans son opuscule. »

Nous espérions que la brochure à laquelle a été joint l'autographe en question, serait livrée à la bibliothèque de Rouen, après la mort de M. Leber ; mais il paraît qu'elle faisait partie des livres que celui-ci avait retenus, en cédant sa collection. Ce ne sera donc pas notre monographie des fous qui pourra révéler le fait si honorable pour *l'espèce entière*.

On voit déjà poindre l'aurore d'une ère nouvelle ; pourtant, voici encore les grelots des vieux jours :

« Je me rappelle, dit Gabriel Peignot, que peu avant la révolution, lorsque S. A. S. le vertueux duc de Penthièvre venait, tous les ans, passer un ou deux mois dans son duché de Châteauvillain, j'ai vu parmi les gens de sa suite une folle qui m'a paru jouir des prérogatives attachées aux anciens fous en titre d'office. Elle entrait sans façon, à toute heure, dans l'appartement du prince, et parlait en toute liberté aux seigneurs qui faisaient la cour à Son Altesse.[1] »

La reine elle-même, qui tout à l'heure va porter sa tête sur l'échafaud, ne s'est pas affranchie du vieil usage. Le bibliophile Jacob constate ce dernier fait dans les termes suivants : « Au château de Versailles...., vivait en-

---

1. *Choix de testaments*, t. I, p. 135.

core, il y a peu d'années, un vieillard en cheveux blancs, entouré de vieux meubles, de vieux tableaux, de vieilles friperies et d'une multitude de reliques des modes de Louis XVI, monument du rôle qu'il avait joué sous ce règne : c'était le bouffon de Marie-Antoinette. Il nous montrait en pleurant quelques grains de café qu'il avait reçus de cette malheureuse reine, à laquelle il dit alors : « Je regrette pour la première fois qu'une si « grande reine ait la main si petite. » — Versailles, vide de ses rois, avait conservé un fou de cour, comme une ruine vivante de l'ancienne monarchie. »

Les fous, les bouffons, tels qu'on les entendait autrefois, sont définitivement évanouis, et cela devait être ; car nous sommes devenus plus *raffinés* dans nos plaisirs.

Est-ce à dire que, dans notre XIXe siècle, personne ne se complairait plus à savourer ce bon gros rire qui dilate si bien tous nos organes ? Non, sans doute ! On demande seulement qu'il soit provoqué d'une autre manière.

« Louis-Philippe, dit M. Jal, aimait les histoires grasses et salées, les bons gros mots rabelaisiens et les chansons gauloises, qui venaient le distraire un peu et auxquels il riait comme un enfant. Dans son secrétaire, J. Vatout, homme d'un esprit délicat d'ailleurs, il estimait beaucoup une certaine veine plaisante d'où sortaient des drôleries, rimées ou non, dont la vertu était de désopiler la rate de Sa Majesté... »

La masse de nos contemporains se laisserait aller volontiers aux mêmes distractions.

LES MYSTIFICATEURS

DERNIERS VESTIGES DES FOUS DOMESTIQUES.

Pendant que les fous entretenus pour faire rire leurs maîtres, achevaient de s'effacer devant les bouffons de bonne volonté qui s'étaient constitués leurs rivaux, on avait vu en France une des branches de la folie indépendante et s'exerçant dans des conditions diverses de publicité, prendre un nouveau caractère. La moquerie (ou la gausserie, comme on voudra l'appeler), un des vieux *engins* de la gaieté française, en grande vogue auprès de nos pères, avait longtemps défrayé toutes les classes de la société. C'était pour ainsi dire une arme *banale* à l'usage de tous ceux qui, confiants dans leur force ou dans la faiblesse des autres, se sentaient quelque disposition à multiplier ce bienheureux rire, qui *est le propre de l'homme*. Sa poignée et sa pointe étaient partout à la fois ; mais, si de toutes parts elle se donnait largement carrière, elle s'est montrée en général, longtemps même après le siècle dit de la renaissance, sous des formes tout à fait primitives [1], et elle ne

1. Ainsi, dans la seconde moitié du XVIIe siècle, pour avoir pré-

paraît guère avoir produit, en dehors des noms signalés dans divers passages de ce livre, d'illustrations spéciales, qui aient mérité un souvenir de l'histoire; car je ne sais jusqu'à quel point il conviendrait de donner une mention honorable à *la moquerie de Château-Landon*, passée en proverbe dès le XIIIe siècle, aux *Copieux (copieurs) de La Flèche*, proclamés par Bonaventure des Périers comme de *terribles gaudisseurs*...[1]. Vers le milieu du XVIIIe siècle, au contraire, la moquerie, en prenant un nouveau baptême, en se faisant appeler mystification, devient un art, un talent de société, et elle donne aux biographes des noms célèbres à inscrire dans leurs dictionnaires. Elle se personnifie, pour ainsi dire, dans des vainqueurs et des vaincus, dont quelques-uns s'imposent à l'histoire; en même temps, par les bons soins de la presse, mystificateurs et mystifiés sont produits au grand jour, et concourent ainsi, de compagnie, à la plus grande satisfaction du goguenard public de France.

Dans son ensemble, la moquerie se rattache au chapitre des folles coutumes, qui devra tenir une large place dans l'histoire générale des usages de nos pères;

---

texte de plaisanter Santeuil, Dorimon lui faisait remettre, par le messager de Montpellier, deux bouteilles pleines d'urine, avec un peu d'essence par-dessus..., et Santeuil ripostait en offrant à Dorimon de la matière fécale en tabac. « Quel diable de tabac est-ce là? » disait celui-ci. — « C'est du tabac de Montpellier, » répondait le malin personnage.

1. Ces qualifications proverbiales seront expliquées dans un ouvrage encore inédit, destiné à compléter *le blason populaire de la Normandie*.

ici elle nous appartient par des noms propres qu'elle a contribué à mettre hors ligne. Mais, tandis qu'à l'occasion de la folie-idiotisme, de la folie-bouffonnerie, nous n'avions à mettre en relief que les personnages qui avaient ou prenaient charge d'égayer les autres, — il devient indispensable, à l'occasion de la folie-mystification, de parler également de ses dispensateurs et de ses victimes ; car elle a donné la renommée, tantôt aux uns, tantôt aux autres.

Les mystifiés ont eu leurs célébrités historiques avant les mystificateurs. La première que je crois devoir rappeler ici, appartient même à une époque antérieure à celle qui a été précédemment désignée comme l'âge d'or de la mystification. Je veux parler du fameux abbé Michel de Saint-Martin, appelé par dérision Saint-Martin de la Calotte ou l'abbé Malotru.

Ce n'est pas seulement par les mystifications dont il fut sans cesse la victime, c'est encore par sa bizarrerie et l'excentricité de ses actions qu'il devint l'amusement du public. « Le plaisir de rire, a dit le père Porée, n'est pas un des moindres besoins de l'homme. Tant que le fameux abbé de Saint-Martin a vécu, il a fourni abondamment à ce besoin. On étoit sûr d'avoir de temps en temps quelque scène réjouissante de sa part. Quel dommage que des hommes de cette espèce ne soient plus communs et qu'ils ne puissent se donner des successeurs qui héritent de leur caractère comme de leurs biens !... Dans l'abbé de Saint-Martin l'amour de la gloire avoit dégénéré en fatuité. Le pauvre homme ! plus il vouloit fixer l'attention sur sa personne, plus il l'attiroit sur sa vanité. Il croioit semer l'admiration, et il ne moissonnoit que du ridicule... Le public prit un tel goût aux ridicules scènes que l'abbé de Saint-Martin fournissoit à ses dépens, que des personnes d'esprit s'efforcèrent de leur donner l'étendue et la multiplicité dont elles étoient susceptibles. C'étoit un fonds de facéties où ils puisèrent le plus longtemps qu'ils purent...»

Parmi les personnages qui mirent le plus d'ardeur à exploiter cette mine inépuisable, il faut citer en première ligne MM. d'Angranville et du Tot-Ferrare, l'un ancien conseiller, et l'autre conseiller au Parlement de Normandie ; puis encore MM. d'Aveine et de Lasson. Des ecclésiastiques, des professeurs se mirent aussi de la partie ; et l'on vit même l'intendant de la généralité de Caen et le colonel du régiment du roi en garnison dans cette ville prendre une part pour ainsi dire officielle à la plus grande mystification subie par l'abbé de Saint-Martin.

Si donc l'abbé Porée avait raison de dire, en parlant du mystifié : « De la manière dont les hommes sont faits aujourd'hui, on ne doit point espérer la reproduction de cette espèce de prodige; l'abbé de Saint-Martin est un phénomène qui ne reparoîtra jamais sur l'horizon de Caen ; » dans l'état actuel de nos mœurs ne pourrait-on pas regarder comme aussi prodigieux l'accord de toute une ville, ses principaux habitants en tête, pour jouer publiquement la comédie au préjudice d'un vieillard à qui la vanité avait détraqué la cervelle?

Au reste, de cette circonstance caractéristique ressort la preuve irrécusable qu'au xvii° siècle les grelots de la folie n'avaient pas encore accompli leur rôle et qu'au besoin il se trouvait partout des gens de bonne volonté pour faire concurrence aux fous salariés.

Un autre personnage obtint aussi, dans le siècle suivant, une véritable célébrité par les mystifications dont il a été victime : c'est le poëte Antoine Poinsinet, surnommé le petit Poinsinet, à cause de l'exiguïté de sa taille. Mais s'il lui manquait quelque chose de ce côté, il s'en dédommageait bien d'un autre : comme par une sorte de compensation, la nature l'avait doté d'un orgueil immense, et ce fut cet orgueil, qui, allié à la plus ébouriffante crédulité, le livra sans défense à tous les piéges que les plaisants ou les malintentionnés voulurent lui tendre. Les *gausseries*, les *moqueries*, les *camusades* qui l'accablèrent impitoyablement, furent poussées à ce point, qu'elles devinrent, pour ainsi dire, proverbiales, et ces vieux mots firent place pour quelque temps à celui de *poinsinetades*, en attendant la création du mot *mystification*, qui prit également naissance à l'occasion de Poinsinet.

Le bibliophile Jacob, dans son *Histoire des mystificateurs et des mystifiés*, n'a parlé qu'accessoirement de la *triste odyssée de Poinsinet* ; mais il existe, sur ce sujet, à la suite des *Mémoires* publiés par Jean Monet en 1773, un écrit intitulé : *les Mystifications du petit P****, qui peut suppléer à son silence. Quant à l'abbé de Saint-Martin, il est assez connu, et par cette même *histoire*, et par la Mandarinade de Ch.-Gabr. Porée, pour qu'il y eût utilité de reprendre ici la relation de ses singulières *aventures*.

Nous ne nous arrêterons pas davantage à reproduire la vie des plus célèbres dispensateurs de mystifications : le livre de M. Paul Lacroix nous en dispense. Grâce à cet intéressant travail, il nous suffira de consigner ici quelques détails sommaires et d'enregistrer simplement quelques noms.

La publicité donnée aux mésaventures de l'abbé de Saint-Martin et de Poinsinet contribua puissamment, sans doute, à assurer à la mystification une faveur presque générale. « C'était, dit le bibliophile Jacob, une mode très-goûtée dans les sociétés les plus raffinées. Il y eut des mystificateurs émérites qui se donnaient la tâche délicate d'amuser la galerie aux dépens de quelque bonne âme ; il y eut des mystifiés de profession ou d'habitude... Le métier de mystificateur n'était pas sans péril et sans désagrément : le mystifié se regimbait souvent, et la farce se terminait parfois en tragédie, car le mystificateur n'avait pas toujours l'avantage l'épée à la main. Néanmoins, malgré les fâcheuses conséquences de l'art des mystifications, cet art ne manquait pas de desservants et de prosélytes. Tous les rieurs se tournaient d'habitude contre le mystifié et le forçaient de subir la peine de sa crédulité. Ce fut principalement dans les petits soupers de l'aristocratie et de la finance, que la présence d'un mystificateur habile semblait indispensable... »

Parmi les mystificateurs de ce temps, ceux qui se posèrent hors ligne sont le comte Fortia de Piles qui fit tant de victimes sous le pseudonyme de Caillot-Duval, et Grimod de la Reynière qui renchérit encore sur son contemporain, sans prendre la peine de se dissimuler sous un nom d'emprunt. Celui-ci porta la mystification jusqu'au scandale. L'un et l'autre, au reste, n'exercèrent pas leurs talents de persécuteurs facétieux, exclusivement pour amuser un cercle restreint.

C'était par une correspondance active que Fortia de Piles dressait ses piéges dans toutes les directions, et chaque réponse qu'il recevait mettait entre ses mains autant de preuves de la sottise humaine. Non content de posséder pour lui et pour ses amis, ce trésor d'un nouveau genre, le faux Caillot-Duval s'en faisait un trophée dans toutes les villes où son régiment allait prendre garnison. Mieux que cela encore, dix ans plus tard, en 1795, il fit imprimer ces lettres sous le titre de *Correspondance philosophique de Caillot-Duval.*

Quant à Grimod de la Reynière, s'il n'eut pas recours à la presse pour régaler le public des tribulations de ses martyrs, il s'abandonna à ses tendances d'une façon si excentrique, que tout Paris ne pouvait manquer d'être bientôt dans la confidence de ses mystifications, presque toujours aussi cruelles qu'elles étaient habilement combinées.

La mystification avait eu un interrègne au temps de la terreur; elle reprit son empire avec le Directoire. Les anciens du métier qui *ne radotaient pas encore*, furent les bienvenus aux soupers de Barras et de Tallien, et ils eurent des imitateurs, qui remplirent dignement la place des vétérans. Il s'en rencontrait alors à tous les degrés de l'échelle sociale. Comme toujours, ceux qui opéraient dans les régions intermédiaires ou dans les bas-fonds de la société, ont passé sans laisser beaucoup de trace après eux. On conserve encore, au contraire, le souvenir de plusieurs de ceux qui posaient auprès des personnages éminents. Je citerai plus particulièrement Musson, celui qui porta la mystification de société au plus haut degré de l'esprit, qui eut le privilége de dérider plusieurs fois le premier consul et qui était le favori de Joséphine.

Ce métier n'était pas exempt d'inconvénients; il avait ses chances de rebuffades, de bastonnades et quelquefois même de coups d'épée; mais il donnait accès à toutes les bonnes tables et le mystificateur en renom était plus sûr de son dîner que tel homme de génie, né pour devenir une des gloires de l'humanité. Pourtant, peu à peu, ce genre d'amusement, si contraire aux sentiments de bienveillance qui doivent unir les hommes entre eux, cessa d'être à la mode. Depuis longtemps, il n'apparaît plus dans la société qu'à l'état d'exception, et s'il donne encore signe de vie au fond des masses, c'est plus particulièrement aux époques que nos pères lui avaient pour ainsi dire consacrées.

L'habitude de se faire un jeu des malheureux privés de raison ou d'intelligence, de choyer les farceurs libres qui se dévouent pour provoquer le rire (vestige plus reconnaissable de l'ancien emploi du fou domestique), est demeurée un peu plus vivace, principalement dans les classes pour lesquelles toutes les distractions aux préoccupations habituelles de la vie ne sont pas accessibles.

Si le plaisant de société n'a pas entièrement disparu avec les fous, quelle ne devait pas être son importance auprès des familles de fortune modeste, lorsque la marotte à gages était une sorte de nécessité dans les grandes maisons! Tel que nous l'avons encore vu dans ces derniers beaux jours, c'est-à-dire vers le temps de la Restauration, après que la trace du sang se fut un peu effacée du sol, il était l'assaisonnement par excellence de toute partie, qu'on ne voulait pas considérer comme manquée. S'il était souvent un véritable parasite, un des types principaux de *M. Pique-Assiette*, au moins faut-il convenir que, souvent aussi, il se donnait une peine d'esclave pour amuser la compagnie, particulièrement dans ces merveilleuses excursions par les champs où l'on allait, avant tout, pour chercher à rire, et qui rapportaient presque toujours au morosophe de bonne volonté une extinction de voix, des contusions, un chapeau défoncé et des vêtements en lambeaux.

Le plaisant de société fait quelquefois grand bruit pendant sa vie; après lui, il ne laisse aucun souvenir. L'infirmité intellectuelle qui amuse le public, a, dans plus d'une circonstance, rencontré une meilleure fortune. Nous en avons vu, avant la Révolution, que des rimeurs ont illustrés[1], et d'autres qui se sont illustrés

---

1. Peut-être aurais-je dû mentionner ici le bas normand Cadet Rousselle, devenu célèbre par la chanson populaire que tout le monde

eux-mêmes par leur plume. Au commencement du xixe siècle, la ville de Rouen en a possédé un de ce dernier genre : Olivier Ferrand, rimeur de profession, et, en même temps, le plastron de la foule, qui rit toujours, et de la société plus choisie, qui veut rire quelquefois.

Jacques-Olivier-Claude Ferrand naquit le 25 mai 1747, à Saint Paul-sur-Risle, village de la Poule-Dure, à quelques pas de la limite méridionale de la ville de Pont-Audemer. Dans son enfance, notre héros eut le mérite de ne pas être un petit phénomène. La précocité des fleurs ne tarit pas chez lui la source des fruits ; sa jeunesse eut même de fort modestes destinées : elle se passa tout prosaïquement dans le commerce du coton. Toutefois le feu sacré de la poésie ne couvait pas si secrètement sous la poussière de la laine végétale, que Ferrand fût demeuré complétement incompris. Aussi, lorsque, vers la fin du siècle dernier, il s'abandonna à ses premières inspirations, beaucoup de ses compatriotes

---

connaît. Ce n'est pas, en effet, un personnage purement imaginaire, et, pour qu'il inspirât un poëme comme celui que je rappelle, il fallait bien qu'il eût, dans sa contrée, une certaine dose de renommée burlesque. La chanson où il est mis en scène paraît avoir été composée en 1792, vraisemblablement par quelque soldat de la légion du Calvados ou de l'armée des côtes de Cherbourg. Un couplet dit :

> Cadet-Rousselle a trois beaux yeux,
> L'un r'garde à Caen, l'autre à Bayeux ;
> Comme il n'a pas la vue bien nette,
> Le troisième c'est sa lorgnette.

Cela doit suffire pour rattacher l'origine de notre personnage à la basse Normandie.

ne le regardaient pas comme un homme ordinaire. Il le dit lui-même en ces termes :

> Quand j'ai commencé mes ouvrages,
> J'avais à peine cinquante ans.
> L'on disait, dans tous les villages :
> Cet homme a beaucoup de talents...

Un des premiers fruits de son imagination fut *le Savetier de Péronne*, comédie-vaudeville en un acte, chef-d'œuvre de l'auteur. Cette pièce fut représentée d'abord au Havre, puis sur les deux théâtres de Rouen, vers 1801. Sans doute les allusions politiques, dont le parterre était avide à cette époque, contribuèrent au succès ; mais sa personne n'y fut pas, non plus, étrangère ; car auteur et acteur comme Molière, auquel il ne manquait jamais de se comparer, il jouait dans la pièce le rôle de Gilles, apprenti savetier, rôle d'ingénu parfaitement approprié à son caractère et à son étrange figure. Tel fut le succès de la pièce et de l'acteur, que Ferrand fut couronné sur le théâtre.

Dès lors notre homme n'y tint plus : il se regarda comme le rival du grand Corneille et se vit placé au temple de mémoire entre Voltaire et Crébillon, qui, disait-il, lui gardaient une place.

Malheureusement la roche Tarpéienne n'avait pas cessé d'être auprès du Capitole. Ébloui de l'éclat de sa gloire, Ferrand ne connut plus de bornes. Sa fougueuse imagination se donna carrière sans mesure : il entassa drames sur comédies, vaudevilles sur divertissements, mais sans qu'un théâtre consentît à s'ouvrir pour recevoir aucune de ses pièces, pas même *l'abbé Maury, ou la suite du Barbier de Péronne*, et celui qui s'était vu, de la meilleure foi du monde, porté sur les hauteurs du théâtre, dégringola tout d'un coup à l'hippodrome de Franconi, alors en passage à Rouen, et ce ne fut pas pour y jouir de la représentation de ses œuvres, mais pour y figurer en personne, ou sur le cheval *Pluton*, galopant au milieu d'un feu d'artifice, ou sur le cheval *Pégase*, lancé au milieu d'un jet d'eau figurant la fontaine d'Hippocrène. Au reste, de frénétiques applaudissements stimulèrent le zèle de l'écuyer improvisé et celui-ci, toujours le même, accepta fort sérieusement ce triomphe burlesque. — « Ah ! dit-il dans un complet commémoratif :

> Ah ! Messieurs, pour moi quelle gloire,
> Qui m'arrive encore aujourd'hui !
> J'aurai toujours dans la mémoire
> D'avoir joué chez Franconi.
> Au galop, autour du manège,
> Le public m'a très applaudi ;
> On pourra dire jusqu'à Liège :
> Ferrand a très-bien réussi. »

Et à ses titres d'auteur et d'homme de lettres, il ajouta celui d'écuyer, mais seulement en souvenir du cheval Pégase. C'est que, malgré ses mécomptes, il était loin de renoncer à la carrière dramatico-poétique. De nouvelles rebuffades que ses œuvres lui attirèrent, le placèrent définitivement sur son véritable terrain.

Philosophe pratique, il prit bravement son parti.

Rejeté de la scène bourgeoise et aristocratique, trop à l'étroit avec le répertoire bien peu changeant des acteurs populaires, dévoré d'une inépuisable ardeur de composition, il se fit un théâtre à lui du carrefour et de la place publique ; ses spectateurs furent les oisifs et les passants qui se plaisaient à stimuler sa verve d'impromptus. C'est par ce rôle qu'il entre dans une des branches de la famille des fous de notre ressort, et il s'y acquit de véritables titres de noblesse...

Figurez-vous un frac noir, montrant la corde au delà de toute expression, percé de larges poches toujours regorgeant de paperasses ; une culote de même jeunesse, serrée sur les hanches et bouclée à chaque genou ; des bas de couleur suspecte, sortant en tire-bouchon de souliers à boucles, jaunis par de longs services ; le tout renfermant le corps le plus effilé qui se puisse voir et surmonté d'une tête comme on n'en rencontre pas deux dans le même siècle: cheveux plats, allant se fondre dans une maigre queue, partie supérieure du front extrêmement protubérante, visage décharné et anguleux, mais portant invariablement l'empreinte stéréotypée de la béatitude, de la confiance et aussi de la bonhomie.

« Tel que vous me voyez, Messieurs, aimait-il à répéter avec un certain air qui n'était pas celui de la modestie, je n'ai pourtant jamais étudié ! Tout cela part de là, » disait-il en se frappant le front, et ses auditeurs habituels étaient plein d'une admiration quelquefois narquoise pour le génie de leur poëte.

Ferrand n'avait pu conquérir impunément la faveur de la foule. Sa triple gloire d'auteur, d'acteur et d'écuyer lui suscita des envieux. D'abord c'est un journaliste qui ouvre les hostilités ; puis un nommé Bailly le prend vigoureusement à partie dans un à-propos intitulé *l'École des poëtes*. Ferrand était bonhomme ; mais en sa qualité de poëte, il était chatouilleux à la critique. Il s'indigna de voir

> . . . . Attaquer un auteur,
> Connu dans cette ville, en tout bien, tout honneur;

il riposta et ce ne fut pas de main morte. Le journaliste n'eut pas la masse des rieurs de son côté et le poëte rival dut s'incliner devant cette rude apostrophe :

> . . . . Ignorant imbécille,
> Va donc pour quelque temps étudier à Sott'ville.

Ce double triomphe grandit encore Ferrand dans l'estime publique. Ses admirateurs du carrefour le fêtèrent presque jusqu'à l'ovation et la belle société rouennaise mit plus d'empressement à l'appeler près d'elle pour faire l'amusement de ses salons.

C'est dans une de ces sociétés qu'il rencontra l'habile dessinateur E.-H. Langlois. Il y gagna d'être *pourtraict au vif*. Voici en quelle monnaie il paya gracieusement l'artiste :

> Monsieur, de vos talents je suis fort enchanté.
> Continuez toujours votre aimable carrière;
> Si je marche aujourd'hui sur les pas de Molière,
> Le dessin vous conduit à l'immortalité.

Le portrait fut gravé à la grande satisfaction de Ferrand. Vers le même temps, le poëte populaire avait encore l'honneur d'être modelé en cire et de poser en effigie, devant ses admirateurs, au balcon d'un cabinet de figures.

A cette époque, il était arrivé à l'apogée de sa gloire. Si parfois l'aiguillon de la faim se faisait sentir d'une manière importune, si une légion de gamins s'opiniâtrait souvent à ses trousses, le harcelant de huées, ou le poursuivant d'une grêle de projectiles de tous les règnes, lorsqu'il cherchait, par une course accélérée, à arracher sains et saufs, des mains de ces polissons, les énormes pans de son vénérable habit noir, n'avait-il pas à se dire que le grand Corneille avait connu la misère, que plus d'un génie, encore moins bien traité que lui par la fortune, était mort à l'hôpital, et que les triomphateurs romains avaient eu leurs insulteurs publics?

Rendu plus exigeant par la fécondité de son poëte, le public, de son côté, ne lui laisait guère de repos. Ferrand nous le dit lui-même :

On me fait tourner le cerveau
Pour me demander du nouveau,
C'est ce qui me désole...;

mais ce qui le consolait, c'est qu'il avait plus d'une corde à son arc. Pour satisfaire à la demande générale de son public, il fit donc imprimer successivement une série d'à-propos sur la foire du Pardon, les assemblées de Bonne-Nouvelle et de Sotteville, et surtout sur celle de Saint-Gourgon, la plus célèbre d'alors, et qu'il immortalisa par la fameuse chanson :

> Qui n'a pas vu Saint-Gourgon,
> N'a jamais rien vu de sa vie...

D'autres merveilles devaient encore sortir de son cerveau. Il le promettait du moins à ses abonnés, c'est-à-dire aux personnes chez lesquelles il remettait ses brochures, avec une petite dédicace autographe, en retour de quoi il était rémunéré suivant les dispositions généreuses des lecteurs ; « mais, dit M. Th. Lebreton qui lui a consacré une notice dans la *Revue de Rouen*, au moment où il se sentait le mieux disposé à tenir ses promesses, en mettant un sceau inaltérable à sa renommée, comme s'il eût été écrit que le poëte qui, dans le cours de son existence, avait fait tant d'impromptus, dût, jusqu'à sa dernière heure, rester fidèle à cette formule, son passage de cette vie dans l'autre se fit encore en impromptu : il mourut subitement dans le courant de l'année 1809, âgé de 62 ans. »

Pour avoir joué librement son rôle loin de la cour, Ferrand aurait-il moins de droits à un souvenir que les fous domestiques des maisons plus ou moins souveraines ? Les bibliomanes qui commencent à recueillir ses œuvres, ne le diront pas. C'est pour lui, d'ailleurs, un titre méritoire, à une époque où la gaieté avait parfois ses entraves, d'avoir su donner un peu de joie à cette classe du peuple à laquelle le rire peut faire oublier, du moins pour un instant, tout ce qu'il y a de privations et d'incertitude dans sa destinée.

Je ne sais si le public français eut souvent des amuseurs aussi bien posés que Ferrand pour transmettre leur nom à la postérité. A en juger par la ville de Rouen, il semblerait que ces bonnes fortunes étaient assez ordinaires. Peu de temps après lui, en effet, on y trouvait encore un fou nommé Le Barbier, dont les œuvres ont également fait gémir la presse.

Celui-ci, au reste, ne valait pas pour la foule un idiot vulgaire, sans cesse par les rues, comme pour provoquer ses malices. Tantôt à Rouen, tantôt à Quillebeuf, tantôt au Havre, il se livrait publiquement, il est vrai, à de réjouissants exercices pour régenter l'atmosphère, car sa spécialité était la *Dominatmosphérie*, comme il s'exprimait lui-même, et il fallait le voir officieusement occupé, avec l'énorme canne de fer-blanc qu'il portait toujours avec lui, à diriger les vents et à conjurer, selon le besoin, la sécheresse ou la pluie; mais là se bornait sa mise en scène. La foule respectait la folie d'un homme bienveillant qui croyait se vouer au bien de l'humanité.

Lorsqu'un ancien usage recule devant une pareille barrière, il est bien près de tomber définitivement dans le domaine du passé.

CONDITION

ATTRIBUTS, COSTUME DES FOUS.

Le grotesque, ainsi que nous l'avons dit, a joué un rôle important dans les annales du passé. Les fous de profession, qui appartiennent à cette grande spécialité historique, n'en furent pas moins des personnages assez bas placés dans l'estime publique. Nous avons vu le comte de Chaligny, prisonnier de Chicot, chercher à laver la tache que ce malheur avait imprimée à son blason, en frappant de son épée le courageux bouffon de Henri IV. Dans les choses sérieuses, l'habit de fou dégradait celui qui en était revêtu, comme s'il eût servi à manifester un état d'imbécillité ou de démence réelle. Voilà pourquoi un ecclésiastique condamné à une peine capitale ou infamante pouvait en être affublé au moment de son exécution. Le 19 avril 1530, un vicaire assassina son curé, qui était alors à Paris au collége d'Autun, « devant saint Andry des Ars ; pour le quel meurtre fut le dict vicaire desgradé au Puis Nostre Dame, le 4 mai ; et *abillé en habit de fol*, deslivré fut à Maistre Jehan Morin, lieutenant criminel, et par sa sentence fut condamné à avoir le poingt coupé, et attaché à une potence avec le braquemart dont il avoit fait le dit meurtre..., et puis bruslé tout vif.... »[1].

Le 10 décembre 1533, à Rouen, pour fait d'hérésie, Étienne le Court, prêtre du diocèse de Séez, subissait la peine de la dégradation, devant la cathédrale. Ensuite il était « habillé en habit de fol, c'est assavoir d'ung habit divisé my party, et puis baillé et deslivré à Maistre Robert Langloys, lieutenant général du bailli, pour faire la punition du crime d'hérésie... »

En 1605, le duc de Nevers veut-il venger l'affront qu'il prétendait avoir reçu, dans la publication d'un arrêt du conseil, du conseiller le Jau de Vertau, trésorier général des finances pour la Champagne ? Il le fait enlever à Châlons, et ordonne ensuite que, vêtu d'un habit de fou, on le promène dans toutes les villes de sa principauté du Béthelois [2].

Il serait facile de multiplier les citations de ce genre, pour constater que le mépris s'était attaché à la personne et à la livrée des fous, même dans la période la plus brillante de leur histoire. Quoi qu'il en soit, cependant, leur abaissement, sous ce rapport, n'était pas sans compensations.

« C'était un bon métier, dit M. Leber; je dirais presque un emploi supérieur que celui de bouffon, quand les rois s'en amusaient, quand les sages donnaient aux

---

[1]. Chron. de Gaguin, continuée, in-f° goth., t. 2, f° 245. — Monnaies des fous, p. LXV.

[2]. Requestes au roy..., par le S. de Vertau..., Paris, 1605, in-4.

fous tant d'occasions de les ramener eux-mêmes à la raison, d'où ils s'écartaient sous la toge et l'hermine. Si ce métier avait ses humiliations et ses dangers, il avait aussi ses prérogatives, ses avantages, son ambition et son éclat. La condition des fous en titre d'office était de faire rire à tout prix. Ils jouissaient donc de la plus grande liberté de tout faire et de tout dire ; c'était à eux d'en user avec l'esprit qu'ils devaient toujours mettre dans leurs sottises, dont le succès couvrait la turpitude. Hors de la loi commune en matière de discrétion et d'étiquette, ils pouvaient hasarder des réflexions d'une haute sagesse, qui n'en eussent pas moins paru insolentes dans toute autre bouche; et, à cet égard, la vie était pour eux une saturnale perpétuelle. J'en trouve un témoignage dans ces vers du *triomphe des Conards*, autres fous du même temps [1] :

UMBRE DE FOLIE.

Sous umbre de faire le fol,
On entre aussi tost aux maisons
Qu'un aussi sage que Saint Pol
Avec sa prudence et raison :
Fols trop plus estourdis qu'oisons
Et Conards sont permis tout dire,
Tant en ces jours qu'en rouvaisons,
Sans encourir du prince l'ire [2].

[1]. *Le triomphe de l'abbaye des Conards*, scène des ombres.
[2]. Quelquefois les fous avaient même plus que la liberté de *tout dire.* « J'ay connu, dit Brantôme, une fille de bonne maison, qui, ayant un laquais de l'aage de quatorze ans, et en ayant faict son bouffon et plaisant, elle faisoit autant de difficultés que rien à se lais-

« Quant à la fortune, les fous en titre n'auraient eu rien à envier aux courtisans les plus favorisés du prince, si l'on en juge par ce trait satirique de Boileau, parlant de la cour de Louis XIV :

> Et l'esprit le plus beau, l'auteur le plus poli,
> N'y parviendra jamais au sort de l'Angéli... »

On sait, d'ailleurs, en quelle situation Brusquet avait su mettre ses affaires.

En devenant un personnage de cour, le fou ne pouvait manquer d'avoir ses attributs, sa décoration, sa livrée. Un petit poëme du xve siècle, intitulé : *Les souhaiz du monde*, nous fournit à ce sujet quelques indications que je dois rapporter d'abord :

Dans cette pièce, chaque état figure tour à tour, exprimant ce qu'il désire ; voici les vœux du personnage qui nous occupe :

LE FOL.

> Pour mon souhait qui nuyt et jour m'assolle,
> Je souhaitte des choses nompareilles :
> *Premierement une belle marotte,*
> *Et chapperon garny de grans oreilles.*
> *Des sonnettes faisant bruyt à merveilles ;*
> Fy de soucy, de chagrin, et de deul,
> Dancer de hait dessoubs buyssons et treilles,
> Bon appétit pour vuider pots, bouteilles,
> Et à la fin pour trésor un linceul.

ser baiser, toucher et taster à luy, aussy privément que si c'eust esté une femme, et bien souvent devant le monde, excusant le tout, en disant qu'il estoit fol et plaisant bouffon... » (*Dames galantes*, ive discours.)

Une marotte, un chaperon à longues oreilles, des sonnettes : voilà les attributs les plus ordinaires de la bouffonnerie ; mais ce n'est pas tout encore, et ces premiers détails réclament d'ailleurs quelques explications. M. Leber va nous les fournir, et, en même temps, combler les lacunes du texte rimé. « On tailla à la bouffonnerie, dit-il, son pourpoint sur le patron du vieux Momus ; elle reçut pour sceptre une marotte ; la jaquette découpée en angles aigus lui tint lieu de manteau ducal ; une épée de bois dorée, ou, en d'autres termes, une épée pour rire, ceignit le côté de la bouffonnerie ainsi personnifiée ; et ce qui la distingua surtout du commun des fous non enrôlés sous ses bannières, ce fut le coqueluchon pointu, décoré de longues oreilles et garni de grelots, qui caractérisaient assez plaisamment le caquetage bruyant d'un évaporé vide de sens et d'instruction. Telle était aussi la signification emblématique d'une vessie de porc bien gonflée, renfermant une poignée de pois secs, et attachée à l'extrémité d'une baguette blanche, dont l'agitation concertée avec la secousse des grelots complétait l'idée d'une tête folle et de tout ce qu'on en peut attendre[1]. »

Rabelais, dans son chapitre sur Triboulet, n'a pas oublié de lui faire donner par son héros Panurge « une vessie de porc bien enflée et résonnante, à cause des pois qui dedans estoient ; plus une espée de bois dorée. » Notons qu'il y ajoute : « une petite gibecière, faite

---

[1]. D'où le proverbe : *Pisa in utre perstrepentia* (pois résonnant dans une vessie), pour signifier un flux de paroles qui ne disent rien.

d'une coque de tortue ; plus une bouteille clissée, pleine de vin breton et un quarteron de pommes blandureau...»

Si l'autorité de Rabelais, si imposante en pareille matière, paraissait cependant devoir être appuyée par quelque autre témoignage, je m'empresserais d'invoquer, en faveur de la vessie de porc, celui de Hotman, en son *Matago de Matagonibus*, lorsqu'il dit à Matharel : « Crede mihi, Matharelli, si rex fiam, quod tu eris primus in matriculâ meorum stipendiatorum, non ut te faciam meum procuratorem generalem...; sed meum archifatuum sicut Tribulettus fuit regi Ludovico. Et ut isto feudo solemniter investiaris, dabo tibi, pro dono investituræ, unum pulchrum bacillum album cui alligata erit una vesica cum pisis ab intus canorè resonantibus. »

Jadis le choix des couleurs n'était pas chose indifférente : chaque nuance, en effet, avait sa signification. Les fous ne pouvaient donc manquer d'avoir, sur ce point, leur attribution particulière.

Nous avons vu plus haut que Hancelin Coq était habillé d'iraigne. Son habillement complet, composé du chaperon, de la cornette, du bonnet, et de la houppelande, était de couleur *vermeille*, c'est-à-dire rouge. Lors du troisième mariage de Louis XII (avec Marie d'Angleterre), sur un des échafauds dressés dans les rues d'Abbeville que le cortége devait traverser, figurait Triboulet, le fou royal, *en sayon jaune et rouge*[1].

---

1. Louandre; *Hist. d'Abbeville*. 1534.

Deux manuscrits de la bibliothèque nationale, contenant des rébus de la fin du xve siècle, présentent également des fous en costume rouge. La même couleur se retrouve dans les *Heures* imprimées sur peau de vélin, du commencement du xvie siècle, où l'on remarque aussi des jaquettes de fous de diverses autres couleurs. Mais ce ne sont là que des habits de fantaisie, et, dit M. Leber, leur diversité même en est la preuve. »

Les véritables couleurs de la bouffonnerie étaient le jaune et le vert. Angoulevent, le prince des sots, qui devait en savoir quelque chose, nous l'indique, en ces termes, dans son épître à l'*archipoëte des pois pillez* :

> Qu'après, dedans le char de la troupe idiotte,
> Ayant pour sceptre en main une peinte marotte,
> Tu sois parmi Paris pourmené doucement,
> *Vestu de jaune et vert en ton accoustrement* [1].

Quant au bariolage et à la forme de l'habit *complet*, on en trouve la description dans le procès-verbal relatant la piteuse aventure du conseiller Le Jau de Vertau. C'est celui-ci qui parle : « Un qui commande dans la cassine, dit-il, nous seroit venu trouver, et dit que le gouverneur nous mandoit qu'il avoit reçu commandement du sieur duc de Nevers, de nous faire vestir un habit qu'il nous montra, qui estoit fait par bandes de serge, moitié de couleur verte, et l'autre de jaune ; et là où il y avoit des bandes jaunes, il y avoit des passements verts, et sur les vertes des passements jaunes :

---

[1]. *La Guirlande, ou response d'Angoulevent...* Paris, 1603, in-4.

entre les bandes, il y avóit aussi du taffetas jaune et vert qui estoit cousu entre les dites bandes et passements. Les bas de chausses cousus avec le haut estoient, l'un tout de serge verte et l'autre de jaune; et un bonnet aussi moitié de jaune et de vert, avec des oreilles...»

« Il s'agit ici d'un événement arrivé en 1615, ajoute M. Leber : alors les fous commençaient à déchoir de leur ancienne splendeur ; et l'on pourrait supposer que leur costume, jadis plus en rapport avec leur fortune, était aussi déchu de son ancien éclat. On se tromperait ; ce serait mal connaître l'espèce dont je crayonne l'histoire. Il est trop vrai que les fous de tous les temps se ressemblent, et qu'à l'exception de ceux qui peuvent me lire ou m'entendre, dont la couleur est peut-être moins gaie, tous, et depuis les plus anciens connus en France, ont porté la livrée verte et jaune, comme le bien amé conseiller trésorier général des finances pour la province de Champagne [1]. Que l'on consulte

---

[1]. Cette affirmation est évidemment trop absolue. Le jaune et le vert caractérisaient, il est vrai, la folie; mais la fantaisie multipliait à l'infini les exceptions à la règle générale. On en a vu divers exemples dans plusieurs passages de ces recherches. En voici un autre fourni par Grosley, dans les *Mém. de l'acad. de Troyes*, p. 324 : « J'eus, en 1738, l'honneur, à la Muette dans le bois de Boulogne, de quelques moments d'entretien avec le fou du cardinal de Fleury, qui étoit venu comme les autres à la suite de la cour : il étoit vêtu en cardinal, portoit calotte rouge, chapeau à ganse d'or, bas rouges, et habit violet ou pourpré : il étoit monté sur une mule caparaçonnée comme le sont à Rome celles des cardinaux : les courtisans l'appeloient *Monseigneur*. Cet homme, Provençal, étoit âgé d'environ 60 ans, fort nigaud, très fat, un peu bête... »

les manuscrits du roi du xive et du xve siècle ; qu'on ouvre le *Froissard*, si renommé pour sa magnificence, ou la *Cité de Dieu* de St Augustin, manuscrit non moins précieux, et, pour plus de certitude, le livre de la *Danse des Morts*, dont les peintures remontent au règne de Louis XI, partout on verra le vert et le jaune, ou l'or qui le représente, exclusivement affectés à l'image de la folle et du fou. La tunicule, la jaquette, le haut-de-chausses et le capuchon à oreilles d'âne, se présentent toujours sous cette livrée [1]. »

« Pour ce qui reste à dire sur les deux couleurs plus particulièrement affectées à la folie, et aussi sur le coqueluchon, destiné également à la caractériser, je pourrais, à peu de frais, faire montre d'érudition, en remaniant, d'une manière plus ou moins heureuse, les détails fournis sur ce sujet par M. Leber. Il me semble plus loyal de reproduire textuellement ses propres développements, quelque étendus qu'ils puissent paraître. Je vais donc continuer de transcrire :

« On voudra savoir à présent, dit-il, d'où vient cette prédilection séculaire des bouffons et des fous pour le jaune et le vert. J'en suis bien fâché pour l'honneur de l'espèce ; mais l'impartialité de l'historien ne me permet pas de dissimuler le peu de considération dont ces couleurs jouissaient dans un temps où la livrée fai-

---

[1]. « La tunicule de la folle de *la Danse des Morts* est mi-partie jaune et vert. Les deux fous en pied du *Froissard* sont, l'un tout jaune, l'autre tout bleu, couleurs élémentaires du vert. Celui de la *Cité de Dieu* est vert et or. Les grotesques à capuchon pointu de mes manuscrits sont aussi vert et or ou jaune. »

sait l'homme, où une couleur était toute une histoire.

« Le safran contient une substance éthérée, abondante, subtile, qui, agissant fortement sur les nerfs, excite le rire, produit la gaieté, et peut même causer des accès de folie dans les personnes qui en respirent trop longtemps le parfum. De cette propriété du crocus, sur laquelle la médecine moderne s'accorde sans réserve avec l'ancienne, est dérivé le proverbe : *Croco stultus non eget* (le fou n'a que faire du safran), et l'expression : *crocum edisse* (avoir mangé du safran), c'est-à-dire éclater de rire à tout propos, se livrer à une gaîté folle. Ce rapport du safran avec le fou semblerait mettre hors de question la moitié de son trousseau ; sa couleur n'aurait été que la réflexion de sa gaieté, et l'on n'est pas déshonoré pour être gai. Je conçois que nos bouffons n'auraient rien de mieux à dire, s'ils étaient ici pour se défendre : mais je crains bien de ne pouvoir, en conscience, les tenir quittes à si bon compte. Pour un proverbe équivoque, dont ils détourneraient le sens à leur profit, que de présomptions fâcheuses s'élèvent contre leur robe et ternissent leur dorure !

« Le *jaune*, à quelques exceptions près, fut toujours, dans le moyen âge, une marque de félonie, de déshonneur, de bassesse ou de mépris. La main du bourreau imprimait à la maison d'un criminel de lèse-majesté le cachet de l'infamie, en la barbouillant de jaune [1]. C'était la couleur des laquais [2], et plus particulièrement des

---

[1]. V. les pièces du procès du connétable de Bourbon, et Sauval, *Antiquités de Paris*, t. 2, liv. 7, p. 209.

[2]. *Le blason des couleurs*, par Sicile, 2ᵉ partie.

valets employés aux exécutions de la haute justice ; on en fit le symbole de la prostitution et de ses auxiliaires[1] ; elle devint même pour un peuple entier le sceau de l'humiliation et de la servitude : la cupidité ménageait les Juifs ; le préjugé les flétrissait. Le concile d'Arles tenu en 1254 avait décrété qu'ils porteraient sur l'estomac une marque ronde qui les distinguât des chrétiens, et saint Louis voulut que cette marque fût d'étoffe jaune : voilà pourquoi les Juifs sont quelquefois représentés dans les miniatures du xive et du xve siècles, non pas seulement avec la pièce jaune, mais en habit complet de cette couleur, qui passa des Israélites aux hérétiques, des hérétiques aux saltimbanques, des saltimbanques aux fous, et de ces derniers aux maris notoirement victimes de l'infidélité conjugale[2]. Il faudrait être habile comme d'Hosier, et menteur comme un généalogiste, pour tirer de celle-ci un bon titre de noblesse : je ne m'en charge point. D'ailleurs il me resterait encore une tâche assez difficile à remplir ; ce serait de prouver l'illustration du *vert*, qui n'a pas toujours été le langage exclusif de l'espérance et de l'amant de Flore.

« Cette couleur était aussi considérée comme un emblème de ruine, d'affliction et de déshonneur. Une croix verte, entourée d'un crêpe noir, figurait ordinairement dans la procession d'un auto-da-fé ; elle servait de bannière aux princes et aux personnes de qualité qui la suivaient, couverts de manteaux croisés de blanc et

---

1. Alciati *Embl. in colores*, embl. 117.
2. *Trattato de' colori* di M. Coronato, 1568, pet. in-8, p. 41 et passim.

de noir. Dans l'ordre civil, le vert rappelle la couleur du bonnet dont on coiffait un banqueroutier au pilori des halles : telle était encore la calotte du galérien relaps, ou qui avait tenté de s'évader. C'était alors une marque de flétrissure ; et, à ce titre, le vert n'a pas dégénéré en se mariant avec le jaune dans la parure d'un fou...

« C'est ici le lieu de faire observer que le capuchon du fou n'était pas, dans l'origine, une coiffure singulière, exclusivement propre à ce personnage, et qu'il ne devint plaisant que parce qu'il représentait en charge une mode ancienne passée depuis longtemps[1]. Les mots *cuculle*, *coule*, *capuce*, *capuchon*, *coqueluchon*, et même *coqueluche*, sont tous de la même famille. Ils servaient à désigner la partie supérieure du *mantel* et de la *saye* du moyen âge, ou le couvre-chef séparé du manteau, qui n'enveloppait que la tête et les épaules. La *cuculle* ou *coule*, dont le camail ecclésiastique actuel est une dégénération, s'entendait aussi de la robe ou tunique entière garnie d'un capuchon, comme celle que conservent encore les Chartreux et les Bénédictins. Paysans, bourgeois, grands seigneurs, princes, tous portaient la cuculle, au temps du roi Jean et de Charles V. Des magistrats, des guerriers, des courtisans et le roi lui-même sont représentés en *capuchon* dans les miniatures du XIVe siècle... C'est cette coiffure, modifiée par l'addition de longues oreilles et de grelots, qui est demeurée affec-

---

1. Le coqueluchon, né en France, ou plutôt dans les Gaules, appartient à notre costume national le plus ancien connu. Il n'a commencé à distinguer essentiellement l'habit claustral de l'habit civil que dans le XVe siècle.

tée au personnage du fou, lorsqu'elle cessa d'être d'un usage commun à toutes les classes de la société... »

Tout cela a-t-il disparu avec les fous en titre d'office, avec les confréries folles qui avaient adopté le même costume, en tout ou en partie? Non certes; le XIXᵉ siècle lui-même en conserve encore quelque chose. Ces *Gracques*, ces *Cornélies* de l'éternel carnaval perpétuent parmi nous le capuce d'Angoulevent ou la cornette de la mère-sotte. Le *domino* n'est au fond qu'un habit de fou qui a perdu ses insignes caractéristiques.

Mais, — pour en revenir aux fous en titre d'office, — je dois dire que si les insignes de la folie en général étaient bien déterminés ainsi qu'on l'a vu plus haut, les rois et autres personnages qui entretenaient des bouffons, ne paraissent guère s'être préoccupés de les en pourvoir. Pas un seul extrait de compte, en effet, n'a parlé de marotte, de sonnettes, de chaperon à longues oreilles, de vessie gonflée renfermant des pois secs, destinés à des fous de nos rois. Ces comptes, au contraire, nous les montrent souvent vêtus à peu près comme pouvaient l'être d'autres officiers de la cour, et lorsque leur costume n'est plus le même, c'est principalement par la façon et par les couleurs qu'il diffère.

Plusieurs articles de comptabilité, rapportés par M. Jal, parlent de sonnettes, il est vrai; mais elles ne sont pas destinées à des bouffons. Ainsi, en 1390, le compte de l'Argenterie, sous la date du 4 décembre, mentionne de petites sonnettes d'argent doré destinées à être mises sur deux « haincelins ou houppelandes bastardes de velours noir pour le roy (Charles VI) et le duc de Tourraine; » — ainsi encore, en 1487, pour une fête, une mascarade ou un jeu dramatique, Charles VIII en fait délivrer « au petit Peronet, jeune fils de l'hostel de Bourbon, » et le petit Peronet n'a pas d'office de bouffonnerie. Je sais bien que cet enfant avait à jouer exceptionnellement un rôle de *fol* et que le costume qu'on lui donnait pour cela était un habit « de fol miparty de soye de diverses couleurs, garni de sonnettes, boutons et houppes; » mais, je le répète, sa position à la cour n'était pas celle de fou. Dans la circonstance, il avait les sonnettes tout simplement pour caractériser le rôle qu'il avait momentanément à remplir.

Les insignes de la folie, tels que je les ai rappelés, n'ont pas, pour cela, manqué d'occasions de se produire. S'ils ne furent point à l'usage des fous domestiques, les nombreuses sociétés grotesques n'en négligèrent pas l'emploi. Vraisemblablement aussi ils servirent généralement aux bouffons des villes. Si l'on ne les avait pas rencontrés de toutes parts, le passé nous en aurait-il légué tant de dessins?

EXEMPLES

DE FACÉTIES ATTRIBUÉES A DIVERS FOUS.

Le duc de Bourgogne et son fou, au siége de Beauvais.

Pendant le siége de Beauvais qu'il fut contraint de lever dans le courant du mois de juillet 1472, « le duc de Bourgogne faisant un jour veoir aux ambassadeurs d'Angleterre la belle artillerie et en grand nombre qu'il avoit, disant que c'estoient les clefs des bonnes villes de France : le fol du dit duc fit contenance de chercher parmi ceste artillerie, comme s'il avoit perdu quelque chose, et estant interrogé par son maistre ce qu'il cherchoit, luy dist tout haut, en présence de ces ambassadeurs, qu'il cherchoit les clefs de Beauvais et ne les pouvoit trouver. » (*Discours du siége de Beauvais...*; Beauvais, G. Vallet, 1626.)

Le fou Polyte.

« Il y avoit un fol nommé Polite, qui estoit à un abbé de Bourgueil. Un jour, un matin, un soir, je ne sauroîs dire l'heure, M. l'abbé avoit une belle garse toute vive, couchée auprès de lui, et Polite le vint trouver au lit, et mit le bras entre les linceuls par les pieds du lit. Là il trouve premièrement un pied de créature humaine. Il va demander à l'abbé : « Moine, à qui est ce pied ? — Il est à moi, dit l'abbé. — Et cettui-ci ? — Il est encore à moi ». — Et ainsi qu'il prenoit ces pieds, il les mettoit à part, et les tenoit d'une main, et de l'autre main, il en print encore un, en demandant : Cettui-ci à qui est-il ? — A moi, ce dit l'abbé. — Ouais ! dit Polite, et cettui-ci ? — Va, va, tu n'es qu'un fol, dit l'abbé ; il est aussi à moi. — A tous les diables soit le moine ! dit Polite ; il a quatre pieds comme un cheval. — Et bien pour cela, encore n'est-il fol que de bonne sorte... » (Bonaventure des Périers.)

Le fou du marquis du Guast.

Pendant la bataille de Cérisoles, en 1544, le marquis du Guast, lieutenant de Charles-Quint, crut un moment que la victoire était à lui, et, pour en transmettre la nouvelle à sa femme, il dépêcha son fou, *en lui baillant armes et cheval et outre lui promettant* 200 *escus pour prix de sa commission* ; mais la chance tourna et les impériaux furent battus. Le bouffon, fait prisonnier en chemin, fut amené devant le duc d'Enghien, auquel il raconta l'objet de son ambassade. « Mais qu'est devenu le marquis ? demanda le duc. — Je crois, répondit le fou, que le marquis a voulu gagner son argent lui-même et qu'il est allé avant moi porter la première nouvelle de sa victoire. »

Du seigneur de Morvilliers et d'un fol qu'il rencontra.

« Le seigneur de Morvilliers passant un jour en un village nommé Susay, vit un jeune fol aagé environ de dix-huit à vingt ans, qui lui vint faire feste, auquel il dit : « Viens çà, mon amy ; veux-tu venir avec moy et tu seras mon fol ; tu ne feras rien sinon que faire bonne chère, toujours rire et passer le temps comme tu voudras. — Ha! dit ce pauvre fol, je suis le fol de mon père, parce que c'est lui qui m'a fait ; si vous en voulez avoir un, allez le faire chez vous. — Mais, dit le sieur de Morvilliers, je suis trop sage ; je ne saurois faire un fol. — Et bien, dit ce jeune fol, si vous voulez, je vous en irai faire un chez vous. » — Lors le seigneur de Morvillers, se fondant plus hautement en raison, luy dit : « Ce ne seroit donc pas mon fol, ce seroit le tien. — Point, point, répondit le fol ; il sera dit tout vostre : car la moitié que fera vostre femme, sera à vous, et je vous feray présent de l'autre moitié qui m'appartiendra. »

(*Les Plaisantes Journées du sieur Favoral*; Paris, 1644).

Subtiles et naïves reparties que fit le bouffon d'un seigneur de Bretagne en diverses occasions, et autres galanteries qu'il fit à plusieurs personnes.

« C'est l'ordinaire des grands d'avoir tousjours quelques bouffons près d'eux pour les divertir et leur faire passer le temps, comme faisoient anciennement les Romains, les quels, quoiqu'ils feussent estimez les plus sages du monde, se plaisoient grandement, mesmes dans leurs triomphes, d'avoir quelques badins pour se récréer et donner du plaisir au peuple. Or un certain seigneur du pays de Bretagne en avoit un le plus plaisant qui se pouvoit rencontrer, non seulement en ses actions, mais aussi en reparties. Un jour l'ayant envoyé de Paris à Lyon pour aller réjouir un sien cousin qui estoit malade, passa par une ville où l'on faisoit garde aux portes, à raison de la contagion. Le capitaine le voyant assez bien monté, se voulut informer qu'il estoit et d'où il venoit; c'est pourquoi il lui demanda : « Monsieur, où allez-vous maintenant ? — Monsieur, respondit le bouffon, il le faut demander à ma beste; c'est elle qui me mène. » — Ce capitaine entendant cette folle réponse, se prit à rire, et, poursuivant son discours, lui demanda comme il s'appeloit : « Je ne m'appelle point, dit-il; ce sont les autres qui m'appellent. — Mais, dit un soldat qui estoit là, s'il vous falloit appeler pour disner, comment vous appelleroit-on ? » — Lors le bouffon repartit brusquement : « On n'a que faire de m'y appeler, je m'y trouve toujours de bonne heure. » —

Cette repartie fut une risée à tout le corps de garde. Le capitaine ne sachant que juger d'un tel personnage, le voyant si résolu, lui demanda de rechef d'où il venoit : « Je viens, répondit-il, de Paris, où je crois qu'il y a bien du désordre, car toutes les boutiques estoient fermées lorsque j'en suis parti. » — Les soldats de la garde entendant cela, coururent vistement aux armes, estimant que possible le roi feust mort. Quelqu'un cependant lui demanda à quelle heure il en estoit sorti : « A quatre heures du matin, lorsque tout le monde estoit encores au lit, » dit notre bouffon. — Aussitost on jugea que c'estoit le fol de quelque seigneur, qui se plaisoit ainsi à railler un chacun, de sorte que l'on le laissa aller.

« Une autre fois, un gentilhomme le rencontrant par les chemins, lui demanda s'il venoit de la cour et s'il n'avait rien oui dire à Paris : « Rien du tout, monsieur, dit-il, sinon que l'on tient qu'il s'y est levé ce matin plus de trente mille hommes. — Pour quel sujet? dit le gentilhomme. — Pour se coucher ce soir, » répondit le bouffon...

« Il arriva au même bouffon que, passant un dimanche par le cimetière d'une église de village, trois vieillards le voulant arrester pour lui faire dire quelques sottises et apprendre des nouvelles de la ville d'Avignon, leur dit : « Messieurs, je m'estonne qu'estant si proche de vos maisons et sur votre fumier, vous me vouliez prendre à votre advantage; au reste, vous devriez vous informer plustost de ce qui se fait en l'autre monde, que de vous enquérir d'un pays que vous ne verrez plus guère... »

« Il fit une des plus plaisantes saillies d'esprit qui se peut dire : Un jour estant arrivé en l'université de Valence, près de Lyon, vit un placart en vertu de l'édit du roy, par lequel il estoit commandé à tous capitaines de licentier leurs soldats, tant d'une part que d'autre. Aussitost, voulant passer pour homme de guerre, courut trouver les professeurs de droit, aux quels il dit : « Messieurs, je vous prie de me donner mes licences de bonne heure, et avant qu'il y ait presse, car le roy a ordonné que tous les soldats feussent licentiez. » — Cette plaisante extravagance fut un sujet de risée à tous ces vénérables docteurs, qui d'abord l'avoient pris pour une personne de bon sens.

« Mais cela ne fut rien au regard de celle qu'il fit à un organiste de Vienne, qui fut qu'un jour l'ayant trouvé dans la grande église avec une longue soutanne, il lui dit : « Monsieur, je m'imagine que vous estes organiste, car vos chausses sont faites à tuyaux d'orgues, et crois que les soufflets en sont proches ; au surplus je suis de la profession. » — L'organiste n'entendant pas ce style, fut ravy d'avoir rencontré un homme de sa condition ; il lui fit bonne chère un jour ou deux. Le dimanche estant venu qu'il devoit jouer à la messe parochiale, il le pria de prendre le clavier ; mais ce bouffon lui repartit que quoiqu'il feust du mestier, ce n'estoit qu'à souffler. Le pauvre organiste voyant qu'il estoit dupé, lui présenta son soufflet et son gros tuyau de derrière, lui disant : « Soufflez là, puisque vous estes du mestier, et cependant je joueray des doigts. — Ce n'est pas ma coutume, dit le bouffon, de souffler au cul d'un veau. » —

Cela dit, il laissa mon organiste et s'en alla comme il estoit venu...

« Comme il fut une fois invité chez un gentilhomme à disner, on lui présenta un plat de solles fricassées au beurre ; mais comme il faisoit scrupule d'en manger en temps de caresme, sans avoir dispense de l'église, le gentilhomme lui dit : « Il ne faut pas faire difficulté d'en manger, c'est affaire à donner deux sols à l'église pour avoir permission d'en manger tout le long du caresme, et tant que vous voudrez. » — A ces mots, le bouffon le remercie de sa bonne instruction et promet de donner deux sols le lendemain : « Mais fourniront-ils pas de beurre aussi ? » dit-il incontinent. Cette plaisante naïveté apresta à rire à toute la compagnie qui estoit à table.

« Ce bouffon s'estant un jour rencontré à la table d'un seigneur de condition, fit une plaisante proposition à la compagnie, sçavoir est pourquoy on faisoit les pains en Espagne plus grands qu'en France. Les uns disoient que c'estoit à raison de ce que le grand pain se tient plus frais que le petit ; les autres estimoient que cela venoit de ce que les Espagnols ont leurs fours plus grands que les François : bref, chacun en prit son opinion, et selon la portée de son esprit. Enfin, ce bouffon, lassé de les voir si mal raisonner, se prit à rire et leur dit : « Certes, Messieurs, vous tesmoignez que vous estes bien ignorants de ne sçavoir pas soudre une question de si peu d'importance. Voulez-vous que je vous dise mon opinion sur ce sujet ? Les pains se font plus grands en Espagne qu'en France, à cause que l'on y met plus de paste et de farine. » — Lors tout le monde demeura muet, admirant la naïveté de ce badin.

« Un jour ayant trouvé un paysant qui venoit de l'enterrement de sa femme, ce bouffon lui demanda ce qu'il avoit à pleurer si fort. « Hélas ! respondit le pitaut, j'ai perdu ma femme ! — Par ma foi ! repartit aussitost le bouffon, je ne l'ai pas trouvée. — Je le sais bien, Monsieur, dit le rustre ; mais c'est que je veux dire que ma femme est morte, dont j'ai un extrême regret, car c'estoit la plus honneste femme de tout le village. — Vous avez menti, dit le bouffon ; car si elle eust esté honneste femme, elle n'eust pas quitté son mary. » — Ce pauvre esploré, entendant ce discours, fut contraint de changer ses larmes en risée...

« Comme ce plaisant bouffon alloit un jour saluer un seigneur de Normandie..., il arriva que ledit seigneur voulant se servir de luy, luy demanda ce qu'il savoit faire : « Monseigneur, dit le bouffon, je sçay boire, et manger, et me mettre au lit quand je suis saou. Au reste, je ne manque point d'appetit. Si j'ai l'honneur de vous rendre quelque service, je vous promets que je vous feray autant de fumier que six de vos meilleures vaches que vous ayez. » — Ce seigneur, entendant ces plaisantes sottises, le retint pour s'en donner du plaisir. Un jour, comme il estoit à table avec quelques seigneurs de ses amis, il fit signe à son bouffon de luy donner à boire. Ce plaisant robin courut vistement au buffet, et prit un verre de vin, et le mit sous son manteau, puis le tirant par une des basques de son pourpoinct, luy dit bas à l'oreille : « Monseigneur, en voilà. Prenez garde que personne ne vous voie. » — La compagnie se prit à rire, voyant la procédure de ce bouffon ; mais luy, sans s'esmouvoir beaucoup, dit d'une effronterie nompareille : « Il n'y a pas de quoy rire, Messieurs ; mon maistre m'a demandé à boire par signe : je croyois qu'il ne voulust pas que personne le vist ; ce qui m'a obligé de luy en donner en cachette. » — Cette naïfveté fut tellement applaudie d'un chacun, que personne dès lors ne se moqua plus de luy.

« Un certain gentilhomme estant venu aux prises avec ce même bouffon, et voyant qu'il l'avoit piqué au vif de paroles un peu trop libres, se résolut de lui faire porter du bois. Un jour, comme quelques laquais s'estoient plains que ce bouffon les avoit battus, le seigneur lui fit commandement de ne sortir de sa chambre de huit jours, ou du moins de ne passer pas la salle; ce qui fournit de sujet à ce gentilhomme pour l'aller attaquer dans son appartement. Mais ce bouffon le voyant venir, jugea aussitost qu'il avoit dessein de lui faire un affront; c'est pourquoy désirant le prévenir par un baston qu'il trouva derrière la porte, commença à charger mon gentilhomme à dire : *d'où venez-vous?* le conduisant depuis le plus haut estage jusqu'au plus bas, redoublant toujours les coups. Toutefois, comme il fut proche de la salle, il fit une profonde révérence à ce gentilhomme et lui dit : « Monsieur, excusez si je ne vous conduis pas plus avant, car il m'est défendu de passer plus outre. » — Ainsi le pauvre gentilhomme fut si bien estrillé qu'il ne luy a pas pris une autrefois envie de se jouer à des fols... » (*Le facécieux reveille-matin des esprits melancholiques...*)

Plaisante extravagance que fit un bouffon à une dame de condition qui estoit venue voir son maistre.

« Un seigneur de condition entretenoit ordinairement auprès de soy un certain bouffon, nommé Colinet, le quel estoit extrêmement facécieux et plein de bonnes reparties en tous ses discours. Ce maistre bouffon ne servoit qu'à lui donner du plaisir parmy ses plus grandes inquiétudes, et quoiqu'il fust un peu blessé de l'imaginative, si ne laissoit-il pas d'avoir de bonnes intervalles et parler de sens rassis : ce qui donnoit d'autant plus de satisfaction à ceux qui l'entretenoient. Un jour, sachant qu'une dame de qualité devoit venir voir son maistre, il prit un habit chamarré de passemens d'or et d'argent, avec une chaisne de pierreries, et s'ajusta si bien que l'on l'eust pris pour un homme de grande condition. Son maistre le voyant en tel équipage, lui demanda à quel dessein il s'estoit fait si brave. Colinet, faisant le grave et le sérieux, repartit aussitost : « Je me suis équipé de la sorte pour faire honneur à votre maison, outre que sachant que votre maistresse vous doit venir visiter aujourd'hui, elle verra au moins que vous avez d'honnestes gens auprès de vous, et que vous n'estes pas un coquin ny une personne de néant. » — Ce seigneur se prit à rire d'entendre les sottises de son bouffon : « Mais pourquoy prens-tu plustost ce bel habit pour la considération de ma maistresse, que pour une autre ? — D'autant, respondit Colinet, que les femmes se laissent aisément éblouir par les apparences extérieures,

et par ce moyen me voyant en si bon ordre, elle croira
que votre revenu est plus grand qu'il n'est ; et, de plus,
j'espère que, l'entretenant de vos vertus, je vous mettrai plus avant dans son amitié, que mon cul n'est dans
mes chausses. »

« Ces extravagances redoublèrent si fort le plaisir de
ce seigneur, qu'il pensa mourir de rire.

« Pendant ces plaisans entretiens, voicy venir la
dame accompagnée de quelques damoiselles. Aussitost
Colinet, entendant le bruit du carrosse, descend pour la
recevoir. D'abord il luy donne la main, et l'ayant conduite en la salle, luy fait une profonde révérence et la
baise, avec une effronterie nompareille. La dame qui
n'avoit jamais veu ce visage creut que c'estoit une
personne de quelqu'éminente condition, d'autrepart
que ce bouffon avoit une telle majesté, qu'il eût trompé
les plus clairvoyans. C'est la raison pourquoy elle ne fit
point difficulté de luy donner la joue, croyant mesme
estre beaucoup honorée. Après quelques petits complimens de part et d'autre, notre bouffon lui présenta
une chaise pour s'asseoir. La dame estant grandement
accorte et civile, lui dit d'une façon modeste : « Monseigneur, je suis honteuse de la peine que vous prenez
pour une personne de si peu de mérite que moy. » —
Colinet se voyant qualifié de ce titre de Monseigneur,
se mit incontinent sur le quant à moy, et lui dit : « Madame, ce n'est pas d'aujourd'huy que je commence de
fréquenter la cour, et que je sçay comme il se faut
comporter envers les personnes de votre sorte. » — Et
sur cela s'assit auprès d'elle sans beaucoup de céré-

monies. Il commanda en même temps à quelques pages qui se rencontrèrent là, de donner des siéges à toutes les damoiselles, qui luy firent mille révérences. Ces pages ne pouvoient se tenir de rire de voir la posture de ce bouffon, qui se tenoit aussi majestueusement dans sa chaire, que feroit un empereur dans son throsne. Cette dame voyant que ces pages continuoient leur risée, creut que possible elle ne portoit pas assez de respect à ce seigneur : les damoiselles, d'autre costé, ne savoient que penser. Enfin ce bouffon, lassé de la sottise de ces pages, leur dit, comme en colère : « Retirez-vous, canailles, je vous ferai tantost donner les estrivières, pour vous apprendre à porter du respect aux dames. » — Ces pages, connoissant que ce bouffon avoit l'oreille de Monsieur, firent incontinent Jacques Desloges. Ainsy estans sortis, notre maistre badin commença à faire des demandes à cette dame, les plus impertinentes du monde, entr'autres il lui demanda s'il y avoit longtemps qu'elle estoit mariée, si elle avoit beaucoup d'enfans, si elle avoit fait son mari cocu, combien elle avoit de revenu tous les ans, si elle nourrissoit force pourceaux, si les bœufs estoient gras et à bon marché, si les vaches avoient beaucoup de laict, à quel prix estoit la charretée de foin, combien elle usoit de souliers tous les mois, à combien de poincts elle chaussoit, si le vin estoit cher, si le bled n'estoit point ramendé, si les servantes n'avoient point laissé aller le chat au fromage, et une infinité de pareilles questions.

« Cette pauvre dame, estonnée de tels discours, ne

sçavoit que respondre, sinon qu'elle luy dit : « Monseigneur, vous me jugez avoir l'esprit bien foible et grossier, de m'entretenir de choses de si peu d'importance. Je croyois qu'un homme de votre rang auroit une matière plus relevée et une conversation plus agréable que celle que vous me témoignez par vos paroles, si ce n'est toutesfois que vous ayez voulu esgayer votre bel esprit pour me sonder, ou vous mocquer de moy. Il est vrai, Monseigneur, que tout est permis à ceux de votre naissance. » — Au mot de *tout est permis*, il commença d'entrer en belle humeur, et reprendre sa vertige, qui fut cause qu'il usa un peu trop de liberté envers cette dame, luy demandant si elle vouloit estre culbutée et jouer au reversis : et de fait il eust passé outre, s'il n'eust esté empesché par les pages, qui, entrant dans la salle, se jettèrent sur sa fripperie et le battirent tant, qu'il n'eut pas une autre fois envie de faire le courtisan.

« Le seigneur entendant un tel tintamarre, descend n'estant pas encore achevé d'habiller, et voyant cette dame espouvantée du procédé de ce bouffon, il s'excusa du mieux qu'il peust et lui remontra que c'estoit un fol qui n'avoit que certaines intervalles de bon ; au reste, qu'il estoit extrêmement fasché de n'avoir plustost sceu son arrivée. De sorte que le tout se passa en risée, après avoir esté informé de l'esprit du personnage. Le reste de la journée se passa en devis familiers, jusqu'au soir, qu'elle se retira chez elle. » (*Le facécieux réveille matin.*)

Quelques naïvetés de maître Claude et de Silésie.

Parmi les fous *domestiques* de l'hôtel de Rambouillet, Tallemant met en première ligne Maître Claude, qui, de son état, était ferreur d'aiguillettes. « Sa femme, dit l'auteur des *Historiettes*, fut nourrice de Mademoiselle de Rambouillet, depuis Madame de Grignan. Cela fut cause qu'avec le temps il parvint à être argentier de la maison. Cet homme est un des hommes du monde les plus naïfs. Madame de Rambouillet s'en divertissoit quelquefois, et quand elle savoit qu'il avoit été en quelque lieu, elle lui faisoit raconter ce qu'il avoit vu. »

Je ne donnerai qu'un choix des naïvetés de Maître Claude, rapportées par Tallemant.

« Quoi que ce soit le meilleur des hommes, dit celui-ci, il ne laisse pas d'aimer à voir les exécutions, et il disoit, à sa mode, « qu'il n'y avoit plus de plaisir à voir « rouer, parce que ces coquins de bourreaux étran- « gloient aussitôt le patient, et que si on faisoit bien, « on les roueroit eux-mêmes. »

« Il mena une fois par la bride un cheval de louage depuis le Roule jusqu'à Rouen, sans avoir l'esprit d'en venir quérir un autre, puisque celui-là le laissoit à pied de si bonne heure. »

« Un jour qu'il avoit été voir le trésor de Saint-Denis, Madame de Rambouillet voulut qu'il lui rendît compte de son voyage : « J'ai vu dit-il, entre autres choses, le bras de notre voisin. » — La marquise fut longtemps à rêver ce que ce pouvoit être ; enfin elle lui demanda

ce que cela vouloit dire... « Hé ! madame, le bras de ce
« saint qui est au bout de cette rue : le bras de saint
« Thomas. »

« Durant le second siége de Thionville, on mangea un
jour quelque ragoût à l'hôtel de Rambouillet. Chacun
souhaitoit que le marquis de Pisani, qui étoit à ce siége
avec M. le duc d'Enghien, en pût manger. « Ma foi,
« dit Maître Claude, qui avoit toujours des expédients
« admirables, vous n'avez qu'à m'en faire mettre
« dans un plat, et je vous promets que je le lui por-
« terai jusqu'au bout du monde. Il ne sera pas trop
« chaud ; mais on le fera rechauffer quand je serai
« arrivé... »

Après Maître Claude, Tallemant parle encore de Silésie, écuyer de M. de Rambouillet. « C'étoit une espèce
de fou sérieux, qui ne trouvoit aucune difficulté à l'apocalypse et forgeoit les plus belles étymologies du
monde. Entre autres, il disoit que *fauteuil* vient de
ce qu'étant assis les uns auprès des autres, *l'œil faut*,
et ne peut plus voir de côté, à cause de celui qui est
assis auprès de vous. Il logeoit près de l'hôtel de Rambouillet avec sa femme et ses enfants. Un matin, tous
ceux qui habitoient dans la même maison vinrent se
plaindre à M. de Rambouillet, disant qu'il n'y avoit pas
moyen de dormir avec cet homme. C'étoit en été, les
puces l'incommodoient, il en prenoit à tâtons, et comme
si ses ongles n'eussent pas suffi pour les punir dignement, il s'en alloit par l'escalier, et avec un gros marteau il frappoit sur les marches, croyant frapper sur
les puces qu'il y avoit mises. Sur ce même degré, pour

être puni où il avoit fait l'offense, il prit la peine de se rompre le cou quelques jours après. »

Subtilité d'un bouffon pour avoir ce qu'on luy avait donné.

« Les bouffons ont un privilège que les plus sages n'ont pas, qui est qu'ils peuvent faire et dire ce que les Socrates, les Scipions et les Catons n'oseroient entreprendre. Un de ces braves Messieurs à pleine liberté ayant une libre entrée chez un des grands seigneurs de la cour et ayant joué quelque tour de son mestier qui avoit plu à ce prince, il voulut le gratifier en luy donnant un très bel habit qu'il ne portoit plus, et donna ordre à son valet de chambre de le lui bailler quand il viendroit le chercher. Le bouffon ne manqua pas de venir le lendemain pour recevoir le present qu'on luy avoit fait ; mais comme le valet de chambre estoit fort mécontent de cette libéralité, il ne luy donna que les manches du pourpoint, se réservant le corps où il y avoit un riche passement dont il vouloit se servir ; de sorte qu'il lui donna le manteau, les hauts de chausses et les manches détachées du corps du pourpoint. Ainsy ayant plié le tout dans une toyle, le donna au bouffon qui sans soupçonner le tour prit le tout et s'en alla chez luy, où estant arrivé il reconnut que tout n'y estoit pas. Il ne douta point que l'avarice du valet de chambre n'eust retenu la pièce qui manquoit : ainsi il résolut de l'avoir par la voye que vous allez voir.

« Il alla trouver le curé de la paroisse à qui il dit qu'il y avoit un mort dans le palais du prince, et qu'on le prioit de venir pour l'ensevelir. Le bon curé ordonna d'abord à ses prêtres et à son vicaire d'y aller avec la croix et la bannière, qui se mirent d'abord en chemin avec le bouffon qui passoit le premier pour les conduire. Estant arrivés, il arriva que le prince estoit sur le point de sortir pour aller faire des visites, le quel voyant cet équipage resta tout estonné et demanda ce que cela signifioit. Le bouffon s'estant avancé luy dit : « Monsei-
« gneur, il a plu à Votre Altesse de me donner un de
« vos habits ; mais votre valet de chambre ne m'a donné
« que le manteau, les hauts de chausses et les manches
« du pourpoint ; comme il reste à prendre encore le
« corps, nous le venons chercher, Monseigneur. » —
Le prince se mit si fort à rire de cette ruse qu'il ne savoit quelle posture tenir, et ce tour luy plut si fort qu'après avoir bien grondé son valet de chambre il luy fit donner le corps. Cependant il fallut que les prestres s'en retournassent comme ils estoient venus, c'est-à-dire s'en rien emporter, le bouffon les ayant dispensés de lever le corps. » (*L'Enfant sans soucy...*, 1682.)

Belle repartie d'un fou à son maistre.

« Un homme de condition avoit dans sa maison un fou sans estre fou tout à fait. Il avoit accoustumé de l'appeler le roy des fols ; ce qui le fascha un jour à tel point qu'il se plaignit de ce qu'il usoit toujours d'une parole si injurieuse à son égard. Son maistre continuant de l'appeler encore ainsy, celuy-ci dit : « Pleust à Dieu « que je fusse le roy des fols, il n'y auroit point d'homme « au monde qui eust un si grand empire que moy, et « vous seriez mesme mon vassal. » Ce n'estoit pas mal dit pour faire connoistre à son maistre, qu'il estoit de son ordre. »(*L'Enfant sans soucy...*).

Plaisant tour d'un fou à un curé.

« Un curé de village s'en allant chez un de ses paysans trouva le fou d'un grand seigneur armé comme un saint Georges et monté sur un bon cheval, lequel luy dit : « Où allez-vous, M. le curé? — Je m'en vais, dit-il, « à ce village trouver un mes paroissiens. — Que « prétendez-vous faire là? — Je veux qu'il me paye « la sépulture de sa femme que j'enterray hier, » adjousta le curé. — « Quoy! dit le fou, n'y a-t-il que « cela. Prenez la peine de rebrousser chemin; car vous « n'aurez point d'argent pour cela. » — Le curé voulut se moquer de ces paroles et continuer son voyage; mais le fou n'entendant point de raillerie commença à se mettre en état de luy donner tout à bon sur les oreilles. Le curé voyant qu'il avoit affaire à un homme sans cervelle et qu'il pourroit lui arriver quelque malheur, s'il s'opiniâtroit à s'en vouloir aller là, rebroussa chemin et s'en vint à son village, accompagné du bouffon, qui voyant plusieurs paysans assemblés les appela et leur dit : « Quoy! mes enfants, estes-vous si sots de souffrir « que vostre curé se fasse payer la sépulture de vos « morts? N'est-ce pas assez qu'il ayt les corps, sans « avoir les biens ? Ne souffrez plus cet abus ; il est trop « grand. » — Et en disant cela, s'en alla et continua sa route. » (*L'Enfant sans soucy...*)

Subtiles responses d'un bouffon.

« Le bouffon d'un grand seigneur s'estant trouvé un jour en la compagnie de certains marchands dans une hostellerie, il y eut un de ces Messieurs qui l'ayant veu de si belle humeur, luy demanda son nom. « Je m'ap- « pelle, dit-il, comme mon parrein. — Et vostre parrein, « comment le nomme-t-on ? — Comme moi. — Et « comment vous appelez-vous tous deux ? — L'un « comme l'autre. » — C'estoit respondre bien juste et sans mentir, sans satisfaire pourtant la curiosité de ces curieux, qui restèrent confus par une telle response. »

« Estant un jour dans Avignon, il y eut un juif qui s'en vint à luy pour luy demander s'il ne vouloit point avoir rien de rare. « Ouy. — Qu'est-ce qui vous « plaist, Monsieur ? — Tes cornes pour en faire pré- « sent à mon maistre. » — Le juif irrité à l'extresme de cette injure luy donna un soufflet des plus beaux ; ce qui obligea le fou de charger le juif de coups de poings

et de pieds ; de quoy le juif surpris luy dit : « Pardon-
« nez-moi, M. ; je croyois que, bien loin de vous fas-
« cher pour un soufflet, vous me présenteriez l'autre
« joue et non pas les poings. — Tu t'es trompé en ce
« que tu as cru que je m'entendrois à la seule lettre ;
« mais je m'arreste à la glose qui dit que *vim vi repel-*
« *lere licet*. Ainsi prends cependant l'intérest et le
« capital de ce que tu m'as presté. » (*L'Enfant sans
soucy...*)

Plaisante repartie d'un bouffon à une dame qualifiée.

« Un bouffon ayant l'humeur audacieuse et piquante,
fut quelque temps sans s'approcher d'une dame quali-
fiée, mais enfin on la pria de souffrir qu'il eust entrée
dans la chambre, avec affirmation qu'il ne diroit rien
qui fût hors des bornes. Il fut donc mené à cette dame,
qui le voyant d'abord : « Eh bien ! un tel, lui dit-elle,
« ne nous venez-vous point maintenant reprocher nos
« fautes ? — Nenni, Madame, répondit le bouffon ;
« car ce n'est pas ma coutume de discourir des choses
« dont toute la ville parle. » (*Le Bouffon de la cour*;
1700.)

Plaisante galanterie que fit un bouffon au duc de Savoye.

« Le duc de Savoie avoit un certain bouffon italien.... Il s'avisa un jour de faire couper la queue et les oreilles de son cheval. Le bouffon venant à l'écurie et trouvant son cheval en tel équipage, se douta aussitôt que le duc lui avoit fait jouer cette pièce : de quoi le bouffon ne faisant aucun semblant, tâcha d'épier l'occasion que les palefreniers devoient aller dîner, pour mieux exécuter son entreprise : tellement qu'ayant pris son temps il mena son cheval dans la grande écurie du duc où ayant trouvé des ciseaux, fendit les narines à tous les chevaux en général, puis se retira sans faire beaucoup de bruit. Ce même jour, il prit fantaisie au dit duc de visiter son haras et faire voir ses grands chevaux à un jeune seineur qui l'étoit venu voir. Comme il entra dans l'écurie, il aperçut incontinent que ses chevaux avoient les naseaux fendus ; ce qui le fâcha de telle sorte, qu'il vouloit faire pendre tous les palefreniers ; mais le bouffon qui étoit derrière lui dit au duc : « Vous ne devez pas
« vous passionner pour cela ni accuser personne que
« vous-même, d'autant qu'ayant fait couper la queue et
« les oreilles à mon cheval, les vôtres se sont tellement
« éclatés de rire de le voir de la sorte, qu'ils se sont
« eux-mêmes fendu les narines ; » ce qui obligea le duc de changer sa colère en risée, quoique la perte fût grande. » (*Le Bouffon de la cour*; 1700.)

Bon-mot d'un fou.

« Un certain fou ou soi disant, voyant que son maître faisoit porter beaucoup d'eau dans la cave, se mit à crier à pleine tête : Au feu, au feu ; ce qui fut cause que beaucoup de gens s'assemblèrent aux environs de la maison de ce gentilhomme, pour donner du secours ; ce que voyant ce seigneur, il leur demanda le sujet de leur concours. Ils dirent qu'ils avoient entendu crier au feu. — « Vous vous trompez, dit le maître ; Dieu grâces, il n'y a point d'embrasement céans... » — En disant cela, voici le fou qui vient de crier au feu encore plus que jamais ; ce qu'entendant le maître, il lui dit : « Tais-toi ; il n'est pas vrai, tu es fou. » — Mais ne pouvant pas le faire taire, il voulut savoir la raison pour quoi il crioit de la sorte. A quoi il répondit après avoir reçu quelques coups, qu'il ne pouvoit se persuader qu'il n'y eût grand feu dans la cave, vu qu'on y portoit beaucoup d'eau ; ce qui obligea tous les assistans à rire d'une si bonne pensée. » (*Nouv. contes à rire,* 1722.)

Plaisanterie d'un bouffon et des poissons.

« Certain bouffon étant assis à table un vendredi avec quelques gentilshommes, on servit devant lui des poissons qui étoient fort petits; devant eux de gros et grands. C'est pourquoi ce bouffon commença à prendre en main de ces petits poissons, les portant tantôt auprès de la bouche, comme celui qui leur disoit quelque chose en secret, et finalement se mit à soupirer : ce que voyant ces gentilshommes, ils lui demandèrent ce qu'il avoit à se plaindre. Sur quoi il leur dit :

« MM., vous devez savoir que mon père étoit pê-
« cheur, mais le malheur porta qu'il se noya en une
« rivière, et maintenant que je demande à ces petits
« poissons s'ils ont jamais vu mon dit père, dans le
« fond de la rivière, ils me font réponse qu'ils sont trop
« jeunes pour me rendre raison de cela, et qu'il en faut
« demander des nouvelles aux plus grands qui sont de-
« vant vous, qui sont plus âgés. » Les gentilshommes voyans ce qu'il vouloit dire, lui firent donner des gros poissons, desquels il apprit amplement ce qu'il désiroit savoir. » (*Nouv. contes à rire...*)

Dispute résolue par un fol.

« On disputoit un jour le quel étoit à préférer et digne du plus grand honneur d'un avocat ou d'un médecin. L'un disoit que l'avocat plaide les causes pour la conservation du bien privé et public; un autre disoit que le médecin par sa doctrine entretient l'homme en santé et chasse la maladie. Sur cela le fol demandant à dire son avis là-dessus, dit : « Quand on mène un larron au gibet, le larron va le premier et le bourreau après. » (*Nouv. contes à rire...*)

A-propos d'un bouffon.

« Un seigneur avoit un bouffon qui ayant dit quelque sottise devant son maître pour laquelle il le vouloit frapper, se mit à courir après lui. Le bouffon se voulut sauver; mais à la fin il fut attrapé par son maître, qui n'ayant point de bâton, lui donna un coup de pied au c-l. Incontinent le bouffon fit un gros p-t; ce qu'ayant entendu le seigneur, il lui dit : « Au diable soit le vilain « puant! » — A quoi le bouffon répondit : « Ho! ho! « Monsieur, comme vous heurtez en maître, à quelle « porte frapperez-vous qu'on ne vous réponde point. » (*Nouv. contes à rire...*)

Naïveté d'un autre bouffon.

« Un maître badin s'étant un jour mis dans le coche de Paris, il arriva que les chevaux vinrent à se déferrer; ce qui obligea le cocher de demeurer au premier village. Cependant ce bouffon crioit : « Allons, allons, « cocher! j'ai hâte. » — lorsque quelqu'un de la com-

pagnie le prenant pour un homme de qualité, lui dit :
« Monsieur, il faut attendre que l'on ait ferré les che-
« vaux — Point, point, dit-il; allons toujours de-
« vant, les chevaux viendront bien après. » — Je vous
laisse à juger si cette repartie excita à rire tout le
monde. » (*Nouv. contes à rire...*)

FIN.

TABLE

Introduction. 1

Préliminaires, aperçu général. 7

Fous des rois de France. — Digressions accessoires. . . . 41

Les Mystificateurs. — Derniers vestiges des fous domestiques. 263

Condition, attributs, costume des fous. 281

Exemples de facéties attribuées à divers fous. 295

Imprimerie Eugène HEUTTE et Cie, à Saint-Germain.

www.ingramcontent.com/pod-product-compliance
Lightning Source LLC
Chambersburg PA
CBHW070529160426
43199CB00014B/2228